教师资格考试和教师应聘指导用书

化学教学设计

化学②（必修）

主　编　吴晓红
副主编　刘万毅　倪刚

北京
冶金工业出版社
2017

内 容 提 要

本书以笔者多年的教学实践经验为基础编写而成，全书共分为4章，包括物质结构、元素周期律、化学反应与能量、有机化合物和化学与自然资源的开发利用，涵盖了人教版高中《化学2》的所有教学内容。每个教学设计包括教材分析、学情分析、教学目标、教学重点和难点、知识框架、教学过程、板书设计7个栏目，共23个课时，全面地呈现了人教版高中《化学2》中“物质结构 元素周期律”、“化学反应与能量”、“有机化合物”和“化学与自然资源的开发利用”这4章的教学设计。除此之外，每章节内容前均进行知识梳理，力求形成系统框架。

本书可供参加教师资格考试和教师公开招聘的化学专业课面试的人员参考。

图书在版编目(CIP)数据

化学教学设计．化学．2：必修/吴晓红主编．—北京：冶金工业出版社，2017.8

教师资格考试和教师应聘指导用书

ISBN 978-7-5024-7580-2

Ⅰ.①化…　Ⅱ.①吴…　Ⅲ.①中学化学课—教学设计—高中—中学教师—资格考试—自学参考资料　Ⅳ.①G633.82

中国版本图书馆CIP数据核字（2017）第227078号

出 版 人　谭学余
地　　址　北京市东城区嵩祝院北巷39号　邮编　100009　电话　(010)64027926
网　　址　www.cnmip.com.cn　电子信箱　yjcbs@cnmip.com.cn
责任编辑　卢　敏　美术编辑　吕欣童　版式设计　孙跃红
责任校对　石　静　责任印制　李玉山
ISBN 978-7-5024-7580-2
冶金工业出版社出版发行；各地新华书店经销；三河市双峰印刷装订有限公司印刷
2017年8月第1版，2017年8月第1次印刷
787mm×1092mm　1/16；11.75印张；280千字；177页
38.00元

冶金工业出版社　投稿电话　(010)64027932　投稿信箱　tougao@cnmip.com.cn
冶金工业出版社营销中心　电话　(010)64044283　传真　(010)64027893
冶金书店　地址　北京市东四西大街46号(100010)　电话　(010)65289081(兼传真)
冶金工业出版社天猫旗舰店　yjgycbs.tmall.com

（本书如有印装质量问题，本社营销中心负责退换）

编 委 会

主　编：吴晓红

副主编：刘万毅　倪　刚

编　者：吴晓红　刘万毅　倪　刚　陈　伟

白晓朝　黑晓霞　蒋思雪　任　斌

张　晶

前　言

自2016年起，我国教师资格考试首次实现全国统考，改革后考试内容增加、难度加大，不再有师范生和非师范生的区别。除了获得教师资格证书外，教师公开招聘考试也已成为主要社会性考试，肩负着为基础教育选拔师资、评价高等师范教育质量的职能，对我国教育事业的发展有着十分重要的作用。改革后的教师资格证考试和教师公开招聘考试包括笔试和面试两部分，面试主要考察教育教学实践能力，形式为指定教科书的某一个问题或章节，通过讲课或说课的方式来考查应聘者的教学能力。

本书致力于化学教师资格证和化学教师公开招聘考试的专业课面试，秉承"高效、准确、及时"的宗旨，在深入研读高中化学教科书和课程标准的基础上，设计了全面、有效、实用的教学设计，帮助广大考生在短时期内及时地、高效地掌握面试中的说课、讲课内容，避免考生在备考过程中呈现出盲目性。

本书的编写以笔者多年的教学实践经验为基础，立足于广大考生参加教师资格考试面试和教师公开招聘面试的需求，全面地呈现了人教版高中《化学2》的教学设计。本书具有如下特点：

第一，基于标准，符合教材。本书的编写以课程标准为评价依据，以人教版《化学2》为载体，深入研究课程标准、教材，结合学生实际，对教材进行适当的取舍、整合，创造性地使用教材，达到标准的基本要求，符合教材的难度。

第二，设计合理，内容丰富。本书包括物质结构、元素周期律、化学反应与能量、有机化合物和化学与自然资源的开发利用4章内容共23课时，涵盖了人教版高中《化学2》所有教学内容。每个教学设计包括教材分析、学情分析、教学目标、教学重点和难点、知识框架、教学过程、板书设计7个栏目。除此之外，每章节内容前均进行知识梳理，力求形成系统框架。

第三，讲解到位，深入浅出。本书教学过程主要包括导入新课、展开新课和归纳总结3个环节，在教学过程设计中追求讲解全面到位、深入浅出，使考生对教学内容有足够的理解，做到心中有数。

第四，方便实用，操作性强。本书的内容在多年实践应用中取得明显的效果，成书经历多次反复修改、综合评价、全面平衡的过程，方便考生短时间内掌握面试内容，减少了教学过程中的盲目性和随意性，具有很强的操作性。

本书是“‘十三五’宁夏普通高校第一批教学名师吴晓红工作室”、“宁夏大学‘西部一流’专业建设项目”及“宁夏大学和宁夏师范学院联合办学项目”的阶段性成果。本书出版得到宁夏大学和宁夏师范学院联合办学项目的资助，在此表示感谢。

在教材编写过程中，参考了部分院校的有关教材和专著，以及国内外相关资料和文献，在此表示诚挚的谢意。

本书可作为教师招聘面试用书，也可作为国家教师资格考试面试用书，也可供广大一线青年教师备课、教学参考。

书中不足之处，敬请广大师生给予批评指正。

编　者

2017年8月

目　　录

第一章　物质结构　元素周期律

本章知识梳理

- 物质结构 元素周期律
  - 元素周期表
    - 发展史：门捷列夫编制出第一张元素周期表
    - 编排原则
      - （1）把电子层数相同的元素，按核电荷数递增的顺序从左到右排成一横行
      - （2）把原子最外层电子数相同的元素，按电子层数递增的顺序从上到下排成一纵列
    - 结构
      - 周期
        - 短周期：第 1、2、3 周期
        - 长周期：第 4、5、6 周期
        - 不完全周期：第 7 周期
      - 族
        - 主族（7 个）：ⅠA、ⅡA、ⅢA、ⅣA、ⅤA、ⅥA、ⅦA
        - 副族（7 个）：ⅠB、ⅡB、ⅢB、ⅣB、ⅤB、ⅥB、ⅦB
        - 第Ⅷ族（1 个）：包括 8、9、10 三个纵行
        - 0 族（1 个）：稀有气体元素
    - 元素性质与原子结构
      - 碱金属元素
        - 原子结构：最外层电子数都是 1
        - 物理性质和化学性质：具有相似性和递变性
      - 卤族元素
        - 原子结构：最外层电子数都是 7
        - 物理性质和化学性质：具有相似性和递变性
    - 核素
      - 原子构成的表示方法：$^{A}_{Z}X$（Z—质子数，A—质量数，X—某原子）
      - 定义：把具有一定数目质子和一定数目中子的一种原子称为核素
      - 同位素
        - 定义：质子数相同而中子数不同的同一元素的不同原子互称为同位素
        - 特点
          - 在元素周期表中位置相同
          - 化学性质几乎相同，某些物理性质略有不同
          - 天然存在的同位素，相互之间保持一定的比率
  - 元素周期律
    - 原子核外电子的排布
      - 电子层的表示方法
      - 原子核外电子的排布规律
    - 元素性质的周期性变化
    - 元素周期律
      - 内容：元素的性质随着原子序数的递增而呈周期性变化
      - 实质：原子核外电子排布呈周期性变化
  - 微粒间的相互作用
    - 离子键
      - 定义：带有相反电荷的离子之间的相互作用
      - 成键微粒：阴、阳离子
      - 成键实质：静电作用
      - 成键条件：活泼金属和活泼非金属的化合
    - 离子化合物
      - 定义：由离子键构成的化合物叫做离子化合物
      - 包括：所有铵盐、强碱、绝大多数盐、活泼金属氧化物等
    - 离子化合物电子式的书写
    - 共价键
      - 定义：原子之间通过共用电子对所形成的相互作用
      - 成键微粒：原子
      - 成键实质：共用电子对对两原子的电性作用
      - 成键条件：①同种或不同种非金属元素原子结合
        ②部分金属元素原子与非金属元素原子结合
      - 共价键的种类
        - 极性键：不同种元素原子间成共价键，电子对发生偏移
        - 非极性键：同种元素原子间成共价键，电子对不发生偏移
    - 共价化合物
      - 定义：以共用电子对形成分子的化合物
      - 常见的共价化合物：非金属氢化物、非金属氧化物、含氧酸和大多数有机化合物
    - 共价键的表示方法
    - 分子间作用力
      - 定义：把分子聚集在一起的作用力
      - 类型：分子间作用力（又称范德华力）和氢键

第一节　元素周期表

第1课时　元素周期表

一、教材分析

本节内容选自人教版高中化学必修2第一章“物质结构　元素周期律”第一节“元素周期表”。依据课程标准“能描述元素周期表的结构”的要求，本节课安排了“元素周期表的发展史、编排原则、基本结构”等教学内容。

元素周期表不仅是化学史上的重要发现之一，也是化学工作者常用且重要的参考工具。它描述了每种元素的结构和基本信息（如元素名称、核电荷数、电子排布、相对分子质量等)，反映了元素之间的联系。教科书从化学史引入，介绍了门捷列夫发现并完善元素周期表的过程，直接呈现了元素周期表的基本结构，然后对元素周期表中元素的编排原则加以说明，并介绍了元素周期表的结构和具体内容。

学生在九年级已基本认识前20种元素，在高中化学必修1中又进一步学习了几种重要的金属元素和非金属元素。在此基础上，系统地认识元素以及元素之间的联系和规律，既符合知识体系的形成过程，也符合学生的认知发展规律。通过探究元素周期表的基本结构，可以促进学生逐步掌握学习化学的基本方法，为后续元素周期律和选修3第一章“原子结构与性质”的学习搭建认知支架。

二、学情分析

化学教科书后都附有元素周期表，学生在九年级化学中已初步学习了元素周期表的结构，会用元素周期表查找常见元素的相关知识，但对元素与原子结构的关系还没有更深地理解。高一年级的学生具备观察、归纳、类比、收集信息、筛选信息和总结信息的能力，他们乐于在探究中学习，开展一系列探究活动可以帮助他们完成“意义建构”。但在以“元素周期表”为主题的探究活动中潜在的阻碍为学生对元素周期表形式的思维定势。因此，除了对元素周期表结构介绍外，也需要引导学生深入理解形成元素周期表的原因和依据，能够透过表面形式而看到元素内在的本质与联系。

三、教学目标

知识与技能	(1) 知道元素周期表的编排依据及结构。 (2) 理解和掌握元素周期表中的周期、族的涵义。 (3) 能够根据元素的原子结构推断出其在元素周期表中的位置
过程与方法	(1) 通过亲自编排元素周期表，体验归纳、类比的学习方法。 (2) 通过对元素原子结构、位置间的关系的推导，提高分析和推理能力

续表

情感态度与价值观	（1）通过探究元素周期表的基本结构，养成严谨求实的科学态度，感受元素周期表的发现对化学发展的重要意义。 （2）通过学习元素周期表的发展史，树立“科学技术是不断发展变化”的唯物主义观点

四、教学重点和难点

（1）教学重点：元素周期表的基本结构；周期、主族与原子结构的关系。

（2）教学难点：周期、主族与原子结构的关系。

五、知识结构

元素周期表
- 发展史：门捷列夫编制出第一张元素周期表
- 编排原则
  - （1）把电子层数相同的元素，按核电荷数递增的顺序从左到右排成一横行
  - （2）把原子最外层电子数相同的元素，按电子层数递增的顺序从上到下排成一纵列
- 结构
  - 周期（7个，共7个横行）
    - 短周期：第1、2、3周期
    - 长周期：第4、5、6周期
    - 不完全周期：第7周期
  - 族（16个，共18个纵行）
    - 主族（7个）：ⅠA、ⅡA、ⅢA、ⅣA、ⅤA、ⅥA、ⅦA
    - 副族（7个）：ⅠB、ⅡB、ⅢB、ⅣB、ⅤB、ⅥB、ⅦB
    - 第Ⅷ族（1个）：包括8、9、10三个纵行
    - 0族（1个）：稀有气体元素

六、教学过程

环节一：导入新课

【导入】组成我们丰富多彩世界的元素总共有一百多种，在化学家不断发现和认识元素的过程中，通过寻找关于元素性质间存在的关系，从而实现对元素的排列整合以及研究元素的相似性和递变性，预测和发现未知的元素，那么今天就让我们一起学习一百多年前的化学家是如何研究元素之间的联系并对元素进行排列的，下面进入今天的学习内容——元素周期表。

【板书】1.1.1　元素周期表

一、元素周期表

环节二：展开新课

1. 元素周期表的发展历程

【讲述】1869年，门捷列夫把元素按照原子重量（即相对原子质量）由小到大排列，并使得横向的元素具有相似性，由此世界上第一张元素周期表诞生了，这张元素周期表具有划时代的意义。

【投影】门捷列夫编排的第一张元素周期表

			Ti=50	Zr=90	?=180
			V=51	Nb=94	Ta=182
			Cr=52	Mo=96	W=186
			Mn=55	Rh=104.4	Pt=197
			Fe=56	Ra=104.4	Ir=198
			Ni=Co=59	Pl=106.6	Os=199
H=1			Cu=63.4	Ag=108	Hg=200
	Be=9.4	Mg=24	Zn=65.2	Cd=112	
	B=11	Al=27.4	?=68	Cr=116	Au=197?
	C=12	Si=28	?=70	Sn=118	
	N=14	P=31	As=75	Sb=122	Bi=210?
	O=16	S=32	Se=79.4	Te=128?	
	F=19	Cl=35.5	Br=80	I=127	
	Na=23	K=39	Rb=85.4	Cs=133	Tl=204
Li=7		Ca=40	Sr=87.6	Ba=137	Pb=207
		?=45	Rb=85.4		
		?Er=56	Sr=87.6		
		?Yt=60	Ce=92		
		?In=75.6	La=94		
			Di=95		
			Th=118?		

【讲述】这张元素周期表是按照元素的相对原子质量由小到大排列的，并且使得横向的元素具有相似性。但是再仔细看一下，我们可以看到第五列的元素有些奇怪，碲元素（Te）的相对原子质量为128，排在了比它相对原子质量小的碘元素（I）的上面，这样就不符合元素周期表的第一条排列规律——按相对原子质量的大小排列，但是门捷列夫为什么要这么做呢？

【讲述】门捷列夫为了保证横向元素的相似性不被破坏，将碲元素（Te）排在了碘元素（I）的上面，满足这张元素周期表的第二个排列规律——横向元素具有相似性，但是它又违背了第一条排列规律。那么如何解决这个问题呢？后来科学家通过不断地探索，发现按相对原子质量来排列元素是不科学的，尤其当人们对原子结构有了一定的认识后，发现仅仅通过相对原子质量并不能完全体现元素的性质，那么如何排列这些元素才能更具科学性呢？

【板书】1. 元素周期表的发展历程

2. 元素周期表的编排依据

【引导】让我们一起来看科学家们排列的现代元素周期表，请同学们查阅课本第4页的元素周期表。

【讲解】对于一种元素来说，决定元素化学性质的是它的核外电子的排布，特别是最外层电子数。我们已经学过了元素的原子结构示意图，请同学们画出1~18号元素的原子的结构示意图，分析、观察1~18号元素原子结构上有哪些相同点与不同点。

【讲述】通过观察我们知道，不同原子的核电荷数不同，有些原子具有相同的电子层数，但是最外层电子数不同；有些原子的最外层电子数相同，但是电子层数不同。科学家根据元素的原子结构将电子层数相同的元素排列成一个横行，把最外层电子数相同的元素排列成一个纵行。

【板书】2. 元素周期表的编排原则

（1）把电子层数相同的元素，按核电荷数递增的顺序从左到右排成一横行

（2）把原子最外层电子数相同的元素，按电子层数递增的顺序从上到下排成一纵列

【讲述】在九年级的学习中，我们知道原子的核外电子数等于质子数，也等于核电荷数，

因此现代元素周期表中元素的排序是依据核电荷数排列的。

【讲述】在现代元素周期表中，科学家根据核电荷数对每一个元素进行了编号，我们把这个编号叫做原子序数。因此，我们也常说元素周期表是按照原子序数排列的。

【板书】3. 元素周期表的编排依据：依据核电荷数（原子序数）排列

3. 元素周期表的基本结构

【提问】知道了现代元素周期表的排列依据和原则，现在请大家从元素周期表中找一下氯元素所在的位置？

【讲述】氯元素在第 3 行第 17 列。在探究元素周期表的基本结构时我们知道，每一横行具有相同电子层数的元素是按照最外层电子数递增排列的，我们把这样的横行称作周期。不同周期中最外层电子数相同的元素是按电子层数递增的顺序排成纵行的，这样的纵行称作族。

【板书】4. 元素周期表的基本结构

（1）周期：具有相同电子层数的元素按照最外层电子数递增的顺序排列成的一个横行

（2）族：不同周期中最外层电子数相同的元素按电子层数递增的顺序排成的一个纵行

【讲解】每一横行为一个周期，元素周期表共有 7 个周期，电子层数就是周期序数。第 1 周期有 2 种元素，第 2、3 周期各有 8 种元素，1、2、3 周期的元素的排列是断开的、不连续的，元素的数量也少，称为短周期；第 4、5 周期各有 18 种元素，第 6 周期有 32 种元素，元素的数量较多，称为长周期；第 7 周期的元素还没有填满，只有 26 种元素，随着化学的不断发展，发现的新元素将会陆续填满第 7 周期，所以第 7 周期也称为不完全周期。

【板书】

周期（7 个，共 7 个横行）
- 短周期：第 1、2、3 周期
- 长周期：第 4、5、6 周期
- 不完全周期：第 7 周期

【讲解】每一纵列为一个族，族有主族和副族之分，主族元素的族序数后标 A，主族有 7 个，分别是ⅠA、ⅡA、ⅢA、ⅣA、ⅤA、ⅥA、ⅦA，我们可以发现主族序数等于最外层电子数。副族元素的族序数后标 B，副族也有 7 个，分别是ⅠB、ⅡB、ⅢB、ⅣB、ⅤB、ⅥB、ⅦB。第 18 列元素的化学性质不活泼，它们的化合价均为 0，因而叫做 0 族。另外，第 8、9、10 三个纵列称为第Ⅷ族，位于第ⅦB 族和第ⅠB 族之间。

【板书】

族（16 个，共 18 个纵行）
- 主族（7 个）：ⅠA、ⅡA、ⅢA、ⅣA、ⅤA、ⅥA、ⅦA
- 副族（7 个）：ⅠB、ⅡB、ⅢB、ⅣB、ⅤB、ⅥB、ⅦB
- 第Ⅷ族（1 个）：包括 8、9、10 三个纵行
- 0 族（1 个）：稀有气体元素

【讲述】在元素周期表中有些元素还有一些特殊的名字：

（1）过渡元素：指元素周期表中第ⅢB、ⅣB、ⅤB、ⅥB、ⅦB、Ⅷ、ⅠB、ⅡB

族的元素，共 68 种元素。

（2）镧系元素：指元素周期表从第六周期 57 号元素 La 到 71 号元素 Lu，共 15 种元素。

（3）锕系元素：指元素周期表从第七周期 89 号元素 Ac 到 103 号元素 Lr，共 15 种元素。

（4）稀有金属：指元素周期表镧系元素和 21 号元素 Sc 和 39 号元素 Y，共 17 种元素。

【提问】通过以上的学习，现在大家是不是可以正确描述氯元素所在的位置了呢？

【讲述】氯元素在元素周期表的第三周期第ⅦA 族。元素周期表共有一百余种元素，为了能够熟练快速地确定并表达元素在元素周期表中的位置，请同学们课后熟记每周期的元素种类和数目。

环节三：归纳总结

【总结】通过本节课的学习，我们知道世界上第一张元素周期表是门捷列夫编制出的。后来科学家们通过不断地探索，发现依据相对原子质量编排元素周期表存在一定的不科学性，因而根据核电荷数（原子序数）的排布规律，编排了现代元素周期表。请同学们课后背诵元素周期表，熟记元素在元素周期表中的位置，完成课后第 11 页的 2、4、6、7、10 题，并预习下节课的内容。

七、板书设计

1.1.1　元素周期表

一、元素周期表

1. 元素周期表的发展历程
2. 元素周期表的编排原则
   （1）把电子层数相同的元素，按核电荷数递增的顺序从左到右排成一横行
   （2）把原子最外层电子数相同的元素，按电子层数递增的顺序从上到下排成一纵列
3. 元素周期表的编排依据：依据核电荷数（原子序数）排列
4. 元素周期表的基本结构
   （1）周期：具有相同电子层数的元素按照最外层电子数递增的顺序排列成的一个横行
   （2）族：不同周期中最外层电子数相同的元素按电子层数递增的顺序排成的一个纵行

周期（7 个，共 7 个横行）
- 短周期：第 1、2、3 周期
- 长周期：第 4、5、6 周期
- 不完全周期：第 7 周期

族（16 个，共 18 个纵行）
- 主族（7 个）：ⅠA、ⅡA、ⅢA、ⅣA、ⅤA、ⅥA、ⅦA
- 副族（7 个）：ⅠB、ⅡB、ⅢB、ⅣB、ⅤB、ⅥB、ⅦB
- 第Ⅷ族（1 个）：包括 8、9、10 三个纵行
- 0 族（1 个）：稀有气体元素

第 2 课时　元素的性质与原子结构

一、教材分析

本节内容选自人教版高中化学必修 2 第一章“物质结构　元素周期律”第一节“元素周期表”。依据课程标准“知道金属、非金属在元素周期表中的位置及其性质的递变规律”的要求，本节课安排了“碱金属元素、卤素元素原子结构及相关性质”等教学内容。

在元素周期表中元素是按照一定规律进行排序的。为促进学生进一步认识元素周期表及元素之间的关系，教科书先通过“科学探究”栏目引导学生填写碱金属元素的相关信息，总结碱金属元素的原子结构的共同点。再通过实验引导学生深入学习碱金属元素的知识，将宏观现象与碱金属元素的原子结构相结合，总结出碱金属元素在物理性质及化学性质上的相似性和递变性规律。教科书在呈现卤族元素的相关知识时，先以卤族元素的原子结构为出发点，推测氟、氯、溴、碘在化学性质上所表现的相似性和递变性，然后通过“资料卡片”呈现卤素单质的物理性质，最后通过实验引导学生认识卤素单质的氧化性强弱。

本节内容在高中化学学习阶段起着承上启下的作用，承上是指本节课是在认识元素周期表结构的基础上，以“碱金属元素与卤族元素”为例，继续深入研究元素周期表的规律；启下是指元素周期表规律的相关知识，将为学习元素周期律和选修 3 第一章“原子结构与性质”做知识铺垫。

二、学情分析

学生在九年级化学的学习过程中，已经初步认识了元素周期表中前 20 个元素，并在上节课中学习了元素的原子结构与元素在元素周期表中的位置，通过这些知识的学习，学生可以由同主族元素的原子结构关系观察得出其之间的规律。但是仅依靠这些知识，学生还不能完全掌握同主族物质的物理性质及化学性质之间的特殊规律性，需要通过进一步的学习加深对知识的理解。

学生在不断学习化学知识的过程中，已经逐渐具备了较强的观察能力和分析能力，在本节课中，学生通过观察元素的原子结构，可以分析得出同主族元素间原子结构的特点。但是学生的归纳总结能力还有待进一步培养，因此教科书提供了大量的信息，为培养学生的归纳总结能力提供了帮助。

三、教学目标

知识与技能	（1）了解原子结构与元素性质的关系。 （2）初步学会总结元素递变规律。 （3）掌握同主族元素的递变规律
过程与方法	（1）通过观察同主族元素的原子结构，推测碱金属元素卤族元素在化学性质上所表现的相似性和递变性。 （2）通过亲自动手实验来研究物质化学性质的递变规律。 （3）尝试通过观察卤素单质与氢气的反应现象，总结生成的氢化物的稳定性规律

续表

情感态度与价值观	（1）通过研究同主族元素的递变规律，发展学习化学的兴趣，揭示化学世界的奥秘。 （2）通过自主分析同主族元素的递变规律，感受元素周期表的魅力

四、教学重点和难点

（1）教学重点：碱金属元素和卤族元素的原子结构、性质的递变性规律。

（2）教学难点：同主族元素性质与原子结构的关系。

五、知识结构

元素的性质与原子结构
- 碱金属元素（从 Li 到 Cs）
  - 1. 原子结构：最外层电子数都是 1，电子层数逐渐增多
  - 2. 物理性质和化学性质：具有相似性和递变性
- 卤族元素（从 F 到 I）
  - 1. 原子结构：最外层电子数都是 7，电子层数逐渐增多
  - 2. 物理性质和化学性质：具有相似性和递变性

六、教学过程

环节一：导入新课

【导入】 上节课我们认识了元素周期表的基本结构，元素周期表中的第ⅠA 族也被称为碱金属族，第ⅦA 族也被称为卤族。这两族的元素又有什么性质呢？今天就让我们继续深入学习元素周期表。

【板书】 1.1.2　元素周期表

二、元素的性质与原子结构

环节二：展开新课

1. 碱金属元素

【讲述】 首先来观察元素周期表。元素周期表的第ⅠA 族中，除了氢以外都为碱金属元素，为什么要把它们编在一个族呢？请同学们完成课本第 5 页“科学探究”栏目中的表格，并观察碱金属元素的原子结构特点。

【投影】 碱金属元素的有关信息

元素名称	元素符号	核电荷数	原子结构示意图	最外层电子数	电子层数	原子半径/nm
锂	Li	3	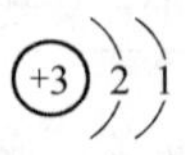	1	2	0.152
钠	Na	11	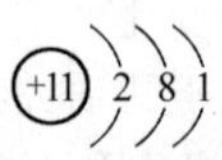	1	3	0.186

续表

元素名称	元素符号	核电荷数	原子结构示意图	最外层电子数	电子层数	原子半径/nm
钾	K	19	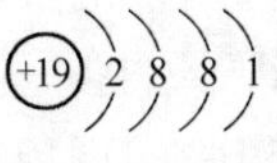	1	4	0.227
铷	Rb	37	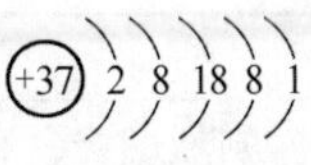	1	5	0.248
铯	Cs	55		1	6	0.265

【讲解】 观察碱金属元素的原子结构可知，从锂到铯，它们的最外层电子数都是 1，随着核电荷数的增加，电子层数逐渐增多，原子半径逐渐增大。

【投影】 碱金属元素原子结构的相似性和递变性

名　称	Li、Na、K、Rb、Cs →	
原子结构	相似性	最外层电子数都是 1
	递变性	电子层数逐渐增多，原子半径逐渐增大

【板书】 1. 碱金属元素（从 Li 到 Cs）

（1）原子结构

1）相似性：最外层电子数都是 1

2）递变性：电子层数逐渐增多，原子半径逐渐增大

【提问】 我们知道结构决定性质，碱金属元素的原子结构具有相似性和递变性，那么碱金属单质的物理性质及化学性质又有什么相似性和递变性呢？

【讲述】 在物理性质方面，碱金属单质的颜色都为银白色（Cs 略带金色）、硬度小、导热导电性强，密度较小并呈递增趋势（K 特殊），熔沸点较低并呈递减趋势。

【投影】 碱金属元素物理性质的相似性和递变性

名　称	Li、Na、K、Rb、Cs →	
物理性质	相似性	颜色均为银白色（Cs 略带金色），硬度小，密度较小；熔沸点低，导热导电性强
	递变性	密度逐渐增大（K 特殊），单质的熔、沸点逐渐降低

【板书】（2）物理性质

1）相似性：银白色（Cs 略带金色）、硬度小、密度较小、熔沸点低、导热导电性强

2）递变性：密度逐渐增大（K 特殊），单质的熔、沸点逐渐降低

【讲解】 在化学性质方面，从 Li 到 Cs，它们的最外层电子数都为 1，都容易失去电子显+1

价，但是随着核电荷数的增加，电子层数逐渐增加，原子半径逐渐增大，从而使得原子核对外层电子的吸引能力逐渐减小，失去最外层电子的能力逐渐增强。为了进一步感知递变性，我们进行以下的实验。

【实验】与氧气的反应：取绿豆大小的钾、钠各一粒，吸干表面的煤油后分别放在石棉网的左、右两边同时加热，观察实验的现象。

反　应	实　验　现　象
钠与氧气反应	剧烈燃烧，有黄色火焰，生成淡黄色固体
钾与氧气反应	比钠的燃烧更剧烈，火焰呈紫色（透过蓝色钴玻璃）

【实验】与水的反应：取绿豆大小的钾、钠，吸干表面的煤油后，分别放入滴有酚酞溶液的水中。

钾、钠与水的反应实验现象	
相同点	不同点
金属浮在水面上 金属熔化成小球 小球四处游动 发出“嘶嘶”的响声 溶液变红	钾与水反应更剧烈，伴有轻微的爆炸声

【讲解】通过两组实验我们发现，K 与 H_2O 和 O_2 反应的剧烈程度都比 Na 的大，这也说明了 K 失去电子的能力强于 Na。事实上不只 K 和 Na 具有相似性和递变性，与它们同一主族的碱金属单质因其原子结构具有相似性和递变性，它们在与 O_2 和 H_2O 的反应过程中也体现出了相似性和递变性。从 Li 到 Cs，与 O_2 反应时，反应越来越剧烈，产物越来越复杂，如 Li 与 O_2 反应只生成 Li_2O，Na 与 O_2 反应生成 Na_2O 和 Na_2O_2，K、Rb 等与 O_2 反应，除了生成氧化物和过氧化物，还会生成超氧化物，Rb、Cs 在室温时，遇到空气会立即燃烧；从 Li 到 Cs，与 H_2O 反应时越来越剧烈，如 K 与 H_2O 反应可能会发生轻微爆炸，Rb、Cs 遇水发生剧烈爆炸；从 Li 到 Cs，与 H_2O 反应时都生成相应的碱，即最高价氧化物对应的水化物，这些碱的碱性也是逐渐增强的。

【讲解】从 Li 到 Cs，碱金属原子失去电子的能力逐渐增强，这种失去电子的能力，我们称为金属性，对于金属单质而言，我们称为还原性。因此，从 Li 到 Cs，失去电子的能力增强，金属性增强，还原性增强。

【投影】碱金属元素化学性质的相似性和递变性

名　称	Li、Na、K、Rb、Cs $\longrightarrow$	
化学性质	相似性	化学性质活泼，能与氧气和水反应
	递变性	金属性增强、与氧气和水反应越剧烈、最高价氧化物对应水化物的碱性增强

【板书】（3）化学性质

1）相似性：化学性质活泼，能与氧气或水反应

2）递变性：金属性增强、与氧气和水反应越剧烈、最高价氧化物对应水化物的碱性增强

【讲述】 碱金属元素化学性质具有递变性的本质是金属性增强，金属性的强弱可以金属与水的反应、金属最高价氧化物对应的水化物的碱性、对应阳离子的氧化性为判断依据：

（1）根据金属单质与水或者与酸反应置换出氢气的难易程度。置换出氢气越容易，则金属性越强。例如，金属 A 可与冷水反应，金属 B 和热水才能反应，金属 C 和水不能反应，可知金属性 A >B >C。

（2）根据金属元素最高价氧化物对应水化物的碱性强弱。碱性越强，则该金属元素的金属性越强。例如，已知 NaOH 为强碱，$Mg(OH)_2$为中强碱，$Al(OH)_3$为弱碱，则 Na、Mg、Al 的金属性强弱顺序为 Na >Mg >Al。

（3）根据对应阳离子的氧化性强弱判断。金属阳离子氧化性越弱，其单质的还原性越强，则元素的金属性越强。例如，金属阳离子的氧化性强弱为 Al^{3+} > Mg^{2+} > Na^{+}，则元素的金属性强弱顺序为 Na > Mg > Al。

2. 卤族元素

【讲述】 刚才我们以典型的金属元素——碱金属元素为例学习了性质与原子结构间的关系，那么典型的非金属元素——卤族元素是否也有这样的关系呢？请完成下列表格，并观察卤族元素的原子结构的特点。

【投影】 卤族元素的有关信息

名　称	元素名称	元素符号	核电荷数	原子结构示意图	最外层电子数	电子层数	原子半径/nm
卤族元素	氟	F	9	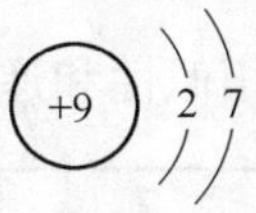	7	2	0.71
	氯	Cl	17	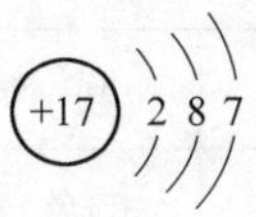	7	3	0.99
	溴	Br	35	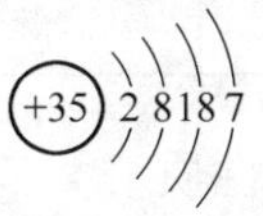	7	4	1.14
	碘	I	53	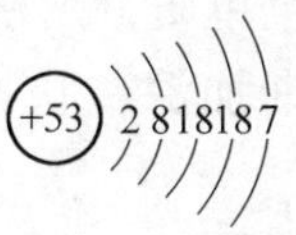	7	5	1.33

【归纳】 通过观察发现卤族元素的原子结构中，从 F 到 I，最外层都有 7 个电子，易得 1 个电子，随着核电荷数的逐渐增大，电子层数逐渐增加，半径逐渐增大。

【投影】卤族元素原子结构的相似性和递变性

名　称		F、Cl、Br、I →
原子结构	相似性	最外层电子数都是 7
	递变性	电子层数逐渐增多，原子半径逐渐增大

【板书】2. 卤族元素（从 F 到 I）

（1）原子结构

1）相似性：最外层电子数都是 7

2）递变性：电子层数逐渐增多，原子半径逐渐增大

【过渡】卤族元素的原子结构具有相似性和递变性，结构决定性质，卤素单质的性质如何呢？首先让我们看它们的物理性质。

【投影】卤素单质的物理性质

卤素单质	颜色状态	密度	熔点/℃	沸点/℃
F_2	淡黄绿色气体	1.69g/L(15℃)	-219.6	-188.1
Cl_2	黄绿色气体	3.214g/L(10℃)	-101	-34.6
Br_2	深红棕色液体	3.119g/cm^3(20℃)	-7.2	58.78
I_2	紫黑色固体	4.930g/cm^3	113.5	184.4

【归纳】通过观察卤素单质的物理性质可知，卤素单质都有颜色，且熔沸点较低。而在递变性上，从 F_2 到 I_2，颜色逐渐加深，状态由气态变为液态及固态，密度逐渐增大，熔沸点逐渐升高。

【投影】卤族单质物理性质的相似性和递变性

名　称		F_2、Cl_2、Br_2、I_2 →
物理性质	相似性	都是有色单质，熔、沸点较低
	递变性	颜色逐渐加深，状态由气态变为液态及固态，密度逐渐增大，熔沸点逐渐升高

【板书】（2）卤素单质的物理性质

1）相似性：都为有色单质，熔沸点较低

2）递变性：颜色逐渐加深，状态由气态变为液态及固态，密度逐渐增大，熔沸点逐渐升高

【过渡】碱金属单质的化学性质呈现相似性和递变性的实质是金属性的递变性。对于卤族元素而言，它们的非金属性是否也具有相似性和递变性呢？让我们来看投影。

【投影】卤素单质与氢气发生反应

单质	反应条件与现象	化学方程式
F_2	冷暗处爆炸，反应剧烈，生成很稳定的 HF	$H_2+F_2=\!=\!=2HF$
Cl_2	光照或点燃条件下反应，生成稳定的 HCl	$H_2+Cl_2\xlongequal{点燃}2HCl$
Br_2	加热至一定温度才能反应，生成的 HBr 不如 HCl 稳定	$H_2+Br_2\xlongequal{500℃}2HBr$
I_2	高温、持续加热才能缓慢反应，生成的 HI 易分解	$H_2+I_2\overset{\triangle}{\rightleftharpoons}2HI$

【讲述】 用 X 表示卤族元素，根据表格内容可知，从 F_2 到 I_2，都能够与 H_2 反应生成 HX。但是在反应过程中，反应的剧烈程度减弱，反应生成的 HX 稳定性减弱，由此说明了从 F 到 I，非金属性减弱。除了与氢气反应，卤素单质间也能发生置换反应。

【实验】

实　验	现　象	化学方程式
将少量新制的饱和氯水分别加入盛有 NaBr 溶液的试管中，用力振荡后加入少量 CCl_4，振荡、静置	溶液分层，下层溶液呈橙色	$Cl_2+2NaBr=\!=\!=2NaCl+Br_2$
将少量新制的饱和氯水加入盛有 KI 溶液的试管中，用力振荡后加入少量 CCl_4，振荡、静置	溶液分层，下层呈紫色	$Cl_2+2KI=\!=\!=2KCl+I_2$
将少量溴水加入盛有 KI 溶液的试管中，用力振荡后加入少量 CCl_4，振荡、静置	溴水黄色褪去，溶液分层，下层呈紫色	$Br_2+2KI=\!=\!=2KBr+I_2$

【讲述】 通过这组实验我们知道非金属单质也能发生置换反应，氧化性强的非金属单质能够将氧化性弱的非金属单质从它的盐溶液中置换出来。特别说明的是，这里我们并没有用 F_2 进行实验，原因是 F_2 能够与水剧烈反应生成 HF 和 O_2，因此 F_2 不能从溶液中置换出其他卤素单质。

【板书】（3）卤素单质的化学性质

1）相似性：都能与氢气发生反应

2）递变性：非金属性逐渐减弱，与氢气反应的剧烈程度逐渐减弱，生成卤化氢的稳定性逐渐减弱

【讲述】 卤素单质的化学性质具有递变性的本质是非金属性增强，非金属性的强弱可以通过以下依据进行判断：

（1）通过阴离子的还原性进行比较。阴离子的还原性越弱，其单质的氧化性就越强，元素非金属性就越强。例如，还原性：$F^- < Cl^- < Br^- < I^-$，说明非金属性 $F > Cl > Br > I$。

（2）单质与氢气反应产生氢化物的难易程度比较。非金属单质越容易和氢气反应产生氢化物，元素非金属性就越强；非金属单质越难和氢气反应产生氢化物，元素非金属性就越弱。例如，氟气在黑暗处可以与氢气剧烈反应，而氯气要在点燃或光照条件下与氢气反应，溴蒸气要在加热的条件下与氢气反应，说明非金属性 $F > Cl > Br$。

（3）根据气态氢化物的稳定性进行比较。气态氢化物越稳定，元素非金属性就越强。例如，稳定性 $HF > HCl > HBr > HI$，$HF > H_2O > NH_3 > CH_4$，说明非金属性 $F > Cl > Br > I$，$F > O > N > C$。

（4）最高价氧化物的水化物的酸性进行比较。最高价氧化物的水化物酸性越强，该元素的非金属性越强。例如，酸性 $H_4SiO_4 < H_3PO_4 < H_2SO_4 < HClO_4$，说明非金属性 $Si < P < S < Cl$。

（5）根据水溶液中发生的置换反应来比较。氧化性强的非金属单质能把氧化性弱的非金属单质从其可溶性盐溶液中置换出来。例如，$Br_2 + 2KI = 2KBr + I_2$，说明非金属性 $Br > I$。

环节三：归纳总结

【总结】 本节课以碱金属元素和卤族元素为例，探究了同主族元素性质与原子结构的关系。通过探究知道，同主族元素在原子结构、物理性质及化学性质上都有着相似性和递变性，这主要与原子核外电子的排布，特别是最外层电子数有关。请同学们完成课后第 11 页的 3 题、9 题，并预习下节课的内容。

七、板书设计

1.1.2　元素周期表

二、元素的性质与原子结构

1. 碱金属元素（从 Li 到 Cs）

（1）原子结构

1）相似性：最外层电子数都是 1

2）递变性：电子层数逐渐增多，原子半径逐渐增大

（2）物理性质

1）相似性：银白色（Cs 略带金色）、硬度小、密度较小、熔沸点低、导热导电性强

2）递变性：密度逐渐增大（K 特殊），单质的熔、沸点逐渐降低

（3）化学性质

1）相似性：化学性质活泼，能与氧气或水反应

2）递变性：金属性增强，与氧气和水反应越剧烈，最高价氧化物对应水化物的碱性增强

2. 卤族元素（从 F 到 I）

（1）原子结构

1）相似性：最外层电子数都是 7

2）递变性：电子层数逐渐增多，原子半径逐渐增大

（2）卤素单质的物理性质

1）相似性：都为有色单质，熔沸点较低

2）递变性：颜色逐渐加深，状态由气态变为液态及固态，密度逐渐增大，熔沸点逐渐升高

（3）卤素单质的化学性质

1）相似性：都能与氢气发生反应

2）递变性：非金属性逐渐增弱，与氢气反应的剧烈程度逐渐减弱，生成卤化氢的稳定性逐渐减弱

第3课时　核　　素

一、教材分析

本节内容选自人教版高中化学必修2第一章“物质结构　元素周期律”第一节“元素周期表”。依据课程标准“知道元素、核素的涵义”和“了解原子结构与元素性质的关系”的要求，本节课安排了“原子结构、核素、同位素”等教学内容。

教科书先提出问题“元素的性质与原子核有关系吗”，将元素的性质与原子核相联系，回顾原子的相关知识。在此基础上，教科书又提出“同种元素的原子核中质子数相同，那么中子数是否一定相同”的问题，由此提出核素及同位素的概念。为帮助学生更好地理解这一概念，教科书以最常见的碳、氧元素的同位素为例加以说明，并展示了同位素在生活、生产中的重要作用，加深了学生对这一内容的认识和理解。

元素符号是化学的语言，虽然学生在九年级已接触元素及元素符号，但是对元素及原子核之间的关系认识不深刻，本节课的学习将元素与原子核之间的关系进行系统地梳理，引导学生认识核素、同位素等概念，为后续学习选修3第一章第二节“原子结构与元素的性质”等做好知识铺垫。

二、学情分析

高一年级的学生有着较强的求知欲，他们对元素既熟悉又陌生，而以往的化学知识都为他们学习质子数、中子数、质量数之间的关系、核素及同位素等知识做了铺垫，但是要全面掌握并能够分辨元素、核素及同位素还需要进一步学习。学生在不断学习元素周期表的过程中，已经具备了基本的观察、分析、判断、归纳总结能力，而通过结合以往经验分析理解核素的概念，这对提高学生的迁移应用能力有着较大的帮助。

三、教学目标

知识与技能	（1）了解原子的构成。 （2）认识、辨析元素、核素、同位素的概念。 （3）掌握质子数、中子数、质量数之间的关系
过程与方法	（1）通过分析元素与核素的关系，提高分析、归纳总结的能力。 （2）通过认识元素原子质子数、中子数、质量数之间的关系，进一步理解元素的性质与原子核的关系
情感态度与价值观	（1）运用生产生活实例说明同位素的重要性，体会化学与社会发展的关系。 （2）探究原子的结构，体验化学的奥秘

四、教学重点和难点

（1）教学重点：原子结构的表示方法；同位素、核素的概念。

（2）教学难点：元素、核素、同位素概念的辨析。

五、知识结构

- 核素
  - 原子构成的表示方法：$^{A}_{Z}X$（Z—质子数，A—质量数，X—某原子）
  - 核素：具有一定数目质子和一定数目中子的一种原子
  - 同位素
    - 定义：质子数相同而中子数不同的同一元素的不同原子互称为同位素
    - 特点
      - （1）在元素周期表中位置相同
      - （2）化学性质几乎相同，某些物理性质略有不同
      - （3）天然存在的同位素，相互之间保持一定的比率

六、教学过程

环节一：导入新课

【导入】 原子是构成物质的一种微粒，是化学变化中的最小微粒。物质的组成、性质和变化都与原子结构密切相关。那么原子能不能再分？原子又是如何构成的呢？这节课我们一起来学习有关原子的几个概念。

【板书】 1.1.3　元素周期表

环节二：展开新课

1. 原子构成的表示方法

【讲解】 原子由原子核和核外电子构成，原子核在原子的中心，由带正电的质子与不带电的中子构成，带负电的电子绕核作高速运动。也就是说，质子、中子和电子是构成原子的三种微粒。

【投影】

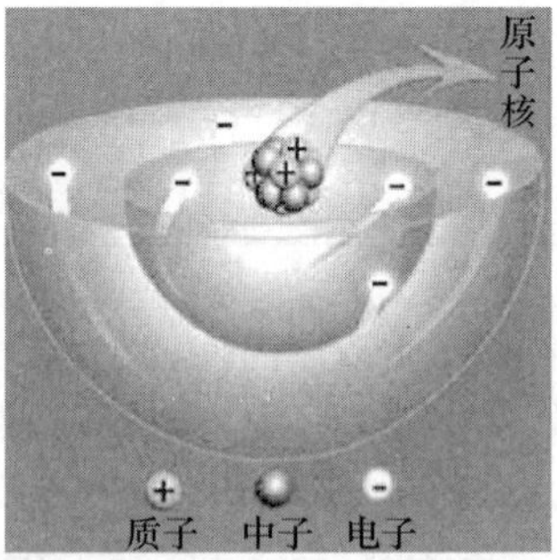

【讲解】 原子的质量主要集中在原子核上，质子和中子的相对质量都近似为 1。如果忽略电子的质量，将核内所有质子和中子的相对质量取近似整数值相加，所得的数值叫做质量数，即质量数等于质子数与中子数之和。

【板书】 三、核素

1. 质量数：原子核内所有的质子和中子的相对质量取近似整数值相加所得的数值

   质量数 = 质子数 + 中子数

【讲述】 在化学上，我们用符号 $^{A}_{Z}X$ 表示一个质量数为 A、质子数为 Z 的 X 原子，由此我们也可以得到组成原子的粒子间的关系。

【板书】2. 原子构成的表示方法

质量数：用“A”表示，质子数：用“Z”表示

$$原子{}_{Z}^{A}X\begin{cases}原子核\begin{cases}质子 & Z个\\中子 & (A-Z)个\end{cases}\\核外电子 \quad Z个\end{cases}$$

【讲述】以${}_{17}^{37}Cl$为例，${}_{17}^{37}Cl$表示质量数为37、质子数为17的一种氯原子。

【练习】

粒子符号	质子数 Z	中子数 N	质量数 A	用${}_{Z}^{A}X$表示为
O	8		18	
Al		14	27	
Ar	18	22		

2. 核素

【过渡】九年级我们学习了元素的概念，知道元素是具有相同质子数（核电荷数）的同一类原子的总称。元素的种类是由原子核内的质子数决定的。下面是三种不同的氢原子，它们是不是同一种元素？请比较三种氢原子结构的异同。

【投影】三种不同的氢原子

原子符号	质子数	中子数	氢原子名称和简称
${}_{1}^{1}H$	1	0	氕（H）
${}_{1}^{2}H$	1	1	氘（D）
${}_{1}^{3}H$	1	2	氚（T）

【讲解】元素是具有相同质子数（核电荷数）的同一类原子的总称。这三个原子具有相同的质子数，因此它们属于同一种元素——氢元素。元素的种类是由质子数（核电荷数）决定的，但是这三个原子的中子数各不相同，我们将具有一定数目质子和一定数目中子的一种原子称为核素。核素是由质子数和中子数共同决定的，如${}_{1}^{1}H$、${}_{1}^{2}H$、${}_{1}^{3}H$就是氢元素的三种不同核素。

【板书】3. 核素：具有一定数目质子和一定数目中子的一种原子

3. 同位素

【讲述】${}_{17}^{35}Cl$、${}_{17}^{37}Cl$、${}_{1}^{1}H$、${}_{1}^{2}H$、${}_{1}^{3}H$都是核素，但是${}_{17}^{35}Cl$和${}_{17}^{37}Cl$两种核素间、${}_{1}^{1}H$、${}_{1}^{2}H$和${}_{1}^{3}H$三种核素间又有着一定的联系。通过观察我们知道，${}_{17}^{35}Cl$和${}_{17}^{37}Cl$是氯元素的不同核素，它们的质子数相同；${}_{1}^{1}H$、${}_{1}^{2}H$和${}_{1}^{3}H$是氢元素的不同核素，它们的质子数也相同，对于这种质子数相同而中子数不同的原子，我们将其互称为同位素，即同一元素的不同核素互称为同位素。

【板书】4. 同位素

（1）定义：质子数相同而中子数不同的同一种元素的不同种原子（核素）

【讲述】互为同位素的核素在位置、性质和存在上具有一定的特点。在位置上，互为同位

素的核素在元素周期表中占据相同的位置，因为互为同位素的核素质子数相同。在性质方面，同一种元素的各种不同的同位素化学性质几乎完全相同，因为各同位素原子结构几乎相同（除中子数），但由不同的同位素构成的某些物质，物理性质略有不同。在存在方面，天然存在的某种元素中，各种同位素原子个数百分含量一般是不变的。

【板书】（2）特点

1）位置：在元素周期表中位置相同

2）性质：化学性质几乎相同，某些物理性质略有不同

3）存在：天然存在的同位素，相互之间保持一定的比率

【讲述】由此我们可以看出同位素有三同，即同种元素（同质子数、同核电荷数、同电子数）、相同位置（在元素周期表中）、化学性质几乎相同；也有三不同，即不同种原子（中子数不同、质量数不同）、不同的物理性质、不同的原子个数百分比。除此之外，它有两个特征，即同一元素的各种同位素的化学性质几乎完全相同；在天然存在的某种元素里，不论是游离态还是化合态，各种同位素所占的原子个数百分比一般是不变的。

【提问】通过对元素、核素及同位素的学习，我们知道元素是具有相同核电荷数即质子数的同一类原子的总称；核素是具有一定数目的质子和中子的一种原子；同位素是质子数相同而中子数不同的同一种元素的不同种原子（核素）互称同位素。那么它们三者之间有什么关系呢？

【投影】元素、核素、同位素之间的关系

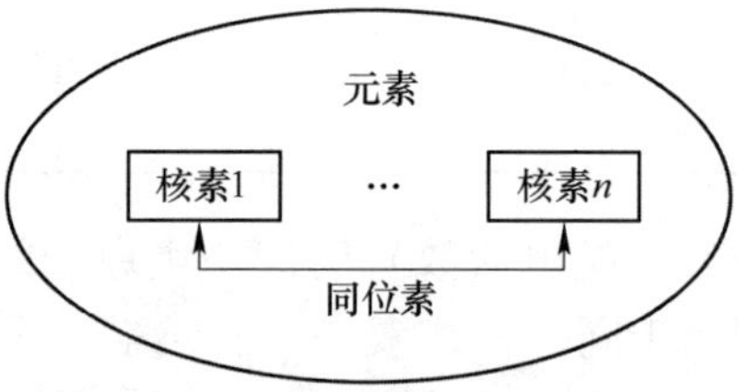

【讲述】我们学习了元素、核素、同位素，请大家从本质、范畴、特性、决定因素和举例等方面进行讨论比较。

【投影】元素、核素、同位素的比较

项目 \ 类别	元　素	核　素	同位素
本　质	质子数相同的一类原子	质子数、中子数都一定的原子	质子数相同、中子数不同的原子
范　畴	同类原子	某种原子	同一元素的不同原子
特　性	只讲种类、不讲个数	化学反应中的最小微粒	化学性质几乎相同，因质量数不同，物理性质略有不同

续表

类别 / 项目	元　素	核　素	同位素
决定因素	质子数	质子数、中子数	质子数、中子数
举　例	H、C、N 三种元素	$^{35}_{17}Cl$、$^{37}_{17}Cl$ 两种核素	$^{1}_{1}H$、$^{2}_{1}H$、$^{3}_{1}H$ 互称为同位素

【巩固练习】（1）下列各组物质中，互为同位素的是（　　）。

1）金刚石和石墨　　2）D_2 和 H_2　　3）水和重水（D_2O）

4）纯碱和烧碱　　5）O_2 和 O_3　　6）$^{40}_{20}Ca$ 和 $^{42}_{20}Ca$

（2）下列说法正确的是（　　）。

A. 同种元素的质子数必定相同

B. 不同元素原子的质量数必定不同

C. 原子核都是由质子和中子构成的

D. 凡是核外电子数相同的微粒必定属于同一元素

【讲述】同位素在日常生活、工农业生产和科学研究中有着重要的用途，例如$^{14}_{6}C$，生物体在生命存续期间保留着$^{14}_{6}C$，$^{14}_{6}C$ 会在其死亡后衰变，测量考古遗址中发现的$^{14}_{6}C$ 的含数，可以推断出它存在的年代。在国防方面，^{235}U 可用于制造原子弹，$^{2}_{1}H$、$^{3}_{1}H$ 可用于制造氢弹；在医疗方面，放射性同位素钬^{166}Ho 可有效地治疗肝癌，放射性同位素碘^{125}I 可用于治疗肿瘤等。课后也请同学们通过上网查阅资料等方式，继续查阅核素、同位素在生产生活中的其他应用。

【板书】（3）应用：^{14}C，可用于测定文物年代

^{235}U，可用于制造原子弹

$^{2}_{1}H$、$^{3}_{1}H$，可用于制造氢弹

放射性同位素，可用于疾病的诊断和治疗

环节三：归纳总结

【总结】通过本节课的学习，我们认识了原子的构成，知道了核素、同位素等相关概念，理清了元素、核素、同位素三者之间的关系，尤其是认识了同位素的定义、特点及其应用。请同学们课后完成课本第 11 页的 4、5、12 题，并预习下节课的内容。

七、板书设计

1.1.3　元素周期表

三、核素

1. 质量数：原子核内所有的质子和中子的相对质量取近似整数值相加所得的数值

质量数=质子数+中子数

2. 原子构成的表示方法

质量数：用“A”表示，质子数：用“Z”表示

$$\text{原子}\ {}_{Z}^{A}X\begin{cases}\text{原子核}\begin{cases}\text{质子} & Z\ \text{个}\\ \text{中子} & (A-Z)\ \text{个}\end{cases}\\ \text{核外电子} \qquad Z\ \text{个}\end{cases}$$

3. 核素：具有一定数目质子和一定数目中子的一种原子

4. 同位素

（1）定义：质子数相同而中子数不同的同一种元素的不同种原子（核素）

（2）特点

1）位置：在元素周期表中位置相同

2）性质：化学性质几乎相同，某些物理性质略有不同

3）存在：天然存在的同位素，相互之间保持一定的比率

（3）应用：^{14}C，可用于测定文物年代

^{235}U，可用于制造原子弹

${}_{1}^{2}H$、${}_{1}^{3}H$，可用于制造氢弹

放射性同位素，可用于疾病的诊断和治疗

第二节　元素周期律

第 1 课时　原子核外电子的排布

一、教材分析

本节内容选自人教版高中化学必修 2 第一章“物质结构　元素周期律”第二节“元素周期律”。依据课程标准“了解原子核外电子的排布”和“能结合有关数据和实验事实认识元素周期律”的要求，本节课安排了“原子核外电子的排布、元素周期律”等教学内容。

原子是由原子核和核外电子构成的。教科书首先提出电子层的概念，说明原子核外的电子由于能量的不同分别在不同的区域内运动，能量较低的电子在离核较近的区域运动，相反能量较高的电子在离核较远的区域运动。为解答“每个电子层最多能够排布多少个电子”的问题，教科书呈现了核电荷数为 1~20 的元素原子核外电子层排布表格，引导学生归纳总结得出核外电子层电子排布的规律。然后教科书又通过“科学探究”栏目，引导学生自主探究原子序数与元素原子的核外电子层排布、原子半径和化合价的规律性变化，加深学生对元素周期律的认识。

本节内容通过说明原子核外电子排布情况，进一步认识原子。原子核外电子排布情况又影响到元素的性质，因此这部分内容是学习选修 3 第一章“原子结构与性质”的重要基础。

二、学情分析

学生在九年级化学中已经初步学习了 1~20 号元素的原子结构，在上一节课中对原子结构又有了新的认识，并且学生已经掌握了元素周期表的编排原则和依据。但是对于原子核外电子的排布、元素周期律等知识还不熟悉，需要进一步学习掌握。高一年级学生正处于思维活跃的青春期，对寻找规律充满好奇，当提供科学数据后，学生乐于在活动中学习，将数据中的有用信息提取出来并进行分析，最终归纳总结得出规律，完成学习任务，有利于提高学生自主学习和归纳总结的能力。

三、教学目标

知识与技能	（1）理解原子核外电子排布的规律。 （2）掌握元素核外电子、化合价、原子半径周期性变化规律
过程与方法	（1）通过了解原子核外电子排布规律，能用原子结构示意图表示简单的原子结构。 （2）通过归纳总结进行学习，概括元素的周期性变化规律。 （3）通过实验探究掌握元素周期律
情感态度与价值观	（1）通过分析原子核外电子排布，养成务实求真的科学态度。 （2）通过科学探究学习元素周期律，体会科学探究过程的艰辛与喜悦

四、教学重点和难点

(1) 教学重点：原子核外电子排布、化合价、原子半径周期性变化规律。

(2) 教学难点：原子核外电子排布、化合价、原子半径周期性变化规律。

五、知识结构

- 元素周期律
  - 原子核外电子的排布
    - 电子层的表示方法
    - 原子核外电子的排布规律
      - (1) 能量最低原则
      - (2) 每个电子层最多排 $2n^2$ 个电子
      - (3) 最外层不超过 8 个电子（K 层不能超过 2 个）
        次外层不超过 18 个电子
        倒数第三层不能超过 32 个电子
  - 元素性质的周期性变化
    - (1) 电子层排布
    - (2) 元素化合价
    - (3) 原子半径

六、教学过程

环节一：导入新课

【导入】我们知道，原子是由原子核和核外电子构成的。核外电子围绕着原子核作高速运动，不同于宏观世界中的物体如行星、炮弹、尘粒等的运动状况，电子绕核运动没有确定的轨道，不能精确测定或计算电子在任一时刻所在的位置，也不能描绘出其运动轨迹，但电子绕核运动却存在一定的规律，电子的运动具有什么样的规律呢？核外电子的运动与原子结构及元素性质又有着什么联系呢？今天就让我们一起进入本章第二节的内容——元素周期律。

【板书】1.2.1　元素周期律

环节二：展开新课

1. 原子核外电子的排布

【讲解】原子核相对于原子而言很小，原子核外不同区域可以简化为不连续的壳层，我们称这种壳层为电子层。

【投影】电子层模型示意图

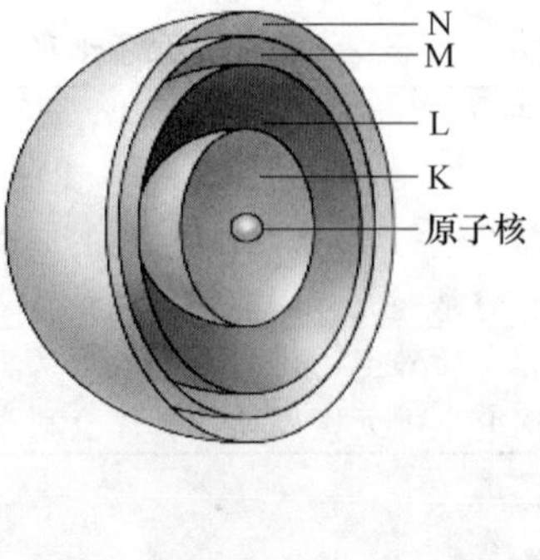

【讲述】这种电子层模型也被比拟为洋葱式结构。通常电子层有两种表示方法：数字表示法和字母表示法，即可用数字1、2、3、4、5等表示，也可用字母K、L、M、N、O等表示。在含有多个电子的原子中，由于电子的能量不同，因而分别在能量不同的电子层中运动。在离核较近的区域内运动的电子能量较低，在离核较远的区域内运动的电子能量较高。

【板书】一、原子核外电子的排布

1. 电子层的表示方法

电子层序号	1	2	3	4	5	6	7
电子层符号	K	L	M	N	O	P	Q
电子能量	电子离核由近到远，电子能量由低到高						

【讲述】我们了解了电子层的表示方法，请同学们阅读课本第13、14页的表1-2，试归纳总结核外电子排布的规律。

【小结】通过观察1~20号元素原子的核外电子排布，我们能够得出以下的核外电子排布规律：在能量方面，遵循能量最低原则，即核外电子总是尽可能的先排布在能量最低的电子层里，然后由里到外，依次排在能量逐步升高的电子层，即排满K层排L层，排满L层排M层；在数量方面，每个电子层最多可容纳$2n^2$个电子，n表示电子层序数，最外层可容纳的电子数不能超过8个（K层是最外层时，最多不超过2个），次外层不能超过18个，倒数第三层不能超过32个。

【板书】2. 原子核外电子的排布规律

（1）能量最低原则：核外电子总是先排能量低的电子层，然后由里到外，依次排在能量逐步升高的电子层

（2）每个电子层最多排$2n^2$个电子

（3）最外层不超过8个电子（当K层为最外层时不能超过2个），次外层不超过18个电子，倒数第三层不超过32个电子

【练习】根据下列条件写出元素名称和元素符号，并画出原子结构示意图：

（1）A元素原子核外M层电子数是L层电子数的1/2；

（2）B元素原子的最外层电子数是次外层电子数的1.5倍；

（3）C元素原子的L层电子数与K层电子数之差是电子层数的2.5倍；

（4）D元素原子的次外层电子数是最外层电子数的1/4。

2. 元素周期律

【讲述】请同学们阅读课本第14页“科学探究”中的表格1，写出元素周期表1~18号元素的元素符号及原子核外电子排布示意图。

【提问】对于前18种元素的性质，随着核电荷数的递增，元素原子最外层电子排布呈现出怎样的规律？元素的主要化合价呈现出怎样的规律？除稀有气体元素外，元素原子半径呈现出怎样的规律？

【讲解】观察表格可以发现，1~2号元素，从H到He只有1个电子层，最外层电子数由1

个增加到2个，达到稳定结构；3~10号元素，从Li到Ne有2个电子层，随原子序数的增大，最外层电子数由1个增加到8个，达到稳定结构；11~18号元素，从Na到Ar有3个电子层，随原子序数的增大，最外层电子数由1个增加到8个，达到稳定结构。

【投影】1~18号元素原子最外层电子排布呈现周期性变化

原子序数	电子层数	最外层电子数	达到稳定结构时的最外层电子数
1~2	1	1→2	2
3~10	2	1→8	8
11~18	3	1→8	8

【讲解】经过分析我们可以得知，随着原子序数的递增，每隔一定数目的元素，会重复出现原子最外层电子从1个递增到8个的情况，除H、He外，这种周而复始的重现，我们称之为周期性。因此，原子核外电子层排布的这种规律性变化，我们称之为周期性变化。由此，可得出如下结论：随着原子序数的递增，元素原子的最外层电子排布呈现周期性变化。

【板书】二、元素周期律

1. 元素性质的周期性变化

（1）电子层排布：随着原子序数的递增，元素原子的最外层电子排布呈现周期性变化

【提问】化合价是元素的重要性质，那么随原子序数的递增，元素的化合价的变化是否也会呈现周期性变化呢？

【投影】1~18号元素化合价呈现周期性变化

原子序数	最高或最低化合价的变化
1~2	+1 → 0
3~10	+1 → +5 −4 → −1 → 0
11~18	+1 → +7 −4 → −1 → 0

【讲解】对于稀有气体元素而言，由于它们的化学性质不活泼，在通常状况下难以与其他物质发生化学反应。因此，把它们的化合价看作0，原子序数为1~2时，化合价从+1下降到0；原子序数为3~9时，随着原子序数的递增，最高正价从+1到+5，最低负价从−4到−1；原子序数为11~17时，随着原子序数的递增，最高正价从+1到+7，最低负价从−4到−1。由此我们可以得出结论：随着原子序数的递增，元素化合价呈现周期性的变化。

【板书】（2）元素化合价：随着原子序数的递增，元素化合价呈现周期性的变化

【讲解】我们已经知道核外电子排布，尤其是最外层电子数直接影响着元素的化合价。由

于金属元素的原子最外层电子数大多都少于4个，故在化学反应中易失去最外层电子而表现出正价，即金属元素的化合价一般为正；相反，非金属元素通常得电子，化合价为负。如果是几种非金属元素化合时，有些元素就会表现出正价。一般非金属最高正价存在于氧化物及酸根中，最低负价通常存在于氢化物中，而金属无负价，O、F无正价，主族元素最高正价数等于最外层电子数，主族元素最低负价等于最高正价减去8。

【板书】 1）主族元素最高正价数=最外层电子数

2）主族元素最低负价数=最外层电子数（最高正价）-8

【提问】 元素的原子半径的变化是否也会像元素原子最外层电子排布一样呈现周期性变化？

【投影】 1~18号元素原子半径呈现周期性变化

元素符号	H							He
原子半径/nm	0.037							—
元素符号	Li	Be	B	C	N	O	F	Ne
原子半径/nm	0.152	0.089	0.082	0.077	0.075	0.074	0.071	—
元素符号	Na	Mg	Al	Si	P	S	Cl	Ar
原子半径/nm	0.186	0.160	0.143	0.117	0.110	0.102	0.099	—

【讲解】 观察表格可以看出，同一周期，从左到右随着原子序数的递增，元素的原子半径逐渐减小；同一纵列，从上到下原子半径逐渐增大。说明原子半径的大小呈现周期性变化。

【提问】 为什么原子半径会出现周期性变化呢？原子半径受哪些因素的影响呢？

【讲解】 同周期元素，核外电子层层数相同，从左到右，随着核电荷数的递增，原子核对外层电子的引力就逐渐增强，原子半径逐渐减小。同理，同族元素，从上而下，随着电子层数增多，原子核对外层电子的引力减弱，原子半径逐渐增大。由此我们得到结论：同主族元素，从上到下，原子半径逐渐增大；同周期元素，从左到右，原子半径逐渐减小。

【板书】（3）元素原子半径：随着原子序数的递增，元素原子半径呈现周期性变化

1）同主族元素，从上到下，原子半径逐渐增大

2）同周期元素，从左到右，原子半径逐渐减小

环节三：归纳总结

【总结】 通过对元素周期表中电子层排布、原子半径和化合价变化的探讨，我们知道随着原子序数的递增，元素原子的电子层排布、化合价和原子半径都呈现周期性的变化。元素的性质又与原子结构有关，那么元素的金属性和非金属性是否也随原子序数的变化呈现周期性的变化呢？请同学们课后做好预习工作，完成课本第11页的8、11题。

七、板书设计

1.2.1　元素周期律

一、原子核外电子的排布

1. 电子层的表示方法

电子层序号	1	2	3	4	5	6	7
电子层符号	K	L	M	N	O	P	Q
电子能量	电子离核由近到远，电子能量由低到高						

2. 原子核外电子的排布规律

（1）能量最低原则：核外电子总是先排能量低的电子层，然后由里到外，依次排在能量逐步升高的电子层

（2）每个电子层最多排 $2n^2$ 个电子

（3）最外层不超过 8 个电子（当 K 层为最外层时不能超过 2 个），次外层不超过 18 个电子，倒数第三层不超过 32 个电子

二、元素周期律

1. 元素性质的周期性变化

（1）电子层排布：随着原子序数的递增，元素原子的最外层电子排布呈现周期性变化

（2）元素化合价：随着原子序数的递增，元素化合价呈现周期性的变化

1）主族元素最高正价数=最外层电子数

2）主族元素最低负价数=最外层电子数（最高正价）-8

（3）元素原子半径：随着原子序数的递增，元素原子半径呈现周期性变化

1）同主族元素，从上到下，原子半径逐渐增大

2）同周期元素，从左到右，原子半径逐渐减小

第2课时 元素周期律

一、教材分析

本节内容选自人教版高中化学必修2第一章“物质结构 元素周期律”第二节“元素周期律”。依据课程标准“能结合有关数据和实验事实认识元素周期律”和“知道金属、非金属在元素周期表中的位置及其性质的递变规律”的要求，本节课安排了“元素的金属性和非金属性、元素周期律”等教学内容。

为探究元素金属性和非金属性之间的关系，教科书以元素周期表第三周期的元素为例，通过“科学探究”栏目运用实验证明钠、镁、铝的金属性强弱。然后提供了第三周期硅、磷、硫、氯四种非金属元素的资料，引导学生对比第三周期7种元素的金属性及非金属性，归纳第三周期元素金属性和非金属性强弱规律。最后介绍了元素周期表和元素周期律的应用，并将元素周期表中的金属元素和非金属元素进行分区。

本节课是在元素相关知识的基础上继续探究元素间的规律性，同时元素周期律又是重要的理论知识，对后续学习化合物的有关知识奠定良好的基础，因此本节课有着承上启下的作用。

二、学情分析

学生在以往学习过程中，已经认识到随着原子序数的递增，元素原子的电子层排布、原子半径和化合价都呈现周期性的变化，但是对于元素的金属性和非金属性还需要进一步学习。学生已经具备综合分析、提取信息、归纳总结等能力，能够从所给信息中自主分析得到有效的结论，通过分析探究性实验的结果，完成对元素的金属性及非金属性的归纳总结，进而提高学生的实验探究能力。

三、教学目标

知识与技能	（1）掌握元素性质的递变规律。 （2）学会判断元素的金属性和非金属性强弱的方法。 （3）掌握元素周期表和元素周期律的应用
过程与方法	（1）通过实验验证元素的性质，分析其变化规律。 （2）通过阅读资料，了解元素周期表和元素周期律的相关应用。 （3）通过实验探究，得出元素的金属性和非金属性强弱的规律
情感态度与价值观	（1）通过实验得出元素的性质，树立“化学是一门以实验为基础”的科学意识。 （2）通过元素周期律划分元素周期表，体会科学家探索过程的艰辛，尊重科学研究成果。 （3）通过元素周期律在其他学科的应用，感受化学是一门中心学科

四、教学重点和难点

（1）教学重点：第三周期元素性质的比较；元素周期表和元素周期律的应用。

（2）教学难点：元素金属性和非金属性强弱的判断方法。

五、知识结构

元素周期律：
- 内容：元素的性质随着原子序数的递增而呈周期性变化
- 实质：原子核外电子排布呈周期性变化

六、教学过程

环节一：导入新课

【导入】上节课我们认识到随着原子序数的递增，原子的核外电子排布、原子半径和化合价均呈周期性的变化，元素的原子结构决定了元素的化学性质，元素的金属性与非金属性是否也将随着元素原子序数的递增而呈现周期性变化呢？现在我们就以第三周期元素为例，通过实验来判断元素的金属性和非金属性强弱。

环节二：展开新课

1. 元素金属性

【提问】同学们还记得判断元素金属性和非金属性强弱的方法吗？

【投影】元素金属性和非金属性强弱的依据

性　质	强弱判断依据
金属性	（1）单质与水、与酸反应剧烈程度 （2）最高价氧化物的水化物的碱性
非金属性	（1）单质与氢气反应的条件 （2）气态氢化物的稳定性 （3）最高价氧化物的水化物的酸性

【讲述】在元素周期表的学习中，我们知道判断元素金属性和非金属强弱的依据。下面我们通过实验来研究 Na、Mg、Al 三种金属元素的金属性强弱。

【实验】镁、铝和水的反应

	Mg	Al
实验步骤	取一小段镁带和铝片，用砂纸打磨表面的氧化膜，分别放入试管中，加入 2~3mL 水，观察现象；过一会儿加热试管至沸腾，再观察实验现象	
实验现象	加热前，镁带表面上形成了少量的无色气泡，气泡无明显的逸出； 加热后，镁带表面上较快形成气泡逸出	加热前，铝片表面无明显现象，溶液未变色； 加热后，铝片表面无明显气泡逸出

【实验】镁、铝与稀盐酸的反应

	Mg	Al
实验步骤	取一小段镁带和一小片铝片，用砂纸磨去表面的氧化膜，分别放入两支试管中，各加入 2mL 1mol/L 的盐酸	
实验现象	反应剧烈，产生大量气泡	反应较为剧烈，产生气泡

【讨论】（1）回忆钠与水的反应现象，比较钠、镁、铝与水的反应难易程度；

（2）比较镁、铝与盐酸反应的难易程度；

（3）比较钠、镁、铝的最高价氧化物对应的水化物（氢氧化物）碱性强弱。

【归纳】

元　素	Na	Mg	Al
单质与水（或酸）反应	（1）与冷水反应剧烈，放出氢气； （2）与酸反应极为剧烈，放出氢气	（1）与冷水反应缓慢； （2）与沸水反应迅速，放出氢气； （3）与酸反应剧烈，放出氢气	（1）铝在常温或加热下，遇水无明显现象； （2）与酸反应剧烈，放出氢气
最高价氧化物对应的水化物碱性强弱	NaOH （强碱）	$Mg(OH)_2$ （中强碱）	$Al(OH)_3$ （弱碱）
结　论	从左到右，金属性逐渐减弱		

【讲述】通过比较金属钠、镁、铝与酸或水的反应程度以及三种金属的最高价氧化物对应的水化物的碱性，我们可以知道三者的金属性强弱顺序为 Na > Mg > Al 。

2. 元素非金属性

【过渡】上面我们研究了第三周期元素中金属元素的金属性。下面我们来研究非金属元素的非金属性。让我们看一组资料。

【资料】Si、P、S、Cl 四种非金属元素性质的比较

元　素	Si	P	S	Cl
单质与氢气反应的条件	高温反应	磷蒸气与氢气能反应	加热反应	光照爆炸 点燃反应
气态氢化物稳定性	极不稳定， 在空气中自燃	很不稳定	不稳定	稳定
最高价氧化物对应的水化物的酸性强弱	H_2SiO_3 弱酸	H_3PO_4 中强酸	H_2SO_4 强酸	$HClO_4$ 强酸 （比硫酸酸性强）

【讲解】我们可以通过比较非金属单质与氢气的反应条件、气态氢化物的稳定性及最高价氧化物对应水化物的酸性强弱，从而判断元素非金属性的强弱。通过资料卡片我们不难发现这四种元素非金属性的强弱为 Si < P < S < Cl 。

【讲解】因为 18 号元素氩是稀有气体元素，一般情况下难与其他物质发生化学反应，高中阶段我们暂不研究它的性质。综上所述，我们可以从第三周期 11 ~ 17 号元素性质的变化中得出如下结论：第三周期从左到右，元素的金属性减弱，非金属性增强。

【板书】1.2.2　元素周期律

（4）第三周期元素性质

金属性：Na > Mg > Al

非金属性：Si < P < S < Cl

【讲解】对于第三周期的元素，各元素原子核外电子层数虽然相同，但从左到右，核电荷数依次增多，原子半径逐渐减小，失电子能力逐渐减弱，得电子能力逐渐增强。因此，随着原子序数（核电荷数）的递增，元素的金属性逐渐减弱，非金属性逐渐增强。对其他周期元素性质进行研究，也可得到类似的结论，随着元素原子的核外电子排布呈现周期性变化，元素的性质也呈周期性变化，即同一周期从左到右，金属性逐渐减弱，非金属性逐渐增强。元素的性质随着原子序数的递增而呈周期性的变化，这一规律我们也叫做元素周期律，元素性质的周期性变化是原子核外电子排布周期性变化的必然结果。

【板书】2. 元素周期律

（1）内容：元素的性质随着原子序数的递增而呈周期性变化

（2）实质：原子核外电子排布呈周期性变化

3. 元素周期表和元素周期律的应用

【过渡】元素在周期表中的位置，反映了元素的原子结构和元素的性质。那么研究元素周期表和元素周期律的意义何在呢？我们首先从元素的金属性和非金属性来研究元素性质与元素在周期表中位置的关系。

【投影】

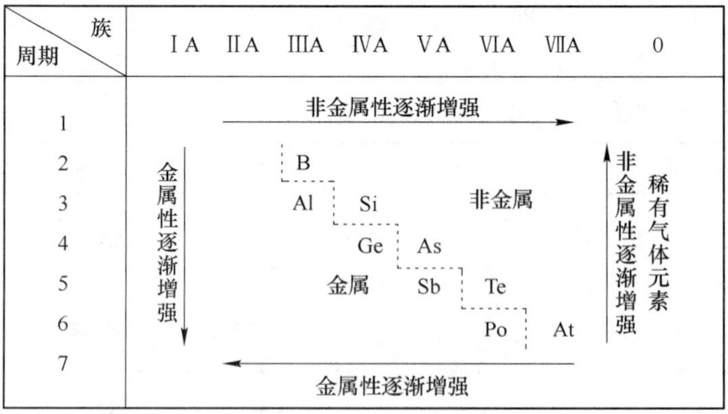

【讲解】在元素周期表中给出了金属元素和非金属元素的分区。沿着元素周期表中硼（B）、硅（Si）、砷（As）、碲（Te）、砹（At）和铝（Al）、锗（Ge）、锑（Sb）、钋（Po）之间画一折线，则折线左侧是金属元素（氢除外），折线右侧是非金属元素，最后一个纵行是稀有气体元素。元素周期表中金属、非金属元素之间并没有严格的界线，在分界线附近的元素既能表现出一定的金属性又能表现出一定的非金属性，如 Al、Si、Ge 等。

【讲解】 同周期元素从左到右，核电荷数依次增大，原子半径逐渐减小，原子核对最外层电子的作用力逐渐增强，失去电子的能力逐渐减弱，得电子能力逐渐增强，元素的金属性逐渐减弱，非金属性逐渐增强；同主族元素从上到下，电子层数依次增多，原子半径依次增大，原子核对最外层电子的作用力逐渐减弱，因此，金属性逐渐增强，非金属性逐渐减弱。

【讲述】 通过之前对元素原子结构、性质等的探究，我们可以得到同周期、同主族元素的递变规律。

【板书】 3. 同周期、同主族元素性质的变化规律

项　目	同周期元素 （从左到右）	同主族元素 （从上到下）
电子层结构	电子层数相同 最外层电子数逐渐增多	电子层数递增 最外层电子数相同
原子半径	逐渐减小	逐渐增大
得、失电子能力	得电子能力增强 失电子能力减弱	失电子能力增强 得电子能力减弱
金属性与非金属性	金属性减弱 非金属性增强	金属性增强 非金属性减弱
最高价氧化物对应水化物的酸性或碱性	酸性逐渐增强 碱性逐渐减弱	酸性逐渐减弱 碱性逐渐增强
非金属气态氢化物形成的难易及稳定性	形成由难到易 稳定性逐渐增强	形成由易到难 稳定性逐渐减弱

【巩固练习】 原子序数 1~18 号元素中：

（1）与水反应最剧烈的金属是________；

（2）与水反应最剧烈的非金属单质是________；

（3）在室温下有颜色的气体单质是________；

（4）在空气中容易自燃的单质名称是________；

（5）除稀有气体外，原子半径最大的元素是________；

（6）原子半径最小的元素是________；

（7）气态氢化物水溶液呈碱性的元素是________；

（8）气态氢化物最稳定的化学式是________；

（9）最高价氧化物对应水化物的酸性最强的元素是________；

（10）在 Na、K、O、N、C、F、H 七种元素中，原子半径由小到大的顺序为________。

【讲解】 元素周期表和元素周期律的诞生是 19 世纪化学科学的重大成就之一，具有重要的哲学意义、自然科学意义和实际应用价值。元素周期表也是元素周期律的具体表现形式，是学习化学的一种重要工具，科学家可以在元素周期表和元素周期律的

指导下，对元素性质进行系统研究，预测或推测元素的原子结构和性质。在科学研究和生产上元素周期表和元素周期律也有广泛的应用，例如，在元素周期表金属和非金属的分界处，可以找到半导体材料如硅、锗等，在过渡元素中寻找催化剂和耐高温、耐腐蚀的合金等。

【板书】4. 元素周期表和元素周期律的应用

（1）利用元素周期表寻找新材料

（2）在金属、非金属元素分界处寻找半导体材料

（3）在过渡元素中寻找催化剂和耐高温、耐腐蚀的合金等

环节三：归纳总结

【总结】本节课在学习了元素原子的核外电子排布的周期性变化、原子半径的周期性变化、元素化合价的周期性变化基础上，比较了第三周期钠、镁、铝三种金属元素与硅、磷、硫、氯四种非金属元素的性质，进而得出了元素周期律，即元素的性质随着原子序数的递增而呈周期性变化。请同学们课后完成课本第 19 页的 3、4、8 题。

七、板书设计

1.2.2　元素周期律

（4）第三周期元素性质

金属性：Na > Mg > Al

非金属性：Si < P < S < Cl

2. 元素周期律

（1）内容：元素的性质随着原子序数的递增而呈周期性变化

（2）实质：原子核外电子排布呈周期性变化

3. 同周期、同主族元素性质的变化规律

项　目	同周期元素 （从左到右）	同主族元素 （从上到下）
电子层结构	电子层数相同 最外层电子数逐渐增多	电子层数递增 最外层电子数相同
原子半径	逐渐减小	逐渐增大
得、失电子能力	得电子能力增强 失电子能力减弱	失电子能力增强 得电子能力减弱
金属性与非金属性	金属性减弱 非金属性增强	金属性增强 非金属性减弱
最高价氧化物对应 水化物的酸性或碱性	酸性逐渐增强 碱性逐渐减弱	酸性逐渐减弱 碱性逐渐增强
非金属气态氢化物 形成的难易及稳定性	形成由难到易 稳定性逐渐增强	形成由易到难 稳定性逐渐减弱

4. 元素周期表和元素周期律的应用

（1）利用元素周期表寻找新材料

（2）在金属、非金属元素分界处寻找半导体材料

（3）在过渡元素中寻找催化剂和耐高温、耐腐蚀的合金等

第三节 化 学 键

第 1 课时 离子键

一、教材分析

本节内容选自人教版高中化学必修 2 第一章“物质结构 元素周期律”第三节“化学键”。依据课程标准“认识化学键的涵义，知道离子键和共价键的形成”的要求，本节课安排了“离子键的概念、离子化合物的概念、离子化合物的形成过程”等教学内容。

化学反应的实质是原子的重新组合，但是在学习离子反应的知识时，学生知道有些物质并不是由原子直接相结合而产生的，而是由离子相结合所产生的，产生这种情况的实质是什么呢？为引导学生进一步认识化学反应过程，教科书以金属钠与氯气的反应为例，分析钠原子和氯原子的核外电子排布及钠与氯气反应电子得失的过程，引出两离子的结合实质，即离子键的概念，并例举常见的离子化合物，加深学生对离子键及离子化合物的认识。离子化合物的形成过程可以通过电子式表示，教科书通过“资料卡片”栏目呈现电子式的书写方法，并用电子式表示离子化合物的形成过程，进一步完善学生对离子键的认识。

本部分内容在高中化学学习阶段有着承上启下的作用，承上是指在化学必修 1 中学生已经学习了离子反应的知识，掌握了离子反应的条件和实质。启下是指离子键、离子化合物等概念是化学基本概念之一，为学习选修 3 第三章第四节“离子晶体”做知识铺垫。

二、学情分析

学生已经掌握了原子结构的相关知识，能够从微观角度分析物质反应的原理，理解离子化合物的形成过程，但是学生还需要进一步通过学习离子键的知识来解答如何运用电子式表示离子化合物的形成，以及如何理解物质间的作用力等问题。另外，学生具有观察实验并描述实验现象的能力，通过金属钠与氯气能够发生反应的过程分析，有利于帮助学生提高分析能力和归纳总结能力。

三、教学目标

知识与技能	（1）掌握离子键的概念。 （2）掌握离子键的形成过程和形成条件。 （3）学会用电子式表示离子化合物的形成过程
过程与方法	（1）通过分析钠、氯的原子结构及得失电子情况，解释氯化钠的形成过程。 （2）通过理解离子键的特点，尝试分辨离子化合物
情感态度与价值观	（1）运用实验事实证明化学反应的发生，培养“化学是一门以实验为基础”的科学的意识。 （2）通过尝试用电子式表示离子化合物的形成过程，体验学习化学的乐趣

四、教学重点和难点

（1）教学重点：离子键的形成过程和条件；电子式表示离子化合物及离子化合物的形成过程。

（2）教学难点：离子化合物的表示方法。

五、知识结构

- 化学键
  - 离子键
    - 定义：带有相反电荷的离子之间的相互作用
    - 成键微粒：阴、阳离子
    - 成键实质：静电作用
    - 成键条件：活泼金属和活泼非金属的化合
  - 离子化合物
    - 定义：由离子键构成的化合物
    - 包括：所有铵盐、强碱、绝大多数盐、活泼金属氧化物等
  - 离子化合物电子式的书写

六、教学过程

环节一：导入新课

【提问】从元素周期表中我们可以看出，到目前为止已经发现的元素只有一百多种。然而，由这一百多种元素的原子组成的物质却数以千万计。那么元素的原子间是通过什么作用构成物质的呢？

【讲述】原子和原子相遇时，有的能直接进行结合生成新物质而有的不能，这说明在能结合发生反应的原子和原子之间，一定有某种作用的存在，才能使原子和原子相互结合成新的分子和新的物质。而原子和原子结合时，相邻的原子之间所存在的强烈的相互作用，我们称其为化学键。下面就让我们一起进入今天的学习内容——化学键。

【板书】1.3.1　化学键

环节二：展开新课

1. 离子键

【讲述】我们以氯原子和钠原子相互作用为例，学习原子和原子间是如何相互作用形成物质的。

【实验】钠与氯气的反应

实验步骤	取绿豆大小的金属钠，用滤纸吸净钠表面的煤油，切去氧化层，放在石棉网上加热，熔化成球状时，将盛有氯气的集气瓶倒扣在钠的上方
实验现象	钠在氯气中剧烈燃烧，火焰为黄色，产生大量白烟

【提问】从宏观现象上看，钠和氯气发生了化学反应，生成了新物质氯化钠。若从微观的

角度，又应该怎样理解上述反应呢？请同学们画出钠原子和氯原子的原子结构示意图，试解释氯化钠的形成过程。

【投影】氯化钠的形成过程

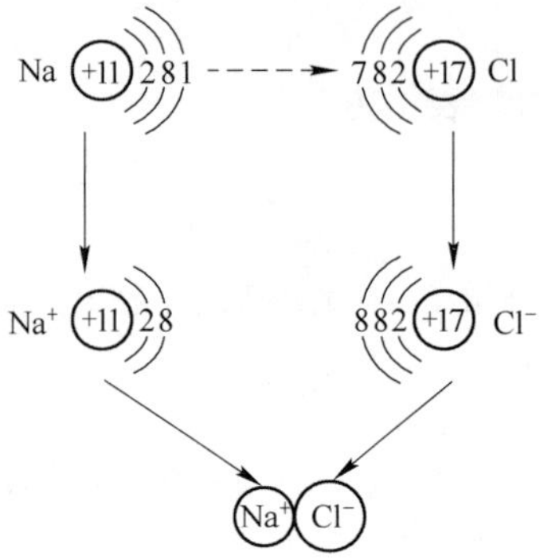

【讲解】原子在参加化学反应时，都有使自己的结构变成稳定结构的倾向，即最外层电子数是 8 的稳定结构，K 层为最外层时是 2 个电子的稳定结构。

【讲解】从原子结构角度分析氯化钠的形成过程，我们可以看出当钠与氯气反应时，由于钠元素的金属性很强，在化学反应中钠原子易失去一个电子而形成 8 电子稳定结构；而氯元素的非金属性很强，在化学反应中氯原子易得到一个电子而形成 8 电子稳定结构。当钠原子和氯原子相遇时，钠原子的最外层电子的 1 个电子转移到氯原子的最外层电子上，使钠原子和氯原子分别形成了带正电荷的钠离子和带负电荷的氯离子。这两种带有相反电荷的离子通过静电作用，形成了稳定的化合物。我们把这种带有相反电荷的离子之间的相互作用叫做离子键。

【板书】1. 离子键

（1）定义：带有相反电荷的离子之间的相互作用

【讲解】钠原子和氯原子在进行相互作用时，先得失电子形成了阴、阳离子，而这些离子因静电作用相互结合形成了离子键。静电作用中既包括了阴、阳离子间的静电吸引作用，也包括了电子与电子之间、原子核与原子核之间的静电排斥作用。因此，离子键成键微粒是阴、阳离子，成键实质是静电作用。

【板书】（2）成键微粒：阴、阳离子

（3）成键实质：静电作用

【提问】所有的原子之间都能够形成离子键吗？即离子键成键的条件是什么？

【讲述】通常第ⅠA 族、第ⅡA 族的活泼金属和第ⅥA 族、第ⅦA 族的活泼非金属化合时，易发生电子的得失形成稳定的阴、阳离子，离子间的吸引作用与排斥作用处于平衡状态时形成离子键。

【板书】（4）成键条件：活泼金属和活泼非金属的化合

【提问】只有活泼金属和活泼非金属化合时才能形成离子键吗？

【讲解】在强碱和绝大多数盐中也存在离子键，如 NaOH，Na^+和 OH^-之间的化学键是离子键；非金属元素之间也存在离子键，如 NH_4Cl 中，NH_4^+与 Cl^-之间的化学键也是离子键。

2. 离子化合物

【过渡】认识了离子键的概念、成键微粒、实质及条件后，我们继续学习离子化合物的有关内容。

【讲述】由离子键构成的化合物叫做离子化合物，如 KCl、NaOH、NH_4Cl 等。

【板书】2. 离子化合物

（1）定义：由离子键构成的化合物

【讲解】所有铵盐、强碱、绝大多数盐、活泼金属氧化物等都是离子化合物。具体的来说，常见的离子化合物包括：

（1）由第ⅠA 族、第ⅡA 族的活泼金属和第ⅥA 族、第ⅦA 族的活泼非金属形成的化合物，如 KCl、MgO、Na_2O_2、Na_2O 等。

（2）由活泼金属离子与酸根离子（或酸式酸根离子）之间形成的化合物，如 Na_2SO_4、$NaHSO_4$等。

（3）由铵根离子和活泼非金属离子之间形成的化合物，如 NH_4Cl 等。

（4）由铵根离子和酸根离子（或酸式酸根离子）之间形成的化合物，如 $(NH_4)_2SO_4$、NH_4HSO_4等。

【讲解】含有离子键的化合物一定是离子化合物，但是含有金属元素的不一定是离子化合物，如 $AlCl_3$等；不含金属元素的化合物可能是离子化合物，如 NH_4Cl 等。具体原因下节课讲解

【板书】（2）包括：所有铵盐、强碱、绝大多数盐、活泼金属氧化物等

【过渡】由于在化学反应中，一般是原子的最外层电子发生变化，为了方便分析化学反应的实质，我们引进了表示元素原子最外层电子的一种式子——电子式，在元素符号周围用“•”或“×”来表示原子的最外层电子的式子叫电子式。

【板书】3. 离子化合物的表示方法

（1）电子式：在元素符号周围用“•”或“×”来表示原子的最外层电子的式子

【讲解】原子的电子式，可依据元素的原子最外层电子的个数多少，先用“•”或“×”等符号在元素符号上、下、左、右各表示出 1 个电子，多余的电子依次与其配对写出。

【投影】原子电子式的书写

Na·　·Mg·　·Al·　·Si·　·P·　:S·　:Cl·　:Ar:

【讲解】简单阳离子由于在形成过程中已失去最外层电子，所以其电子式就是其离子符号本身。

【投影】简单阳离子

Na^+　K^+　Mg^{2+}　Ca^{2+}　Ba^{2+}　Al^{3+}

【讲解】简单的阴离子，不但要画出最外层电子数，而且还要用中括号“[　]”括起来，并在右上角标出所带电荷“$n-$”。

【投影】简单阴离子

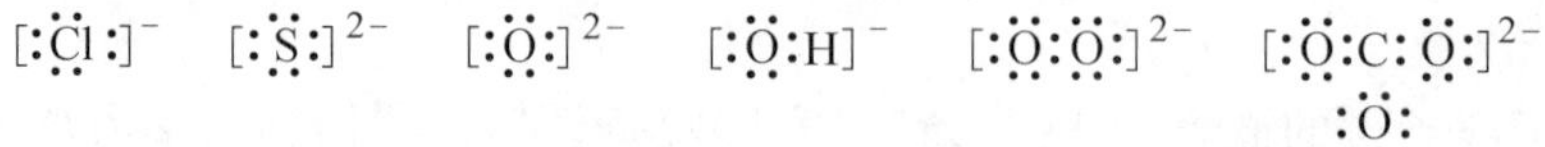

【提问】如何来书写离子化合物的电子式呢?

【讲解】离子化合物的电子式的书写由阴、阳离子的电子式组成，但相同离子不能合并。对于不同价态的离子，也按其绝对值，按照“大值在中间、小值在周边”的原则书写。

【板书】(2) 离子化合物的电子式

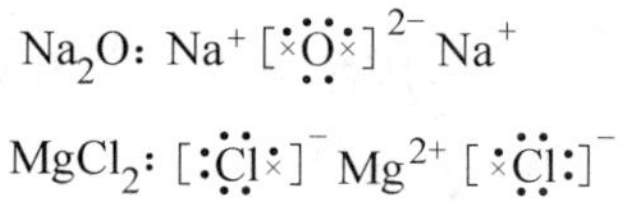

【练习】请写出下列物质的电子式：KBr、NaCl、$CaCl_2$、K_2O

【讲述】通过电子式我们还可以直观地感受到离子化合物的形成过程。下面用电子式来表示出离子化合物氯化钠的形成过程。

【板书】(3) 离子化合物的形成过程

【讲解】氯化钠的形成过程中的“+”表示“相遇”；“弯箭头”表示电子转移的方向；“→”表示原子相遇电子的移动方向，在左边写出钠原子、氯原子的电子式，右边写出离子化合物氯化钠的电子式，中间用“→”，而不用“=”连接。需要注意的是，“→”左方相同的微粒可以合并，“→”右方相同的微粒不可以合并。同学们判断下列物质的形成过程的书写是否正确，如有错误请给予改正。

【投影】

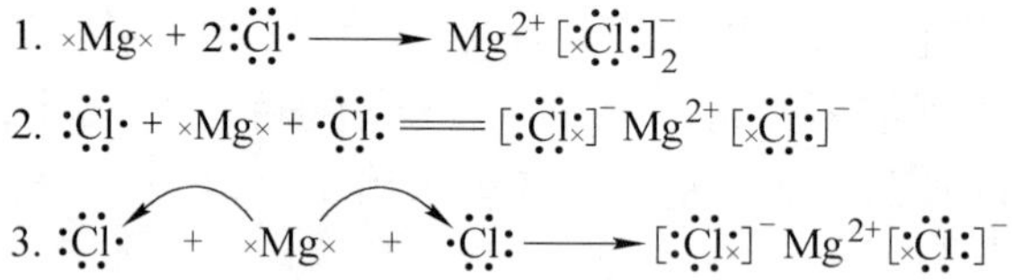

【讲解】用电子式表示化合物的形成过程，相同的几个原子可以单个一一写出，也可以合并起来用系数表示其个数，如1、2式中氯原子的表示方法；相同的离子要单个地写出，一般不合并，如氯化镁中两个氯离子的表示方法；另外，由原子形成化合物时要用“→”表示，而不用“══”，3式中形成的氯化镁的阴阳离子应标出电荷数。因此，氯化镁的形成过程可用电子式正确地表示如下。

【板书】

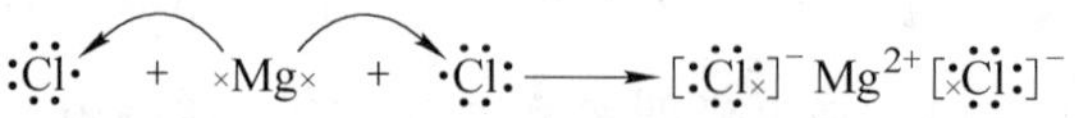

【讲解】根据上述分析，在用电子式表示粒子及用电子式表示化合物的形成过程时应注意：

(1) 离子须标明电荷数；

(2)“→”左方相同的微粒可以合并，“→”右方相同的微粒不可以合并；

（3）阴离子要用方括号括起；

（4）不能把“→”写成“═══”；

（5）用“弯箭头”标明电子转移方向（也可不标）。

【练习】 请写出氯化钙和硫化钾的形成过程。

【投影】

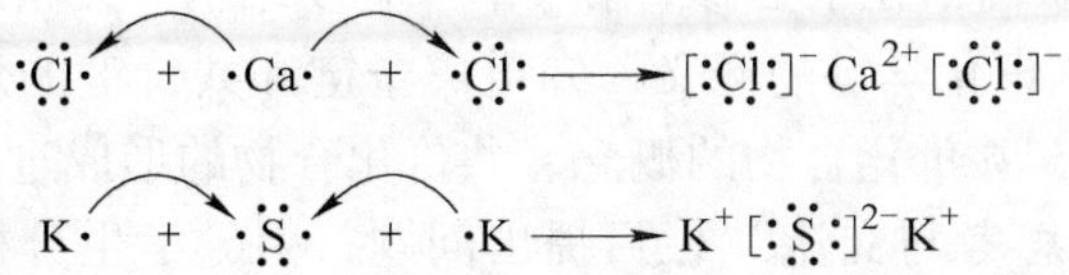

环节三：归纳总结

【总结】 本节课我们主要学习了化学键中的离子键及电子式的有关知识，知道离子键是阴、阳离子之间的静电作用，电子式不仅可以用来表示原子、离子，还可以用来表示物质及物质的形成过程。课后请同学们预习下一节课的内容，并完成课本第 25~26 页的 1、7 题。

七、板书设计

1.3.1　化学键

一、离子键

1. 离子键

（1）定义：带有相反电荷的离子之间的相互作用

（2）成键微粒：阴、阳离子

（3）成键实质：静电作用

（4）成键条件：活泼金属和活泼非金属的化合

2. 离子化合物

（1）定义：由离子键构成的化合物

（2）包括：所有铵盐、强碱、绝大多数盐、活泼金属氧化物等

3. 离子化合物的表示方法

（1）电子式：在元素符号周围用“●”或“×”来表示原子的最外层电子的式子

（2）离子化合物的电子式

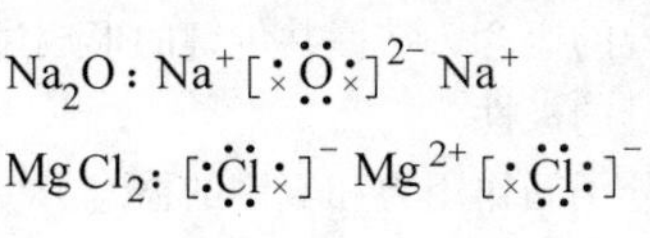

（3）离子化合物的形成过程

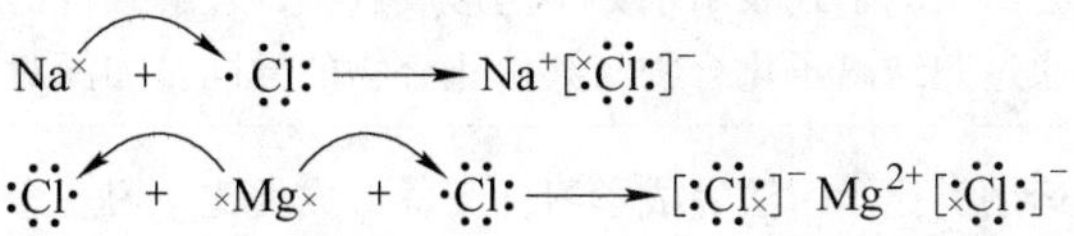

第2课时　共价键

一、教材分析

本节内容选自人教版高中化学必修2第一章“物质结构　元素周期律”第三节“化学键”。依据课程标准“认识化学键的涵义，知道离子键和共价键的形成”的要求，本节课安排了“共价键的概念、共价化合物的概念、共价化合物的形成过程”等教学内容。

教科书首先通过“思考与交流”栏目提出问题，引导学生分析氢、氯原子的原子结构，思考氢气、氯气和氯化氢的形成过程，然后以氯原子为例分析氯气的形成，提出共价键的概念，并例举常见的共价化合物。为了更深入地认识共价键，教科书通过“学与问”栏目引导学生尝试运用电子式表示水分子的形成过程，进而提出非极性共价键与极性共价键的概念。在认识共价键与离子键的基础上，教科书通过“思考与交流”栏目提出问题，引导学生分析比较离子化合物与共价化合物的区别，得出化学键的概念。教科书从旧化学键的断裂与新化学键的形成角度引导学生进一步认识化学反应的实质。最后，教科书通过“科学视野”栏目将分子间的作用力和氢键进行介绍，加深了学生对微观世界的认识。

本节内容是在离子键的知识基础上继续学习原子间相互作用力的知识，而一般化学物质主要由离子键或共价键结合形成，因此本部分内容在整个高中化学学习阶段有着重要的意义，并为学习选修3第二章“分子结构与性质”等知识做了良好的铺垫。

二、学情分析

共价键知识的学习建立在离子键的知识基础上，学生易于理解和掌握。但是共价键又分为极性共价键与非极性共价键，因此学生还需要进一步分辨和理解，并且用化学键观点解释化学反应的过程对于学生来说也有一定的难度，因此在教学中需要更多的引导与练习。学生已经具备对比分析、归纳总结的能力，能够对比离子键理解共价键的知识，通过离子化合物和共价化合物的比较、归纳与总结，能够提高学生的综合分析能力。

三、教学目标

知识与技能	（1）理解共价键的概念，掌握共价键的形成过程。 （2）了解共价键的极性。 （3）初步了解分子间作用力和氢键的概念
过程与方法	（1）通过对比离子键理解共价键的相关知识。 （2）尝试用电子式表示水分子的形成过程，理解共价键的极性。 （3）通过归纳离子化合物与共价化合物的异同，加深对化学键的认识
情感态度与价值观	（1）运用类比学习法完成学习任务，形成类比学习观念。 （2）通过从化学键角度理解化学反应的形成，体验化学世界的神秘

四、教学重点和难点

（1）教学重点：共价键的形成过程、条件、存在；用电子式表示共价化合物及共价化合物的形成过程；分子间作用力和氢键。

（2）教学难点：共价化合物的表示方法。

五、知识结构

- 化学键
  - 共价键
    - 定义：原子之间通过共用电子对所形成的相互作用
    - 成键微粒：原子
    - 成键实质：共用电子对对两原子的电性作用
    - 成键条件：（1）同种或不同种非金属元素原子结合
      （2）部分金属元素原子与非金属元素原子结合
  - 共价化合物
    - 定义：以共用电子对形成分子的化合物
    - 常见的共价化合物：非金属氢化物、非金属氧化物、含氧酸和大多数有机化合物
  - 共价键的表示方法
  - 极性键和非极性键
    - 极性键：不同种元素原子间成共价键，电子对发生偏移
    - 非极性键：同种元素原子间成共价键，电子对不发生偏移
  - 分子间作用力和氢键

六、教学过程

环节一：导入新课

【提问】上节课我们学习了离子键的相关内容，请大家试着分析氢原子和氯原子的原子结构，判断 H_2、Cl_2这两种非金属单质的结合与 Na、Cl_2两种非金属单质的结合一样吗?

【讲述】不一样，因为非金属元素的原子均有获得电子的倾向，那么 H_2和 Cl_2到底是以什么形式结合？本节课我们再来认识另一种类型的化学键——共价键。

【板书】1. 3. 2　化学键

4. 共价键

环节二：展开新课

1. 共价键

【讲述】请同学们回忆 H_2在 Cl_2氢气在氯气中燃烧的反应，并写出该反应的化学方程式。在点燃条件下，氢分子被破坏变成氢原子，氯分子被破坏变成氯原子，当氢原子和氯原子相遇时，它们是通过什么作用结合成氯化氢分子的呢?

【讲解】氢原子与氯原子结合成氯化氢分子的过程，可用下列动画形象地表示出来。

【投影】氢原子与氯原子结合成氯化氢分子的过程示意图

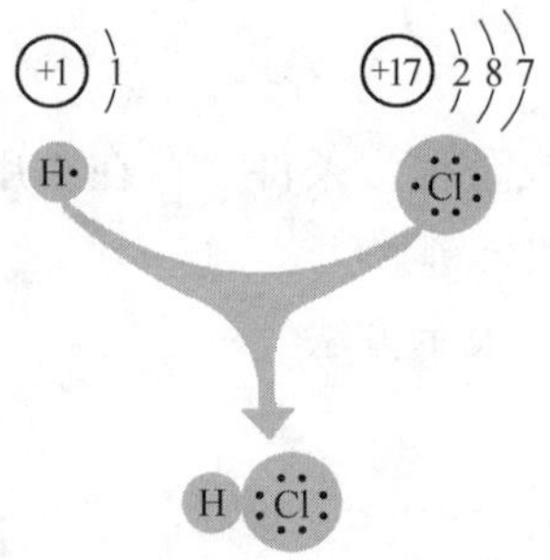

【讲解】从氯原子和氢原子的结构来分析，由于氯元素和氢元素都是非金属元素，不仅氯原子易得一个电子形成最外层 8 个电子的稳定结构，而且氢原子也易获得一个电子，形成最外层 2 个电子的稳定结构。这两种元素的原子获得电子的难易程度相差不大，所以相遇时都未能把对方的电子夺取过来。这两种元素的原子相互作用的结果是双方各以自己与对方的最外层一个电子组成一个电子对，电子对为两个原子所共用，在原子核外的空间运动，从而使双方最外层都达到稳定结构。这种电子对，叫做共用电子对。共用电子对受两个核的共同吸引，使两个原子结合在一起。在氯化氢分子里，由于氯原子对电子对的吸引力比氢原子的稍强一些，所以电子对偏向氯原子一方。因此，氯原子一方略显负电性，氢原子一方略显正电性，但作为分子整体仍呈电中性。

【讲解】氢原子和氯原子形成了一个共用电子对，共用电子对的共用使它们各自都满足了自己的要求，并把它们紧紧地联系在了一起，即共价键的存在，使氯原子和氢原子最终结合成了氯化氢分子。

【讲解】它们是通过共用电子对形成氯化氢分子的，而原子之间通过共用电子对所形成的相互作用，叫做共价键。

【板书】（1）定义：原子之间通过共用电子对所形成的相互作用

【讲解】氯化氢分子中，共用电子对仅发生偏移，没有发生电子得失，未形成阴、阳离子。因此，书写共价化合物的电子式不能标电荷。

【讲解】共价键与离子键不同的地方在于形成离子键的粒子是阴、阳离子，而共价键的成键粒子是原子，它们相互之间属于“不打不相识”的关系，成键实质是共用电子对对两原子的电性作用。当同种或不同种非金属元素原子相遇，使最外层电子排布达到稳定状态时，即可形成共价键，如 Cl_2、CCl_4、H_2O、HF、H_2等。另外，部分金属元素原子与非金属元素原子也可以形成共价键，如 $AlCl_3$等。

【板书】（2）成键微粒：原子

（3）成键实质：共用电子对对两原子的电性作用

（4）成键条件：1）同种或不同种非金属元素原子结合

2）部分金属元素原子与非金属元素原子结合，如 $AlCl_3$

2. 共价化合物

【讲述】像 HCl 这样以共用电子对形成分子的化合物，我们称作共价化合物。

【板书】5. 共价化合物

（1）定义：以共用电子对形成分子的化合物

【提问】还有哪些物质是共价化合物呢?

【讲解】刚才我们说的共价化合物的形成条件是同种或不同种非金属元素原子相遇使最外层电子排布达到稳定状态，因此常见的共价化合物包括了以下四类：第一，非金属氢化物，如 HCl、H_2O 等；第二，非金属氧化物，如 CO_2、SO_2等；第三，含氧酸，如 H_2SO_4、HNO_3等；第四，大多数有机化合物，如甲烷、酒精等。

【板书】（2）常见的共价化合物

1）非金属氢化物：如 HCl、H_2O 等

2）非金属氧化物：如 CO_2、SO_2等

3）含氧酸：如 H_2SO_4、HNO_3等

4）大多数有机化合物：如甲烷、酒精等

【讲解】在认识共价化合物的时候需要注意：第一，含有共价键的物质不一定是共价化合物，如 O_2、H_2，它们含有共价键，但它们不是化合物；第二，只含有共价键的化合物是共价化合物，含有共价键的化合物不一定是共价化合物，如 NaOH、NH_4Cl；第三，若化合物中既有离子键又有共价键，则它是离子化合物；第四，稀有气体单质是单原子分子，一定不含化学键；第五，熔化状态下能导电的化合物是离子化合物，如 NaCl，不导电的化合物是共价化合物，如 HCl。

3. 共价键的表示方法

【讲述】在 H 原子与 Cl 原子形成 HCl 分子的过程中，H 原子中唯一的一个电子与 Cl 原子最外层 7 个电子中的未成对电子形成共用电子对，我们可以通过电子式表示。

【板书】6. 共价键的表示方法

【讲解】共价化合物是原子间通过共用电子对结合而成的，书写时将共用电子对画在两原子之间，每个原子的未成对电子和成对电子也应画出，例如上述提到的 HCl。

【板书】(1) 电子式：$\mathrm{H}\,{}_{\times}^{\cdot}\underset{\cdot\cdot}{\overset{\cdot\cdot}{\mathrm{Cl}}}{:}$

【提问】请同学们回忆用电子式表示离子化合物的形成过程，思考生成的 HCl 中 Cl 原子为什么没有被括起来。

【讲解】这是因为在氯化氢分子中，共用电子对仅发生偏移，没有发生电子得失，未形成阴、阳离子，因此，书写共价化合物的电子式不能标电荷。而氯化钠形成过程中钠原子失去电子给氯原子形成钠离子和氯离子。因此两者电子式的表示是不同的，同学们要注意这点区别。

【练习】用电子式表示下列物质：He、H_2、Cl_2、O_2、N_2

【投影】 $\cdot\mathrm{He}\cdot$ $\mathrm{H{:}H}$ $:\underset{\cdot\cdot}{\overset{\cdot\cdot}{\mathrm{Cl}}}{:}\underset{\cdot\cdot}{\overset{\cdot\cdot}{\mathrm{Cl}}}{:}$ $\underset{\cdot\cdot}{\overset{\cdot\cdot}{\mathrm{O}}}{::}\underset{\cdot\cdot}{\overset{\cdot\cdot}{\mathrm{O}}}$ $:\mathrm{N}\vdots\vdots\mathrm{N}:$

【讲解】除了电子式，请同学回忆用电子式表示离子化合物的形成过程，我们也可以用电子式表示共价化合物的形成过程。在用电子式表示共价化合物的形成过程时，首先需要分析所涉及的原子最外层有几个电子，若要形成稳定结构，需要几个共用电子对；然后再根据分析结果进行书写。

【板书】(2) HCl 的形成过程：$\mathrm{H}\times + \cdot\underset{\cdot\cdot}{\overset{\cdot\cdot}{\mathrm{Cl}}}{:} \longrightarrow \mathrm{H}\,{}_{\times}^{\cdot}\underset{\cdot\cdot}{\overset{\cdot\cdot}{\mathrm{Cl}}}{:}$

【讲述】需要注意的是，与离子化合物的形成过程不同的是，共价化合物的形成过程中没有出现表示电子得失的“弯箭头”。

【练习】用电子式表示下列共价化合物的形成过程：CO_2、NH_3、CH_4

【投影】

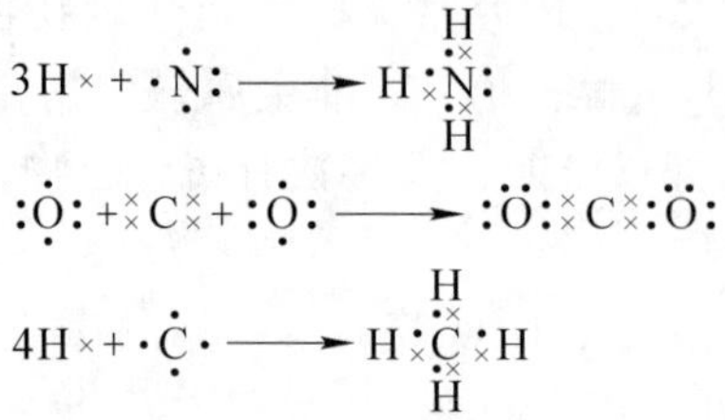

【过渡】为了表示共价键分子或原子团里的共价键，我们常用一根短线“-”来表示一对共用电子，这样得到的式子又叫结构式。

【板书】（3）HCl 的结构式：H—Cl

【练习】请用结构式表示：H_2、N_2、CO_2、NH_3、CH_4

【投影】

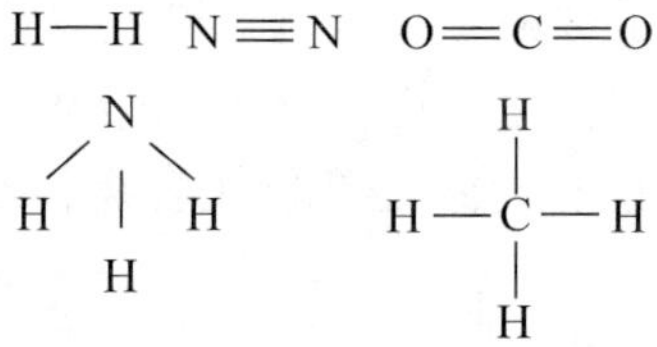

4. 极性键和非极性键

【讲解】H_2和 HCl 中都存在化学键，形成 HCl 分子的分别是氢元素和氯元素，非金属性强弱有明显差异，H 显+1 价，Cl 显-1 价，共用电子对偏向氯原子，距离氯原子核较近。但形成 H_2分子的都是氢元素，不存在非金属性强弱的差异，共用电子对位于 2 个氢原子之间；如果共价键中成键原子吸引电子的能力不同，共用电子对就偏向吸引电子能力强的原子，偏离吸引电子能力较弱的原子，使得共价键中正电荷重心和负电荷重心不相重合，键显极性。同种原子形成共价键，共用电子对不发生偏移，这样的共价键称为非极性键；不同种原子形成共价键，共用电子对偏向吸引电子能力强的一方，这样的共价键称为极性键。

【板书】7. 极性键和非极性键

（1）非极性键：同种元素原子间成共价键，电子对不发生偏移

（2）极性键：不同种元素原子间成共价键，电子对发生偏移

【练习】下列物质中哪些含有非极性键？哪些含有极性键？

A. H_2O　　B. N_2　　C. NaI　　D. Na_2O_2　　E. NaOH　　F. CO_2

【归纳】离子键与共价键的比较

名　称	离子键	共价键
定　义	带有相反电荷的离子之间的相互作用	原子之间通过共用电子对所形成的相互作用
成键微粒	阴、阳离子	原子
成键本质	静电作用（引力与斥力）	共用电子对对两原子的电性作用

续表

名　称	离子键	共价键
成键条件	活泼的金属元素与活泼的非金属元素化合	同种非金属元素或不同种非金属元素之间，部分金属元素与非金属元素之间
成键过程	NaCl：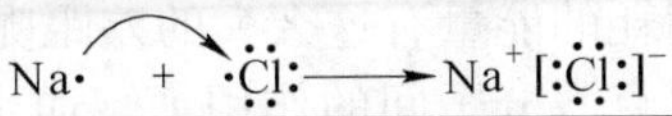	HCl：
存在范围	只存在离子化合物中	共价分子（非金属单质、共价化合物，稀有气体除外）；部分离子化合物

5. 化学键

【过渡】从有关离子键和共价键的讨论中，我们可以看到原子结合成分子时，原子之间存在着相互作用。这种作用不仅存在于直接相邻的原子之间，而且也存在于分子内非直接相邻的原子之间。前一种相互作用比较强烈，破坏它要消耗比较大的能量，是原子互相联结成分子的主要因素。我们把这种相邻的原子之间强烈的相互作用叫做化学键。

【板书】8. 化学键

（1）定义：相邻的原子之间强烈的相互作用

【讲解】理解化学键的定义时，一定要注意“相邻”和“强烈”。如水分子里氢原子和氧原子之间存在化学键，而两个氢原子之间、水分子与水分子之间是不存在化学键的。化学键的形成与原子结构有关，主要通过原子的价电子间的转移即离子键，和原子的价电子间的共用即共价键来实现。因此化学键包括了离子键和共价键。

【板书】（2）化学键的分类：离子键和共价键

【讲解】学习了有关化学键的知识，我们就可以用化学键的观点来分析化学反应的过程。如氢气与氯气反应生成氯化氢的过程，第一步是氢气和氯气分子中原子之间的化学键发生断裂（旧键断裂），其中氢气和氯气分子断开的是共价键，它们分别得到氢原子和氯原子；第二步是氢原子和氯原子相互结合，通过共价键形成氯化氢分子，这也就意味着新键形成。分析其他化学反应，也可以得出类似的结论。因此，我们可以认为：一个化学反应的过程，本质上就是旧化学键的断裂和新化学键的形成的过程。

【板书】（3）化学反应本质：旧化学键断裂和新化学键形成的过程

6. 分子间作用力和氢键

【过渡】水分子里氢原子和氧原子之间存在化学键，而两个氢原子之间、水分子与水分子之间是不存在化学键的，那么它们之间存在什么联系呢？下面让我们学习分子间的作用力和氢键。

【板书】9. 分子间作用力和氢键

【讲解】水分子与水分子之间是不存在化学键的，但却存在一种作用力，我们称作分子间作用力，分子间的作用力指把分子聚集在一起的作用力，也称范德华力。

【板书】（1）分子间作用力

1）定义：把分子聚集在一起的作用力，也称范德华力

【投影】（1）将水由液态变成气态在一个大气压下需100℃，将1mol水由液态变成气态需47.3kJ的能量。

（2）将水分子拆成氢原子、氧原子需1000℃以上，将1mol水拆成氢原子、氧原子需436kJ的能量。

【提问】为什么以上两种变化所消耗的能量有这么大的差距呢？

【讲解】水由液态变成气态时需要克服分子间的作用力，而水分子拆成氢原子、氧原子需要破坏化学键。两种变化消耗的能量差距较大，由此也说明了分子间作用力比化学键弱。虽然分子间作用力比化学键弱，但却影响了物质的熔点、沸点和溶解度等物理性质。

【投影】

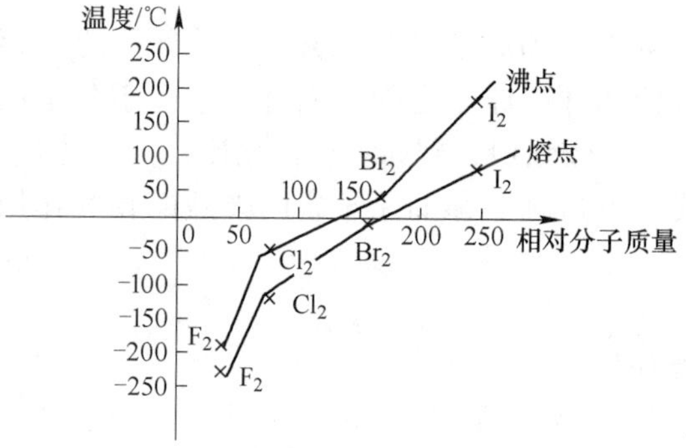

卤素单质的熔、沸点与相对分子质量的关系

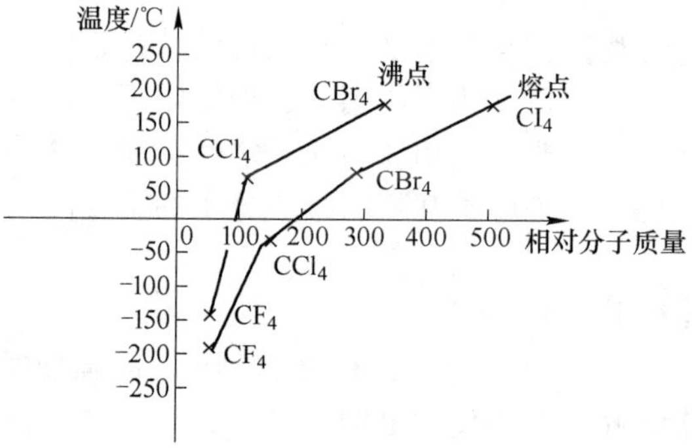

四卤化碳的熔、沸点与相对原子质量的关系

【讲解】一般来说，对于组成和结构相似的物质，随相对分子质量的增大，物质的熔沸点升高。如熔沸点 $F_2<Cl_2<Br_2<I_2$，$CF_4<CCl_4<CBr_4$。

【板书】2）影响物质的熔点、沸点和溶解度等物理性质：组成和结构相似的物质，随相对分子质量的增大，物质的熔点和沸点升高

【投影】

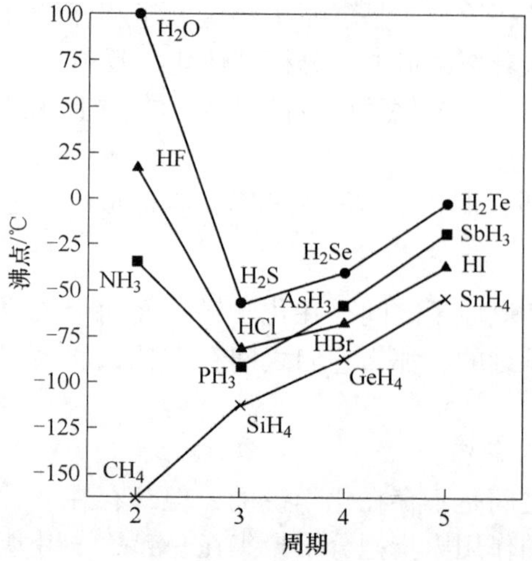

【提问】观察上图，请思考为什么 H_2O、HF、NH_3沸点反常？

【讲解】在 H_2O、HF、NH_3等分子中，除了存在分子间的作用力，还存在一种比分子间的作用力稍强的一种相互作用——氢键。氢键比化学键弱的多，但比分子间的作用力强，通常 N、O、F 三种元素的氢化物易形成氢键，常见存在氢键的化合物有 H_2O、NH_3、HF、CH_3CH_2OH 等。

【板书】（2）氢键

1）定义：分子间存在的一种比分子间作用力稍强的相互作用

2）形成条件：除 H 外，形成氢键的原子通常是 N、O、F

【讲解】氢键用“X…H”表示。如水分子间的氢键。

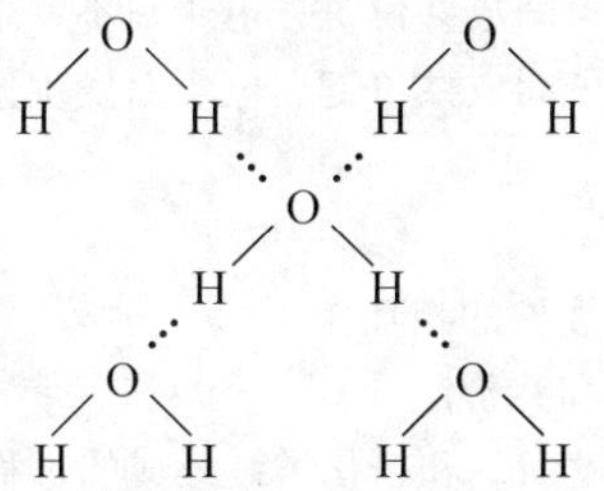

【板书】3）表示方法：X…H

【讲述】H_2O、HF、NH_3与同主族的氢化物相比沸点反常，这是因为这三个物质不仅要克服分子间作用力，还要克服氢键，需要的能量多，因此沸点较大。这也得出规律：分子间存在的氢键会使物质的熔点和沸点升高。

【板书】4）影响：分子间氢键会使物质的熔点和沸点升高

环节三：归纳总结

【总结】上节课我们学习了化学键——离子键，而本节课我们认识了另一种化学键——共价键，学习了共价键的定义、实质、成键过程、表示方法等。除了共价键，我们还学习了分子间作用力及氢键，认识了这二者对物质性质的影响。请同学们课后完成第 24~25 页的 1、2、3、7、9 题，并预习下节课的内容。

七、板书设计

1.3.2 化学键

二、共价键

1. 共价键

（1）定义：原子之间通过共用电子对所形成的相互作用

（2）成键微粒：原子

（3）成键实质：共用电子对对两原子的电性作用

（4）成键条件：1）同种或不同种非金属元素原子结合

2）部分金属元素原子与非金属元素原子结合，如 $AlCl_3$

2. 共价化合物

（1）定义：以共用电子对形成分子的化合物

（2）常见的共价化合物

1）非金属氢化物：如 HCl、H_2O 等

2）非金属氧化物：如 CO_2、SO_2等

3）含氧酸：如 H_2SO_4、HNO_3等

4）大多数有机化合物：如甲烷、酒精等

3. 共价键的表示方法

（1）电子式：$H\overset{}{\times}\underset{\cdot\cdot}{\overset{\cdot\cdot}{Cl}}\!:$

（2）HCl 的形成过程：$H\times + \cdot\underset{\cdot\cdot}{\overset{\cdot\cdot}{Cl}}\!: \longrightarrow H\times\underset{\cdot\cdot}{\overset{\cdot\cdot}{Cl}}\!:$

（3）HCl 的结构式：H—Cl

4. 极性键和非极性键

（1）非极性键：同种元素原子间成共价键，电子对不发生偏移

（2）极性键：不同种元素原子间成共价键，电子对发生偏移

三、化学键

1. 化学键

（1）定义：相邻的原子之间强烈的相互作用

（2）化学键的分类：离子键和共价键

（3）化学反应本质：旧化学键断裂和新化学键形成的过程

2. 分子间作用力和氢键

（1）分子间作用力

1）定义：把分子聚集在一起的作用力，也称范德华力

2）影响物质的熔点、沸点和溶解度等物理性质：组成和结构相似的物质，随相对分子质量的增大，物质的熔点和沸点升高

（2）氢键

1）定义：分子间存在的一种比分子间作用力稍强的相互作用

2）形成条件：除 H 外，形成氢键的原子通常是 N、O、F

3）表示方法：X…H

4）影响：分子间氢键会使物质的熔点和沸点升高

第二章　化学反应与能量

本章知识梳理

- 化学反应与能量学
  - 化学能与热能
    - 化学反应的本质
      - 旧化学键的断裂（吸收能量 E_1）
      - 新化学键的形成（放出能量 E_2）
    - 化学反应的类型
      - 放热反应：放出热量的反应，反应物的总能量>生成物的总能量
      - 吸热反应：吸收热量的反应，反应物的总能量<生成物的总能量
  - 化学能与电能
    - 原电池
      - 定义：将化学能转化为电能的装置
      - 形成条件
        - 电极：活动性不同的两种金属或金属与能导电的非金属
        - 电解质溶液
        - 闭合回路
        - 自发的氧化还原反应
      - 正、负极的判断
        - 由两极的电极材料判断
          - 活泼性较强的金属为负极
          - 活泼性较弱的材料（能导电）为正极
        - 根据电子流动的方向判断
          - 电子流出的一极为负极
          - 电子流入的一极为正极
        - 根根溶液中离子移动方向判断
          - 阴离子移向负极
          - 阳离子移向正极
        - 根据反应类型判断
          - 发生氧化反应为负极
          - 发生还原反应为正极
    - 化学电源
      - 干电池
      - 充电电池
      - 燃料电池
  - 化学反应的速率和限度
    - 化学反应速率
      - 定义：单位时间内反应物浓度的减少或生成物浓度的增加（均取正值）
      - 表达式：$v=\dfrac{\Delta c}{\Delta t}$
      - 单位：mol/（L·s）或 mol/（L·min）
      - 规律：同一反应中各物质的反应速率之比等于化学方程式中各物质的化学计量数之比
      - 影响因素
        - 内因：反应物的性质
        - 外因
          - 温度：升高温度，化学反应速率加快；反之减慢
          - 催化剂：使用催化剂，化学反应速率加快（或减慢）
          - 浓度：增大反应物的浓度，化学反应速率加快；反之减慢
          - 固体的表面积：增大固体反应物的表面积，化学反应速率加快；反之减慢
          - 其他：光波、电磁波、超声波、溶剂等，形成原电池时也加快速率
    - 化学反应限度
      - 可逆反应：在同一条件下，正反应方向和逆反应方向均能进行的化学反应
      - 化学反应的限度：在给定的条件下化学反应所能达到或完成的最大限度
      - 化学平衡
        - 定义：一定条件下，当反应进行到一定程度时，正反应速率与逆反应速率相等，反应物的浓度与生成物浓度不再改变，达到一种表面静止状态
        - 特征
          - 逆：可逆反应
          - 等：正、逆反应速率相等
          - 动：动态平衡
          - 定：条件一定，各组分的含量保持一定
          - 变：条件改变，化学平衡发生移动
    - 化学反应条件的控制
      - 意义：节约能源、节省资源、减小污染
      - 措施
        - 尽可能使燃料充分燃烧，提高能量的转化率
        - 尽可能充分利用释放的能量，提高能量的利用率

第一节　化学能与热能

第1课时　化学键与化学反应中能量变化的关系

一、教材分析

本节内容选自人教版高中化学必修2第二章“化学反应与能量”第一节“化学能与热能”，依据课程标准“知道化学键的断裂和形成是化学反应中能量变化的主要原因”的要求，本节课安排了“化学反应中能量变化的原因和化学反应中能量变化的决定因素”等教学内容。

能源是现代物质文明的原动力，是国际社会共同关注的话题。教科书通过“学与问”栏目提出燃料燃烧的问题，促使学生对化学能与热能的转化产生浓厚的兴趣，进而引出化学键与化学反应中能量变化的关系等学习内容。教科书从化学键知识入手，从微观角度说明化学键与能量之间的密切联系，揭示了化学反应中能量变化的主要原因。然后从宏观角度分析化学反应过程中反应物和生成物的能量储存与化学反应吸收还是放出能量的关系，并展示水能、化学能变化示意图，为后面强调“与质量守恒一样，能量也是守恒的”的观点奠定了基础。最后通过“思考与交流”栏目引导学生进一步认识化学反应的特征。

九年级化学从燃料的角度初步介绍了“化学与能源”的相关知识，为促进学生更好地了解化学能与热能的关系奠定了一定的基础。本节内容建立在化学键的基础上，进一步从微观角度解释化学键与化学反应中能量变化的关系，是对九年级化学相关内容的提升和拓展。通过本节内容的学习，也为后续深入学习选修4第一章“化学反应与能量”的内容做好知识铺垫。

二、学情分析

通过九年级相关内容的学习，学生对化学反应的发生伴随着能量的变化已经有了初步的认识，在学习了物质结构基本知识之后，能够从本质上认识化学反应与能量的关系。另外，通过化学能与热能的学习，学生将对化学在提高能源的利用率和开发新能源中的作用与贡献有一定认识，初步树立起科学的能源观，增进对化学科学的兴趣与情感，体会化学在促进人类社会发展中的价值。

三、教学目标

知识与技能	（1）从化学键的角度理解化学反应中能量变化的主要原因。 （2）从宏观能量的角度判断反应放出热量还是吸收热量
过程与方法	（1）通过进一步学习化学键的知识，加深对化学键的理解，进而认识化学键与化学反应中能量变化的关系。 （2）通过图像分析，认识化学反应中能量变化的主要原因，并能应用所学知识联系生活实际，对社会、生活中的相关问题做出合理的判断

续表

情感态度与价值观	（1）初步建立科学的能量观，加深对化学在解决能源问题中重要作用的认识。 （2）通过化学能与热能的学习，具备将化学能与热能的化学知识应用于生产、生活实践的意识

四、教学重点和难点

（1）教学重点：化学反应中能量变化的原因；化学反应中能量变化的决定因素。

（2）教学难点：化学反应中能量变化的原因。

五、知识结构

化学键与化学反应中能量变化的关系
- 化学反应的实质：化学键的断裂（吸收能量 E_1）和化学键的形成（放出能量 E_2）
- 化学反应中能量变化的主要原因：化学键的断裂和形成
- $E_1 > E_2$，吸收热量；$E_1 < E_2$，放出热量
- 化学反应中能量变化的决定因素：
- 反应物的总能量 > 生成物的总能量　反应放出能量
- 反应物的总能量 < 生成物的总能量　反应吸收能量

六、教学过程

环节一：导入新课

【导入】 化石燃料包括煤、石油、天然气等，它们的主要化学成分是烃类等有机物。我们知道不同的燃料燃烧后放出的热量不相等，请大家思考为什么不同的燃料燃烧时放出的热量不同？燃料在燃烧反应中产生的热能来自哪里？热能与化学物质及其化学反应又有什么关系？本节课我们将围绕这些问题，从微观和宏观的角度来对化学键与化学反应中能量变化的关系进行学习。

【板书】 2.1.1　化学能与热能

一、化学键与化学反应中能量变化的关系

环节二：展开新课

1. 化学反应中能量变化的原因（微观角度）

【提问】 在上一节课的学习中，我们学习了化学键的概念，什么是化学键呢？

【讲述】 化学键是指相邻的原子之间强烈的相互作用。我们知道，物质中的原子之间是通过化学键相结合的，当物质发生化学反应时，断开反应物中的化学键需要吸收能量，而形成生成物中的化学键要放出能量。例如，1mol H_2 中含有 1mol H—H 键，在 25℃ 和 101kPa 的条件下，由氢原子形成 1mol H—H 键，要放出 436kJ 的能量，而断开 1mol H—H 键要吸收 436kJ 的能量。

【练习】断开 1mol C—H 键要吸收 415kJ 的能量，那断开 1mol CH_4中所有的 C—H 键需要吸收多少能量？

【讲述】1mol CH_4中含 4mol C—H 键，断开 1mol CH_4中所有的 C—H 键则需要吸收 4mol × 415kJ/mol = 1660kJ 的能量。

【提问】刚才我们是对单一物质的断键情况进行了分析，那么对于一个化学反应来说，能量是如何变化的呢？

【投影】以 $H_2+Cl_2\xlongequal{光照}2HCl$ 为例，用化学键的观点分析发生化学反应的本质过程。

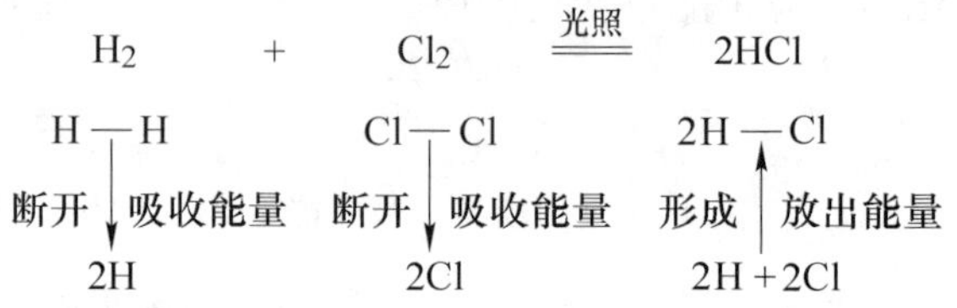

【讲述】氢气在光照下与氯气反应生成氯化氢的过程中，1mol H_2吸收能量断开化学键变成 2mol H，1mol Cl_2吸收能量断开化学键变成 2mol Cl，2mol H 和 2mol Cl 结合形成 2mol HCl 放出能量，因此化学反应的实质是反应物中旧化学键的断裂和生成物中新化学键的形成。

【板书】1. 化学反应中能量变化的原因（微观角度）

（1）化学反应的实质：反应物中旧化学键的断裂和生成物中新化学键的形成

【讲述】在化学反应过程中，断开化学键需要吸收能量，形成化学键要放出能量，因此，化学反应中能量变化的主要原因是：化学键的断裂和形成。

【板书】（2）化学反应中能量变化的主要原因：化学键的断裂和形成

【提问】在化学反应中，反应物中的化学键的断裂会吸收能量，生成物中的化学键的形成会放出能量，那么一个化学反应是放出能量还是吸收能量取决于什么呢？

【讲述】这取决于断键吸收的总能量与形成新键放出的总能量的相对大小，若新键形成放出的总能量大于旧键断裂吸收的总能量，则反应为放出能量，即放出的能量等于形成新化学键释放的总能量减去断裂旧化学键吸收的总能量；若新键形成放出的总能量小于旧键断裂吸收的总能量，则反应为吸收能量，即吸收的能量等于断裂旧化学键吸收的总能量减去形成新化学键释放的总能量。

【板书】（3）从化学键的角度

新键形成放出的能量 < 旧键断裂吸收的能量　反应吸收能量

新键形成放出的能量 > 旧键断裂吸收的能量　反应放出能量

【练习】在反应 $H_2+Cl_2\xlongequal{光照}2HCl$ 中，已知 H—H 键的键能为 436kJ/mol，Cl—Cl 键的键能为 247kJ/mol，H—Cl 键的键能为 431kJ/mol，判断该反应是________反应（放热/吸热）。

【讲述】我们把断开 1mol 共价键所吸收的能量，或形成 1mol 该共价键所释放的能量叫做键能。接下来我们一起来分析一下该反应中能量的变化。

【分析】

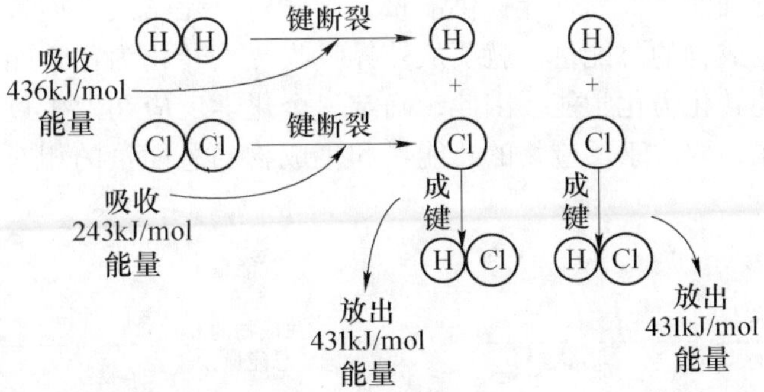

（1）化学键断裂时需要吸收能量，吸收的总能量为436kJ+243kJ=679kJ；

（2）化学键形成时需要释放能量，释放的总能量为431kJ+431kJ=862kJ；

（3）反应中放出的能量的计算：862kJ−679kJ=183kJ。

【讲述】通过计算可以得出，破坏旧键吸收的能量少于形成新键放出的能量，根据“能量守恒定律”，多余的能量就会以热量的形式释放出来了，所以 H_2 在 Cl_2 中燃烧是放热反应。

2. 化学反应中能量变化的决定因素（宏观角度）

【提问】在化学反应中，随着物质的变化，化学能也随之改变，如 H_2 与 Cl_2、O_2 的反应。我们刚从微观角度即化学键方面分析了化学反应中能量变化的原因，那么一个化学反应吸收能量还是放出能量从宏观角度来看是由什么决定的呢？

【投影】

水由高处向低处流要释放能量
(势能转化为动能)

将水由低处抽向高处需供能量
(电能转化为机械能，再转化为势能)

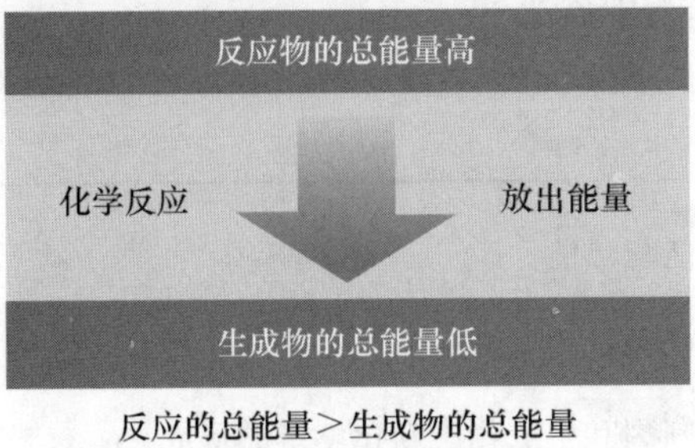

反应的总能量＞生成物的总能量
化学反应放出能量

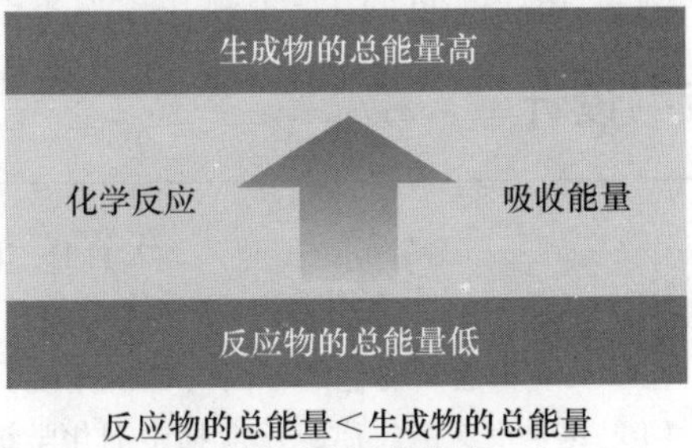

反应物的总能量＜生成物的总能量
化学反应吸收能量

【讲述】我们知道水由高处流向低处要释放能量，同样对于一个化学反应而言，如果反应物的总能量高于生成物的总能量，则化学反应会放出能量，化学能转化为热能；将水由低处抽向高处需外界提供能量，同样对于化学反应而言，如果反应物的总能量低于生成物的总能量，就要从外界吸收热量转化为化学能来使该反应继续进行，即热能转化为化学能。因此，确定一个化学反应在发生过程中是吸收能量还是放出能量，取决于反应物的总能量和生成物的总能量的相对大小。其关系如下图所示：

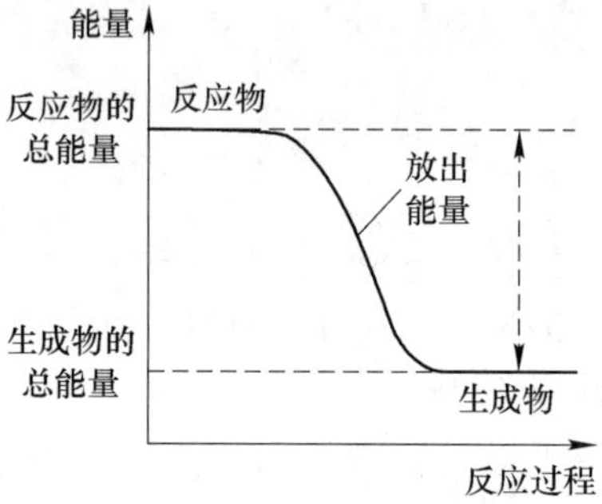

图 1　放出能量的反应

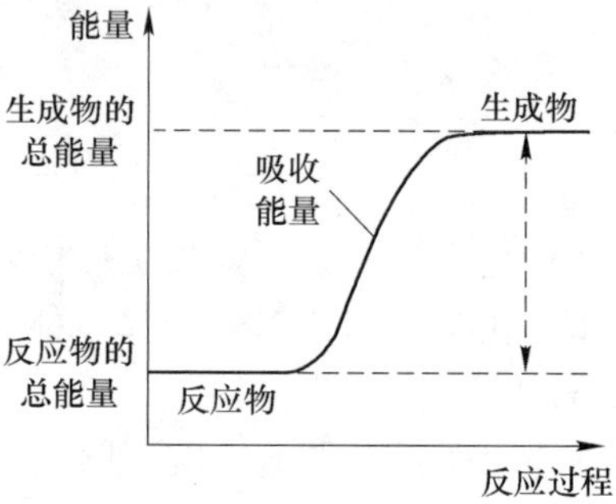

图 2　吸收能量的反应

【讲述】图 1 中反应物的总能量大于生成物的总能量，反应过程中反应物将比生成物多的那部分能量释放出来，这样的反应为放出能量的反应；图 2 中反应物的总能量比生成物的总能量低，反应过程中需要从外界吸收能量，支持反应的继续进行，这样的反应为吸收能量的反应。

【板书】2. 化学反应中能量变化的决定因素（宏观角度）

反应物的总能量 > 生成物的总能量　反应放出能量

反应物的总能量 < 生成物的总能量　反应吸收能量

环节三：归纳总结

【总结】通过前面对具体反应的分析，我们从微观角度学习了化学键与化学反应中能量变化的关系，了解到化学键的断裂和形成是化学反应中发生能量变化的主要原因。而从宏观角度来看，对于一个反应是放热还是吸热，这取决于反应物的总能量与生成物总能量的相对大小。为了更好地理解本节课的内容，请同学们完成课后习题第 36~37 页的 1、7 题并预习下节课的内容。

七、板书设计

2.1.1　化学能与热能

一、化学键与化学反应中能量变化的关系

1. 化学反应中能量变化的原因（微观角度）

（1）化学反应的实质：反应物中旧化学键的断裂和生成物中新化学键的形成

（2）化学反应中能量变化的主要原因：化学键的断裂和形成

（3）从化学键的角度

新键形成放出的能量 < 旧键断裂吸收的能量　反应吸收能量

新键形成放出的能量 > 旧键断裂吸收的能量　反应放出能量

2. 化学反应中能量变化的决定因素（宏观角度）

反应物的总能量 > 生成物的总能量　反应放出能量

反应物的总能量 < 生成物的总能量　反应吸收能量

第 2 课时　化学能与热能的相互转化

一、教材分析

本节内容选自人教版高中化学必修 2 第二章“化学反应与能量”第一节“化学能与热能”，依据课程标准“通过生产、生活中的实例了解化学能与热能的相互转化”的要求，本节课安排了“吸热反应和放热反应的概念与判断方法，中和反应的实质”等教学内容。

教科书首先在回顾九年级“质量守恒定律”相关知识的基础上提出“能量守恒定律”，突出“质量守恒定律”和“能量守恒定律”是两条基本的自然定律。通过“化学键与化学反应中能量变化的关系”认识“化学反应中发生能量变化的主要原因”，有利于帮助学生认识“能量转化与守恒”这一普遍规律和“化学能与热能的相互转化”这一能量转化和守恒的具体形式。通过三组实验说明化学反应中能量变化主要表现为热量的形式，提出吸热反应和放热反应的概念，这部分内容强调科学探究和学生活动，通过实验探究活动可以引导学生认识和感受化学能与热能之间相互转化，加深学生对吸热反应和放热反应的认识。然后在“思考与交流”栏目中介绍了中和热的概念，通过问题启发学生思考如何设计实验装置测定酸碱中和反应的中和热。最后为了拓宽学生的科学视野，教科书图文并茂地展示了生物体内生命活动过程中的能量转化、能源与人类社会发展的密切关系，促进学生建立正确的能量观。

九年级化学教科书中已介绍了质量守恒定律，通过本节内容的学习，可以加深学生对能量守恒定律的理解，为选修模块的学习奠定知识基础，同时还可以促进学生了解化学能转化为热能在生产生活中的用途。

二、学情分析

学生在九年级化学中学习了“质量守恒定律”，知道自然界中物质可以发生转化，但总质量保持不变的规律，这为学习“化学能与热能的相互转化”打下了良好思维基础。通过上节课的学习，学生已经知道了化学反应中能量变化的主要原因，并能够根据反应物总能量和生成物总能量的相对大小，来判断一个化学反应是吸收能量还是放出能量，具备了一定的化学能与热能的知识。化学能是能量的一种形式，可以转化为其他形式的能量如热能，虽然学生能够理解能量守恒定律，但是对化学能与热能之间的相互转化的过程还不能够很好的理解，因而通过实验可以使学生认识和感受化学能与热能之间的相互转化，直观的感受吸热反应和放热反应。

学生在化学必修 1 的学习中已多次进行了化学实验，能够设计并顺利地完成实验，已具备一定的实验操作能力、观察能力、分析能力和归纳总结能力等，这为本节课的实验探究打下基础。

三、教学目标

知识与技能	（1）了解化学能与热能的相互转化。 （2）理解吸热反应和放热反应的概念，能说出中和热的概念。 （3）能设计并完成吸热反应和放热反应的化学实验
过程与方法	（1）通过三组实验，认识和感受化学能与热能的相互转化。 （2）通过查阅资料，了解人类社会发展与能源利用的关系
情感态度与价值观	（1）通过对实验现象的观察和原因探究，养成严谨细致的科学态度和精神。 （2）通过实验发展学习化学的兴趣，进一步形成交流、合作、反思评价的学习习惯

四、教学重点和难点

（1）教学重点：吸热反应和放热反应的概念与判断方法。

（2）教学难点：化学能与热能之间的内在联系以及化学能与热能的相互转化。

五、知识框架

化学能与热能的相互转化
- 放热反应：反应过程中放出热量的反应，反应物的总能量大于生成物的总能量
  包括：燃烧反应、中和反应、金属与酸的反应、大多数化合反应等
- 吸热反应：反应过程中吸收热量的反应，反应物的总能量小于生成物的总能量
  包括：大多数分解反应、$Ba(OH)_2 \cdot 8H_2O$ 晶体和 NH_4Cl 晶体反应、CO_2 和 C 反应、H_2O 和 C 反应等
- 中和热：酸与碱发生中和反应生成 1mol H_2O 时反应释放的热量

六、教学过程

环节一：导入新课

【导入】18 世纪中期，化石能源的发现加快了工农业发展的步伐，直到今天人们生产和生活中所需能量还主要依赖于化石燃料燃烧产生的化学能，因此研究化学反应中的能量变化有着重要意义。化学反应中能量变化的形式有哪些呢？

【讲述】化学反应中的能量变化通常主要表现为热量的变化——吸热或放热，即有些反应是吸热反应，有些反应是放热反应。下面我们通过实验来感受和认识化学能与热能的相互转化。

【板书】2.1.2　化学能与热能

二、化学能与热能的相互转化

环节二：展开新课

1. 放热反应和吸热反应

【提问】我们利用铝与盐酸反应的实验来探究金属与酸反应中热量的变化情况，大家思考一下铝片能直接用于实验吗？

【讲述】不能。这是因为铝片表面有氧化膜，它阻止了 H^+ 与铝片接触并反应，因此在使用铝片前要先用砂纸将铝片进行打磨，然后进行实验。

【提问】本次实验主要是为了探究金属与酸反应中热量的变化情况，用眼睛是不能直接观察到反应中热量的变化的，该实验采取哪些简单易行的办法来判断反应中的热量变化？

【讲述】我们可以用手触摸试管壁或是用温度计进行测量，下面我们进行铝与盐酸反应的实验。

【实验】铝与盐酸反应

实验步骤	实验现象
在一支试管中加入 2～3mL 6mol/L 的盐酸，加入用砂纸打磨后的铝条，并插入温度计，观察实验现象	加入铝条后有气泡冒出，用手触摸试管感觉到变热，温度计的液注升高
结论：铝与盐酸反应的过程中放出热量，反应化学方程式：$2Al+6HCl = 2AlCl_3+3H_2\uparrow$	

【讲述】用手触摸试管壁能够感觉到试管变热，同时温度计的液注也升高了，说明该反应过程有热量放出。我们把反应过程中放出热量的反应称做放热反应，根据上节课学习的内容，放热反应中反应物的总能量大于生成物的总能量。

【板书】1. 放热反应和吸热反应

放热反应：反应过程中放出热量的反应，反应物的总能量大于生成物的总能量

【讲述】接下来我们进行 $Ba(OH)_2\cdot 8H_2O$ 晶体和 NH_4Cl 晶体反应的实验，探究反应中热量的变化情况。为了便于反应物充分接触，缩短反应需要的时间，加快化学反应速率，需要先将 $Ba(OH)_2\cdot 8H_2O$ 晶体研细，反应时用玻璃棒快速搅拌。

【实验】$Ba(OH)_2\cdot 8H_2O$ 晶体和 NH_4Cl 晶体反应的实验

实验步骤	实验现象
将 20g $Ba(OH)_2\cdot 8H_2O$ 晶体研细后，与约 10g NH_4Cl 晶体一起放入烧杯中，并将烧杯放在滴有几滴水的玻璃片上，用玻璃棒迅速搅拌，闻气味，用手触摸烧杯下部，用手拿起烧杯观察实验现象	（1）有刺激性气味的气体产生，该气体能使湿润的红色石蕊试纸变蓝； （2）感觉烧杯变冷； （3）烧杯下面带有几滴水的玻璃片黏到了烧杯底部
结论：有氨气生成；反应吸热；反应吸收热量使体系温度降低，使水结成冰	

【讲述】当用手触摸烧杯底部，可以感觉到烧杯变冷。用手拿起烧杯，我们可以观察到烧杯下面带有几滴水的玻璃片黏到了烧杯底部，由此可以说明该反应吸收热量。我们把反应过程中吸收热量的反应叫做吸热反应，吸热反应中反应物的总能量小于生成物的总能量。

【板书】吸热反应：反应过程中吸收热量的反应，反应物的总能量小于生成物的总能量

【判断】冰化成水要吸收能量，所以为吸热反应。对吗？为什么？

【讲述】不对。该反应不属于化学变化，不能称之为吸热反应或放热反应。由此可以看出，吸热反应或放热反应发生的条件为化学变化。

2. 探究中和反应

【讲述】通过前面的实验，我们知道金属与酸的反应是放热反应，而氢氧化钡晶体与氯化铵晶体的反应是吸热反应。那么，酸与碱的中和反应作为一类重要而常见的反应，它是放热反应还是吸热反应呢？下面，请同学们自己通过实验来进行揭秘。

【实验】在烧杯中加入 50mL 0.5mol/L 的硝酸，测其温度。另用量筒量取 50mL 0.5mol/L 的 NaOH 溶液，测其温度，并缓缓地倾入烧杯中，边加边用玻璃棒搅拌。观察反应中溶液温度的变化过程，并做好记录。同理完成第二组和第三组实验。

		第一组	第二组	第三组
反应物及用量	酸	HNO_3 50mL 0.5mol/L	HCl 50mL 0.5mol/L	HCl 50mL 0.5mol/L
	碱	NaOH 50mL 0.5mol/L	NaOH 50mL 0.5mol/L	KOH 50mL 0.5mol/L
混合前温度		室温	室温	室温
混合后温度				

【讲述】通过观察数据，我们发现反应后各组温度均有所升高，说明以上反应均为放热反应。请同学们写出以上三个反应的化学方程式和离子方程式。

【投影】$HNO_3+NaOH = NaNO_3+H_2O$，$H^++OH^- = H_2O$

$HCl+NaOH = NaCl+H_2O$，$H^++OH^- = H_2O$

$HCl+KOH = KCl+H_2O$，$H^++OH^- = H_2O$

【讲述】我们可以看到三个反应化学方程式不同，但是离子方程式却是相同的，即反应本质相同，都是 H^+ 与 OH^- 结合生成水的反应，属于中和反应。另外，由这三个反应前后的温度升高现象可以得出：中和反应都是放热反应。

【板书】2. 探究中和反应

中和反应都是放热反应

【提问】上述实验中三个反应不尽相同，为什么温度升高幅度大致相同，即反应放出的热量相同？

【讲述】大家看三组实验中所提供的酸和碱的物质的量浓度和体积都相等，故它们的物质的量相等，且都恰好反应，所以反应生成水的物质的量也相等。也就是说，发生中和反应时等物质的量的水升高相同温度时所需提供的热量相等。在化学上我们把酸与碱发生中和反应生成 1mol H_2O 时所释放的热量称为中和热。

【板书】中和热：酸与碱发生中和反应生成 1mol H_2O 时所释放的热量

3. 放热反应还是吸热反应的判断

【提问】通过实验探究我们知道金属与酸反应、中和反应都为放热反应，那除此之外，还有哪些反应属于放热反应呢？

【讲述】所有的燃烧反应和大多数的化合反应也都是放热反应。$Ba(OH)_2 \cdot 8H_2O$ 晶体和 NH_4Cl 晶体反应为吸热反应，除此之外，需要加热的分解反应、少数的化合反应

如 CO_2 和 C 反应、H_2O 和 C 反应都是吸热反应。

【板书】3. 放热反应、吸热反应的判断

（1）放热反应：金属与酸反应、中和反应、所有的燃烧反应和大多数的化合反应

（2）吸热反应：分解反应、$Ba(OH)_2 \cdot 8H_2O$ 晶体和 NH_4Cl 晶体反应、少数的化合反应如 CO_2 和 C 反应、H_2O 和 C 反应等

环节三：归纳总结

【讲述】下面我们结合上节课学习的内容，从定义、形成原因、与化学键的关系、图示、判断等几个方面总结一下放热反应和吸热反应。

【投影】放热反应与吸热反应的比较及判断方法

	放热反应	吸热反应
定义	放出热量的反应	吸收热量的反应
形成原因	反应物具有的总能量大于生成物具有的总能量	反应物具有的总能量小于生成物具有的总能量
与化学键的关系	生成物分子成键时释放的总能量大于反应物分子断裂时吸收的总能量	生成物分子成键时释放的总能量小于反应物分子断裂时吸收的总能量
图示	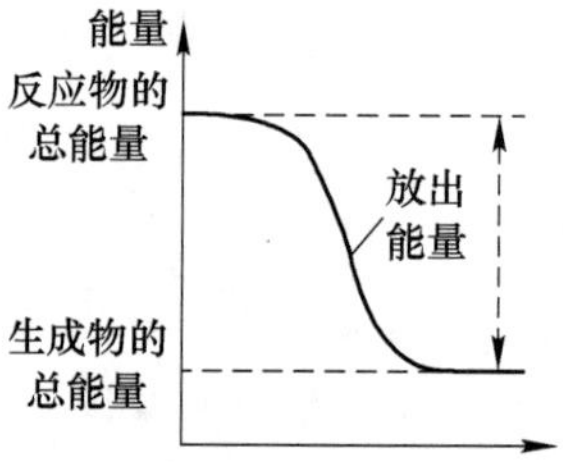	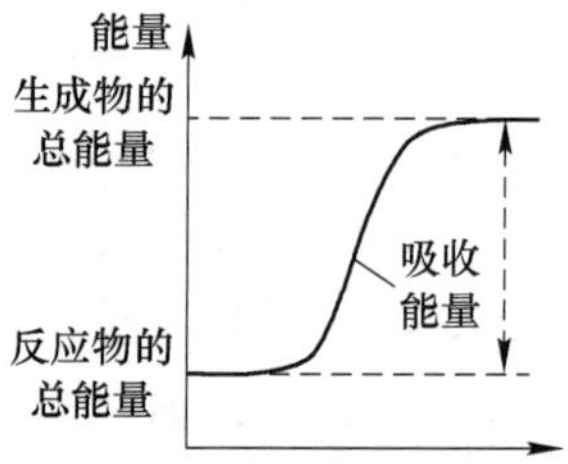
判断	金属与酸反应；中和反应；所有的燃烧反应；大多数的化合反应	$Ba(OH)_2 \cdot 8H_2O$ 晶体和 NH_4Cl 晶体反应；需要加热的分解反应；少数的化合反应如 C 和 CO_2、H_2O 反应等

七、板书设计

2.1.2 化学能与热能

二、化学能与热能的相互转化

1. 放热反应和吸热反应

放热反应：反应过程中放出热量的反应，反应物的总能量大于生成物的总能量

吸热反应：反应过程中吸收热量的反应，反应物的总能量小于生成物的总能量

2. 探究中和反应

中和反应都是放热反应

中和热：酸与碱发生中和反应生成 1mol H_2O 时所释放的热量

3. 放热反应、吸热反应的判断

（1）放热反应：金属与酸反应、中和反应、所有的燃烧反应和大多数的化合反应

（2）吸热反应：分解反应、$Ba(OH)_2 \cdot 8H_2O$ 晶体和 NH_4Cl 晶体反应、少数的化合反应如 CO_2 和 C 反应、H_2O 和 C 反应等

第二节　化学能与电能

第1课时　化学能转化为电能

一、教材分析

本节内容选自人教版高中化学必修2第二章“化学反应与能量”第二节“化学能与电能”，依据课程标准“举例说明化学能与电能的转化关系及其应用”的要求，本节课安排了“原电池”等相关教学内容。

本节内容是电化学中的重要知识，教科书先从生活中广泛应用的电池入手，提出化学能如何转化为电能这一问题。然后呈现了2001年我国发电总量构成图，介绍水力和其他能源提供的发电量情况，使学生知道火力发电仍将居于首位的现状。再通过火电站工作原理示意图，展示燃煤发电中能量的转换过程，在此基础上探讨了化学能直接转化为电能的装置，并通过实验探究原电池的原理。最后，在“科学探究”栏目中要求学生自己设计一套电池装置，画出装置图并进行实验，实验后思考与交流化学电池的构成和作用。

从能量转换角度看，本节内容是对前一节课中“一种能量转化为另一种能量，能量也是守恒的；化学能是能量的一种形式，它同样可以转化为其他形式的能量，如热能和电能等”论述的补充和完善。从反应物之间电子转移角度看，原电池概念的形成是氧化还原反应本质的拓展和应用；从思维角度看，“将化学能直接转化为电能”的思想，是对“化学能→热能→机械能→电能”思维方式的反思和突破。同时本节内容也为选修4第四章“电化学基础”奠定知识基础。

二、学情分析

在必修1中，学生已经学习了钢铁的腐蚀、电解质、氧化还原反应和能量守恒等相关的理论知识，在物理课上也学习了部分电学知识，这为本节课的学习奠定了知识基础。生活在现代社会，学生在日常生活中会见到各种类型的电池，对“电池”有着丰富而又强烈的感性认识，学生对电池充满着好奇和探知欲望，但由于之前没有电化学的基础，所以在理解原电池原理时有一定的难度。此外，学生具备的化学思维能力和基础实验技能，为提高学生的课堂解决问题能力和动手实践能力创造了条件。

三、教学目标

知识与技能	（1）知道原电池是利用氧化还原反应将化学能转化成电能的装置。 （2）了解原电池的概念和原理，能够正确判断简单原电池的正、负极和电子流向，初步掌握构成原电池的条件。 （3）能够写出电极反应式和总反应方程式

续表

过程与方法	（1）通过分组实验，提高观察能力、分析思维能力与交流、合作的能力。 （2）通过观看原电池原理动画，深入理解和掌握抽象知识
情感态度与价值观	（1）通过探究化学能转化为电能的奥秘，提高学习化学的兴趣和热情，体验科学探究的艰辛与喜悦，感受化学世界的奇妙与和谐。 （2）赞赏化学科学对个人生活和社会发展的贡献，关注能源问题

四、教学重点和难点

（1）教学重点：原电池的原理、正负极判断、电极反应式的书写。

（2）教学难点：原电池的工作原理和构成条件。

五、知识结构

- 原电池
  - 定义：将化学能转化为电能的装置
  - 形成条件
    - 电极：活动性不同的两种金属或金属与能导电的非金属
    - 电解质溶液
    - 闭合回路
    - 自发的氧化还原反应
  - 正、负极的判断
    - 由两极的电极材料判断
      - 活泼性较强的金属为负极
      - 活泼性较弱的材料（能导电）为正极
    - 根据电子流动的方向判断
      - 电子流出的一极为负极
      - 电子流入的一极为正极
    - 根据溶液中离子移动方向判断
      - 阴离子移向负极
      - 阳离子移向正极
    - 根据反应类型判断
      - 发生氧化反应为负极
      - 发生还原反应为正极
  - 应用：用作电源，判断金属的活动性，加快某些反应的速率等

六、教学过程

环节一：导入新课

【导入】 在现代生活、生产和科学技术发展中，大到宇宙火箭、人造卫星的上天，小至手机、照相机、收音机、电子表的使用，都离不开各种各样的电池，生活中常见的电池有干电池、汽车蓄电池、液氢燃料电池、太阳能电池、电动车中的锂电池等。

【投影】

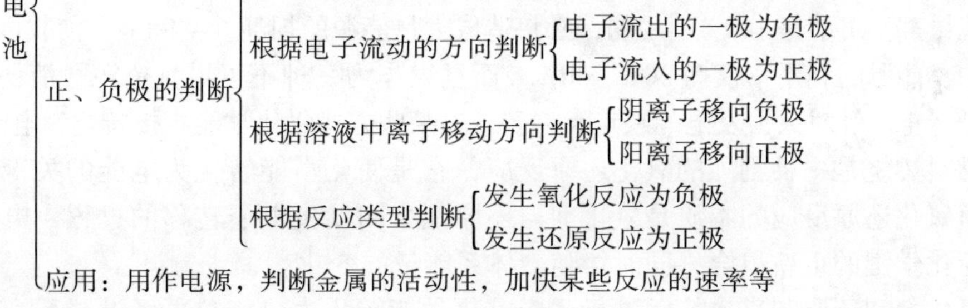

【提问】电池为什么可以产生电能呢？这里面到底有什么奥秘？接下来让我们通过化学能与电能内容的学习来解决以上问题。

【板书】 2.2.1　化学能与电能

环节二：展开新课

1. 化学能与电能的转化

【提问】刚提到的电能，它是一种清洁的二次能源，在现代社会中得到了广泛的应用，污染也是最小的。什么是二次能源？现有电能可通过哪些途径得到？

【讲述】一次能源是直接从自然界取得的能源，如太阳能、风能、原煤、石油等；二次能源是一次能源经过加工、转换得到的能源，如电力、汽油、煤气等。同学们打开课本到第 40 页看图 2-7，这是 2001 年我国发电总量构成图。从图中可以知道，在我国的发电总量中，相对于水力和其他能源提供的发电量，火力发电的发电量仍居于首位。图 2-8 是火电站工作原理示意图，从图中可以看出，燃煤发电是从煤中的化学能开始的一系列能量转换过程，先通过化石燃料的燃烧使化学能转变为热能，加热水使之汽化为蒸汽以推动蒸汽轮机，最后带动发电机发电。

【板书】一、化学能转化为电能

火力发电：化学能 $\xrightarrow{\text{燃烧}}$ 热能 $\xrightarrow{\text{蒸汽}}$ 机械能 $\xrightarrow{\text{发电机}}$ 电能

【讲述】从储存在煤中的化学能到最终转变成电能，经历了多个环节，每一个环节的转化，能量都不可能是100%利用的，必将造成大量能源的损耗。实际上目前我国火力发电中，能源的利用率仅为 30%~40%，而且煤作为一种不可再生资源，消耗量大，污染严重。针对火力发电的缺点，能否通过某些方式将化学能直接转化为电能呢？

【讲述】燃料燃烧是一种剧烈的氧化还原反应，它是使化学能转化为电能的关键。我们知道氧化还原反应的本质是氧化剂与还原剂之间发生电子转移的过程，电子转移引起化学键的重新组合，同时伴随着体系能量的变化。

【提问】氧化剂和还原剂直接接触进行反应，化学能转化为热能，再经过一系列能量转换环节才能转化为电能。那么要使氧化还原反应释放的能量不经过热能，而直接转化为电能，所要解决的第一个问题是什么？

【讲述】要想使它直接产生电流，就要设计一种装置，使氧化反应和还原反应分别在两个不同的区域进行，并使电子定向移动形成电流。为了使用方便，还需把可产生的电能以化学能的形式储存起来，这就是本节课学习的重点——原电池。

2. 原电池

【讲述】什么是原电池？想弄清楚这个问题，请同学们先按照要求完成下列实验。

【实验】用锌片、铜片、稀硫酸、烧杯、电流表、导线等按要求完成下列实验。

实验	实验步骤	实验现象
实验 1	铜片、锌片分别插入稀硫酸	锌片上有气泡，铜片上无气泡
实验 2	把锌片和铜片同时插入稀硫酸	锌片上有气泡，铜片上无气泡

续表

实验	实验步骤	实验现象
实验 3	在实验 3 中的铜片和锌片之间串联一个电流计	锌片不断溶解且表面无气泡产生，铜片上有气泡，电流计指针偏转

【实验装置】

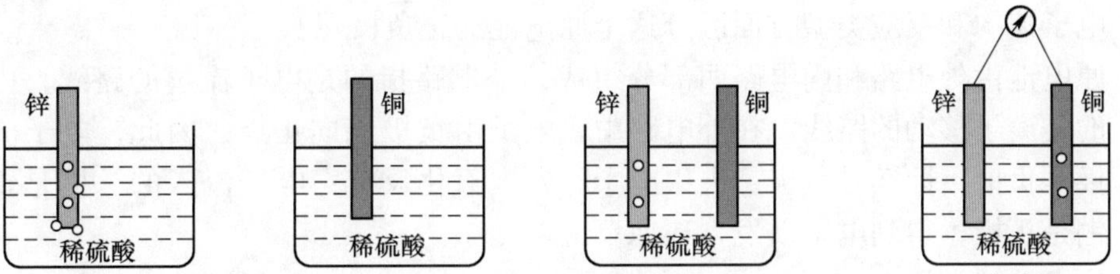

实验1　　实验2　　实验3

【提问】 为什么实验 1、实验 2 中锌片上有气泡，铜片上无气泡，而实验 3 中却是锌片不断溶解且表面无气泡产生，铜片上有气泡呢？

【讲述】 实验 1、实验 2 中活泼金属锌与酸反应产生气体，而铜不反应。实验 3 中，铜、锌电极通过导线连接形成了闭合回路，我们发现电流表指针偏转，说明电子定向移动产生了电流，即证明产生了电能，我们把这种化学能转化为电能的装置叫做原电池。

【板书】 二、原电池

1. 原电池概念：化学能转化为电能的装置

【思考】（1） 实验 3 中铜片上生成的气泡是什么气体？是怎样生成的？

（2） 锌片上发生什么反应？铜片上发生什么反应？

【投影】 原电池反应的化学原理示意图

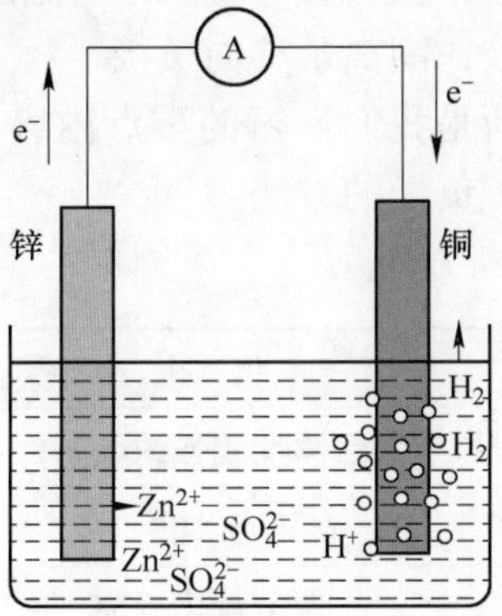

原电池示意图

【分析】 当把用导线连接的锌片和铜片一同浸入稀硫酸中时，由于锌比铜活泼，容易失去电子。电子由锌片通过导线流向铜片，锌被氧化成 Zn^{2+} 而进入溶液，溶液中的 H^+ 从铜片上获得电子被还原成氢原子，氢原子再结合成氢分子从铜片上逸出。

【讲述】 从整个装置看发生的是氧化还原反应，氧化反应发生在锌片上，还原反应发生在铜片上。大家来书写一下锌片和铜片上发生的电极反应式，并写出总反应式。

【板书】2. 电极反应式

锌片：$Zn - 2e^- = Zn^{2+}$　（氧化反应）

铜片：$2H^+ + 2e^- = H_2\uparrow$　（还原反应）

总反应：$Zn + 2H^+ = Zn^{2+} + H_2\uparrow$

【提问】将氧化反应和还原反应分开在两个不同的区域进行，电子转移的过程就变为电子的定向移动，从而产生了电流，这就是原电池设计的基本思路。那么我们如何从电子流向和反应类型方面区分这个原电池的正负极呢？

【讲述】原电池由外电路和内电路两部分组成，外电路指的是电子流过的路线，内电路指的是离子移动的路线。在外电路中，电子由负极流向正极，因此，电子流出的一极是负极，即锌是负极，失去电子，发生氧化反应；电子流入的一极是正极，即铜是正极，得到电子，发生还原反应。

【投影】原电池的电极

负极：发生氧化反应，电子流出的一极

正极：发生还原反应，电子流入的一极

【提问】外电路中电子是由负极流向正极，那电流的方向如何？电流的方向与电子的流向有何关系？在内电路中，阴阳离子的移动方向又是如何？

【讲述】在物理课的学习中我们知道，电流与电子的流向是相反的，在外电路中，电流是由正极流向负极的，则电子是由负极流向正极的。在内电路中，阳离子移向正极，阴离子移向负极，这是由于负极一般是活泼金属，失去电子后成为阳离子在负极附近。因此，负极（附近）带正电，由于正负相吸，所以阴离子会向负极移动。得电子能力较强的阳离子在溶液中移向带负电荷的正极，构成内电路。内、外电路形成闭合回路，形成电流，实现化学能转化为电能。

【投影】电子流向与电流流向

外电路：电子由负极流向正极（Zn→Cu）；电流由正极流向负极（Cu→Zn）

内电路：阳离子移向正极，阴离子移向负极

【小结】原电池的正、负极的判断是我们学习的重点内容，根据刚才学习的内容，我们来一起总结判断原电池正、负极的方法。

【板书】3. 原电池正、负极的判断方法

判断方法	负　极	正　极
电极材料	活泼性较强的金属	活泼性较弱的材料（能导电）
电子流向	电子流出的一极	电子流入的一极
反应类型	发生氧化反应	发生还原反应
离子流向	阴离子移向的一极	阳离子移向的一极

【提问】原电池是一种装置，根据我们刚刚学习的过程，大家试着总结一下构成原电池的条件都有哪些？

【讲解】通过观察前面的装置我们可以发现：铜锌原电池将化学能转化为电能的条件之一是需要电极。铜、锌电极通过导线连接形成外电路，它们是两种活泼性不同的金属，其实金属和非金属导体如碳棒通过导线连接也是可以构成外电路的。除了需要电极外，还要通过电解质溶液形成内电路，因此电解质溶液也是构成原电池的条件之一。满足这两个条件还不能够构成原电池，只有当内、外电路形成闭合回路，装置中能自发的氧化还原反应才能形成电流时，才能实现化学能转化为电能。因此，构成原电池的条件还有构成闭合回路、能自发的氧化还原反应。需要注意的是：构成原电池的四个条件缺一不可，要同时存在。

【板书】 4. 构成原电池的条件

（1）两种活泼性不同的金属（或一种是能导电的非金属如石墨）作电极

（2）电解质溶液

（3）构成闭合回路

（4）能自发的氧化还原反应

3. 设计原电池

【过渡】 了解了原电池的相关内容后，我们自己来设计原电池。

【习题】 请根据下列反应设计原电池

反 应	负极材料及反应式	正极材料及反应式	电解质溶液
$Fe+2HCl=FeCl_2+H_2\uparrow$			
$Zn+Cu^{2+}=Zn^{2+}+Cu$			

【讲解】 设计原电池要依据原电池的构成条件来进行。选择电极材料时，一般选择活动性较强的金属作负极，活动性较弱的金属或能导电的惰性材料作正极，还原性物质在负极上失去电子被氧化，氧化性物质在正极上得到电子被还原。选择电解质溶液时，电解质溶液一般要能够与负极材料发生反应，或者电解质溶液中溶解的其他物质能与负极材料发生反应。

【讲述】 我们以“铁盐酸反应”为例设计原电池。对于电极材料的选择而言，该反应中有铁参与，铁是较为活泼的金属，因此可以用作负极材料。而正极材料的选择只能是比铁活泼性弱的金属如铜、铂等金属或者是非金属导体如碳棒。对于电解质溶液的选择而言，该反应为铁和盐酸的反应，因此可以选择盐酸作为电解质溶液。

【答案】

反 应	负极材料及反应式	正极材料及反应式	电解质溶液
$Fe+2HCl=FeCl_2+H_2\uparrow$	铁 $Fe-2e^-=Fe^{2+}$	比铁活性弱的金属或碳棒 $2H^++2e^-=H_2\uparrow$	盐酸
$Zn+Cu^{2+}=Zn^{2+}+Cu$	锌 $Zn-2e^-=Zn^{2+}$	比锌活性弱的金属或碳棒 $Cu^{2+}+2e^-=Cu$	含 Cu^{2+} 的溶液

4. 原电池的应用

【提问】 同学们了解了原电池相关知识后，那么原电池都有哪些应用呢？

【讲述】 原电池能够将化学能转化为电能，因此它可以用作电源。我们也可以利用原电池的正、负极来判断金属的活动性强弱，例如，有两种金属 A 和 B，用导线连接后插入到稀硫酸中，观察到A极溶解，B极上有气泡产生。由原电池原理可知，金属活动性：A > B。另外，我们在九年级学习了用锌片（锌粒）和稀 H_2SO_4 制备 H_2，这里的锌片（锌粒）是粗锌，粗锌中的杂质和锌、稀 H_2SO_4 形成原电池，加快了锌的腐蚀，使产生 H_2 的速率加快，因此形成原电池能够加快某些反应的速率。

【板书】 5. 原电池的应用

用作电源，判断金属的活动性，加快某些反应的速率等

环节三：归纳总结

【总结】 原电池装置的设计给我们的生活带来了巨大的便利，生活中的各种化学电源，如干电池、充电电池等都是以原电池装置为雏形设计的。原电池是将化学能转化为电能的装置，通过分析铜锌原电池，我们知道了原电池的工作原理、组成条件，还学习了电极反应式的书写和原电池的正、负极的判断。请同学们预习下节课的内容，并完成课后第44~45页的1、2、4题。

七、板书设计

2.2.1　化学能与电能

一、化学能转化为电能

火力发电：化学能 $\xrightarrow{\text{燃烧}}$ 热能 $\xrightarrow{\text{蒸汽}}$ 机械能 $\xrightarrow{\text{发电机}}$ 电能

二、原电池

1. 原电池概念：化学能转化为电能的装置
2. 电极反应式

锌片：$Zn - 2e^- = Zn^{2+}$（氧化反应）

铜片：$2H^+ + 2e^- = H_2\uparrow$（还原反应）

总反应：$Zn + 2H^+ = Zn^{2+} + H_2\uparrow$

3. 原电池正、负极的判断方法

判断方法	负　极	正　极
电极材料	活泼性较强的金属	活泼性较弱的材料（能导电）
电子流向	电子流出的一极	电子流入的一极
反应类型	发生氧化反应	发生还原反应
离子流向	阴离子移向的一极	阳离子移向的一极

4. 构成原电池的条件

（1）两种活泼性不同的金属（或一种是能导电的非金属如石墨）作电极

（2）电解质溶液

（3）构成闭合回路

（4）能自发的氧化还原反应

5. 原电池的应用

用作电源，判断金属的活动性，加快某些反应的速率等

第2课时　发展中的化学电源

一、教材分析

本节内容选自人教版高中化学必修2第二章“化学反应与能量”第二节“化学能与电能”，依据课程标准“认识提高燃料的燃烧效率、开发高能清洁燃料和研制新型电池的重要性”的要求，本节课安排了“一次电池、二次电池和燃料电池”等教学内容。

化学电源是原电池原理的创造性应用，教科书从最早使用的化学电池锌锰电池入手，介绍锌锰电池的设计原理，针对锌锰电池的缺点，在“思考与交流”栏目中提出“为了充分而有效地利用锌锰电池，在购买、保存和使用方面你有何经验和建议?”的问题，促进学生的思考，并认识到创新改进的重要性。然后教科书引出了二次电池的内容，展示了生活中常见的二次电池。为提高燃料的利用率，教科书又介绍了燃料电池的设计原理和应用。

本节内容是对原电池概念和原理进一步的理解和深化。在学习化学电池中，要求学生通过原电池和传统干电池（锌锰电池）初步认识化学电池的化学原理和结构，但不要求上升为规律性的知识；通过介绍新型电池（如锂离子电池、燃料电池等）体现化学电池的改进与创新，初步形成科学技术的发展观。

二、学情分析

学生在必修1中，已经学习了电解质、氧化还原反应、能量守恒等相关的理论知识，并且在上一节课中学习了原电池的概念、原理、电极方程式的书写和组成条件等，学生已具备一定的理论知识，为学习本节课的内容打下了坚实的基础。同时，电池在生活中常见，能够提高学生探究电池工作原理的兴趣。通过本节课的学习，可以促进学生对原电池的技术产品——各种化学电源的原理和应用有一个较为理性的认识，进而能够认识研制新型电池的重要性，并对化学电源可能会引起的环境问题初步形成较为客观、正确的能源观。

三、教学目标

知识与技能	（1）了解常见电池的组成和应用。 （2）了解新型燃料电池的组成和工作原理。 （3）了解化学与人类生产、生活的密切关系
过程与方法	（1）通过认识生活中的原电池（锌锰电池、蓄电池、燃料电池），进一步理解原电池的概念和原理。 （2）结合生产、生活实际，学习常见化学电池的组成和应用，学习科学探究的基本方法，提高科学探究能力
情感态度与价值观	（1）通过对科技前沿知识的了解，提高学习化学的兴趣。 （2）通过对新型燃料电池的学习，关注与化学有关的社会热点问题，逐步形成可持续发展思想

四、教学重点和难点

（1）教学重点：常见化学电池、新型燃料电池的组成和应用。

（2）教学难点：新型燃料电池的组成和工作原理。

五、知识结构

化学电源
- 干电池
  - 特点：属于一次性电池，放完电后不能再使用
  - 实例：锌锰干电池、碱性锌锰干电池
- 充电电池
  - 特点：既可放电又可充电，具有双重功能
  - 实例：铅蓄电池、镍镉电池、锂离子电池
- 燃料电池
  - 特点：无污染、能量转化率高：燃料不需储存在电池内部，由外部装备提供
  - 实例：氢氧燃料电池、甲烷燃料电池、乙醇燃料电池等

六、教学过程

环节一：导入新课

【导入】上一节课我们学习了原电池的原理、组成条件、正负电极的书写及判断，现在我们通过这道练习来复习一下学过的内容。

【投影】判断下列哪些装置构成了原电池，写出相应反应的电极反应式，并指出电子流向。

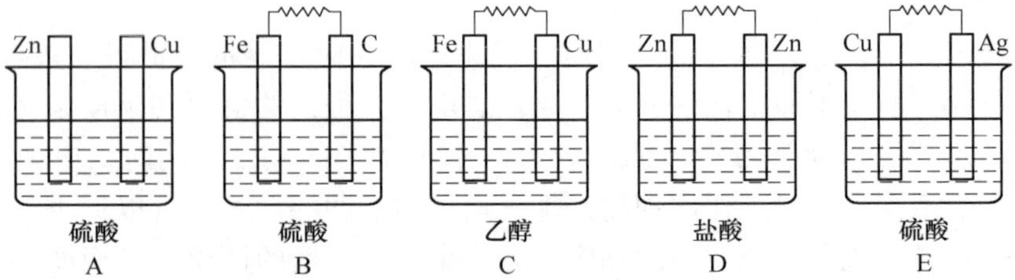

构成原电池的装置是__________；其中正极材料为__________，电极反应是__________；负极材料为__________，电极反应是__________，总反应是__________。

【讲述】在上述装置中，只有B装置构成了原电池，其余的装置没有同时具备原电池的四个条件：A装置未形成闭合回路；C装置没有电解质溶液；D装置两极材料活泼性相同，没有形成电势差；E装置中电极材料不能与电解质溶液反应，不符合自发进行氧化还原反应的原则。B装置中正极材料为碳棒，电极反应为$2H^+ + 2e^- = H_2\uparrow$；负极材料为Fe，电极反应为$Fe - 2e^- = Fe^{2+}$，总反应式为：$Fe + 2H^+ = Fe^{2+} + H_2\uparrow$，电子由铁片流向碳棒。

【过渡】这是最简单的原电池模型，生活中的化学电源的基本原理和铜锌原电池是相通的，但是在结构的设计上还有很多的不同，下面我们来学习几种常见的化学电源。

【板书】2.2.2　化学能与电能

环节二：展开新课

1. 干电池

【讲述】 首先，最简单且最早使用的化学电池是锌锰干电池，它是一种一次性电池，放电之后不能再充电。比如以前常用的“555”牌锌锰干电池，我们来看一下电池的内部结构。

【板书】 一、干电池

1. 特点：属于一次性电池，放完电后不能再使用

【投影】 锌锰干电池内部结构

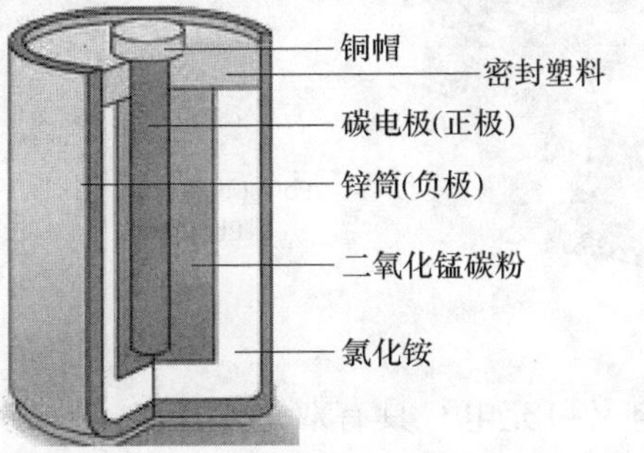

【提问】 观察电池的内部结构，我们可以看到锌锰干电池是由锌筒、碳电极（石墨棒）及其周围填充的糊状物组成的，糊状物是 MnO_2 糊和 NH_4Cl 糊。锌锰干电池看起来和我们前面学的铜锌原电池略有不同，但原理是相同的，实质都是发生了氧化还原反应。在锌锰电池中哪种物质作负极？哪种物质又作正极呢？石墨周围填充的糊状物又起着怎样的作用呢？

【讲述】 根据上节课学习的内容，原电池中活泼金属作负极，活泼性较弱的金属或能导电的惰性材料作正极。因此对于锌锰干电池而言，它以中心的碳棒（石墨）作正极，外围的锌筒作负极，锌筒与碳棒之间用氯化铵溶液拌湿的二氧化锰填满，氯化铵做电解质。在电池的使用中，锌逐渐会溶解，锌外壳逐渐变薄，最后内部糊状物的电解质会泄漏出来，使电器腐蚀。

【投影】 负极：$Zn - 2e^- = Zn^{2+}$

正极：$2NH_4^+ + 2e^- + 2MnO_2 = Mn_2O_3 + 2NH_3\uparrow + H_2O$

$4NH_3 + Zn^{2+} = [Zn(NH_3)_4]^{2+}$

总反应：$2Zn + 4NH_4Cl + 4MnO_2 = [Zn(NH_3)_4]Cl_2 + ZnCl_2 + 2Mn_2O_3 + 2H_2O$

【讲述】 由于锌锰干电池即使不用，放置过久，也会失效。为了延长电池的寿命和提高其性能，人们将电池内的电解质 NH_4Cl 换成湿的 KOH，并在构造上做了改进，制成了碱性锌锰电池。现在各类碱性电池已经占有了越来越大的市场，被广泛地应用于闪光灯、电动玩具、遥控器等。

【板书】 2. 实例：锌锰干电池、碱性锌锰干电池

电池	举例	负极	正极	电解质
干电池	锌锰干电池	Zn	石墨棒	NH_4Cl
	碱性锌锰干电池	Zn	石墨棒	KOH

2. 充电电池

【过渡】虽然干电池的成本比较低，但是当电用完时就不能重复使用了，同时还会对环境造成一定的影响。因此人们发明了可以重复使用的电池，即充电电池。该类电池既可放电又可充电，具有双重功能。最早使用的充电电池是铅蓄电池，目前汽车上使用的电瓶大多仍是铅蓄电池。

【投影】铅蓄电池

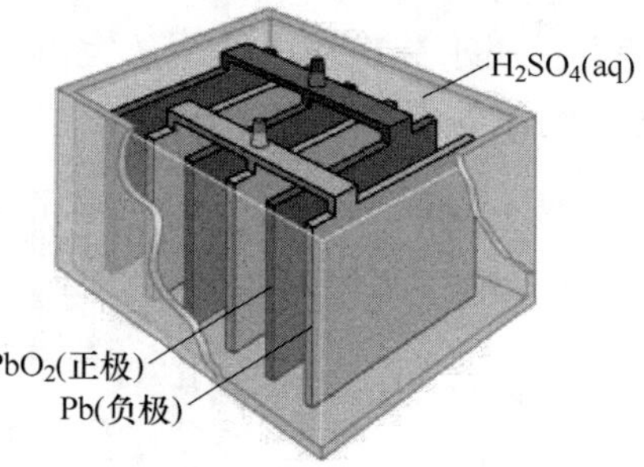

【板书】二、充电电池

1. 特点：既可放电又可充电，具有双重功能

【讲述】充电电池又称为二次电池，它在放电时所进行的氧化还原反应，在充电时可以逆向进行，使电池恢复到放电前的状态。这样可以实现化学能转变为电能（放电），再由电能转变为化学能（充电）的循环。原电池的过程是铅蓄电池放电过程，Pb作负极，失去电子被氧化成 Pb^{2+}，生成的 Pb^{2+} 会和电解质溶液中 SO_4^{2-} 反应生成 $PbSO_4$ 沉淀；PbO_2 作正极，得到电子被还原为 Pb^{2+}，生成的 Pb^{2+} 在硫酸电解质溶液中会继续反应生成 $PbSO_4$。

【投影】放电过程

负极：$Pb + SO_4^{2-} - 2e^- \xlongequal{} PbSO_4$　　（氧化反应）

正极：$PbO_2 + 4H^+ + SO_4^{2-} + 2e^- \xlongequal{} PbSO_4 + 2H_2O$　　（还原反应）

【讲述】铅蓄电池的充电过程即为放电过程的逆过程。

【投影】充电过程

阴极：$PbSO_4 + 2e^- \xlongequal{} Pb + SO_4^{2-}$　　（还原反应）

阳极：$PbSO_4 + 2H_2O - 2e^- \xlongequal{} PbO_2 + 4H^+ + SO_4^{2-}$　　（氧化反应）

铅蓄电池充电和放电的总反应方程式：$Pb + PbO_2 + 2H_2SO_4 \underset{充电}{\overset{放电}{\rightleftharpoons}} 2H_2O + 2PbSO_4$

【过渡】现代社会对耗电量高的便携式电器的需求量越来越大，化学家又研制出了新型的封闭式体积小的充电电池——镍镉电池。大家阅读课本第43页，了解一下镍镉电池的正、负极以及电解质溶液。

【讲述】在镍镉电池中，Cd作负极，NiO(OH)作正极，KOH作电解质。虽然镍镉电池的寿命比铅蓄电池的长，但是镉是致癌物质，废弃的镍镉电池如果不回收的话，会严重污染环境，这也就制约了镍镉电池的发展。锂离子电池是新一代可充电的绿色电池，现在我们的笔记本电脑、手机、摄像机等低功耗电器都用的是锂离子电池。现市场上经常见到的标记为 Li-ion 的电池就是“锂离子电池”，它的负极材料是金属锂和碳的复合材料（碳作为金属锂的载体），电解质为一种能传导 Li^+ 的高分子材料，正极为 $LiCoO_2$。现在锂离子电池的正极材料比较多，商业化用的正极材料主要有钴酸锂，锰酸锂，磷酸铁锂等。

【板书】2. 实例：铅蓄电池、镍镉电池、锂离子电池

电池	举例	负极	正极	电解质
充电电池	铅蓄电池	Pb	PbO_2	H_2SO_4
	镍镉电池	Cd	NiO(OH)	KOH
	锂离子电池	Li	$LiCoO_2$等	能传导 Li^+ 的高分子材料

3. 燃料电池

【过渡】我们知道燃料燃烧是一种剧烈的氧化还原反应，通过燃料燃烧所释放的热能再转化为电能，其能量转化率不高，能否利用原电池的工作原理将燃料和氧化剂反应所释放的化学能直接转化为电能，以提高燃料的利用率呢？

【讲述】燃料电池正是利用这一想法研制出来的，该类电池具有无污染、能量转化率高，燃料不需储存在电池内部，由外部装备提供等特点。

【板书】三、燃料电池

1. 特点：无污染、能量转化率高，燃料不需储存在电池内部，由外部装备提供

【投影】

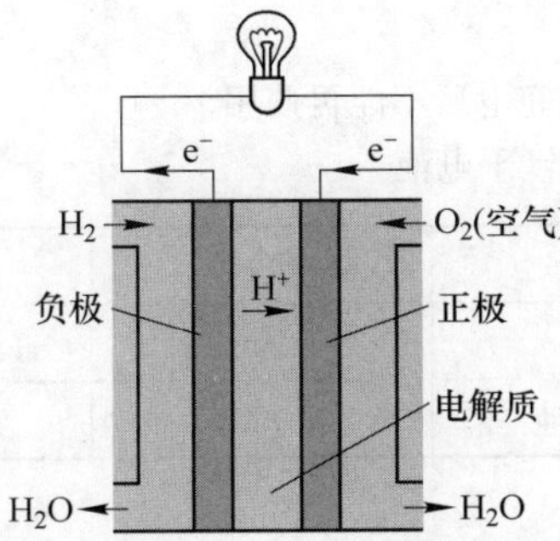

【提问】这张图是以 H_2 为燃料的燃料电池，大家判断哪种物质作负极？哪种物质作正极？

【投影】氢氧燃料电池

（1）电解质是 NaCl 溶液（中性电解质）

总反应为：$2H_2 + O_2 = 2H_2O$

正极：$O_2 + 4e^- + 2H_2O = 4OH^-$　　负极：$H_2 - 2e^- = 2H^+$

【讲述】氢氧燃料电池一般是以惰性金属铂（Pt）或石墨作电极材料，H_2 失去电子，被氧化成 H^+，发生氧化反应，因此，负极通入 H_2；O_2 得到电子，被还原为 O^{2-}，发生还原反应，因此，正极通入 O_2。当电解质的酸碱性不同时，它们的具体电极反应式也是不一样的，我们来看一下。

【投影】（2）电解质是 H_2SO_4 溶液（酸性电解质）

正极：$O_2 + 4e^- + 4H^+ = 2H_2O$；负极：$H_2 - 2e^- = 2H^+$

（3）电解质是 KOH 溶液（碱性电解质）

正极：$O_2+4e^-+H_2O$ ══ $4OH^-$；负极：$H_2-2e^-+2OH^-$ ══ $2H_2O$

【讲述】除了氢氧燃料电池外，还常用到甲烷燃料电池、乙醇燃料电池、氢气燃料电池等，一般通入燃料的一极为负极，通入 O_2 或空气、氯气等的一极为正极。

【板书】2. 实例：氢氧燃料电池、甲烷燃料电池、乙醇燃料电池等

电池	举例	负极	正极	电解质
燃料电池	氢氧燃料电池	H_2	O_2	H_2SO_4（KOH）
	甲烷燃料电池	CH_4	O_2	H_2SO_4（KOH）
	乙醇燃料电池	C_2H_5OH	O_2	H_2SO_4（KOH）

环节三：归纳总结

【总结】本节课我们以原电池为模型，学习了一次性电池、二次电池和燃料电池等生活中常见的几种化学电源。通过本节课的学习，大家要会判断这几种电池的正、负极，知道这些电池的电极反应式。请同学们完成第 45 页课后习题 3、5、7 题，并预习下节课的内容。

七、板书设计

2.2.2　化学能与电能

一、干电池

1. 特点：属于一次性电池，放完电后不能再使用
2. 实例：锌锰干电池、碱性锌锰干电池

电池	举例	负极	正极	电解质
干电池	锌锰干电池	Zn	石墨棒	NH_4Cl
	碱性锌锰干电池	Zn	石墨棒	KOH

二、充电电池

1. 特点：既可放电又可充电，具有双重功能
2. 实例：铅蓄电池、镍镉电池、锂离子电池

电池	举例	负极	正极	电解质
充电电池	铅蓄电池	Pb	PbO_2	H_2SO_4
	镍镉电池	Cd	NiO(OH)	KOH
	锂离子电池	Li	$LiCoO_2$ 等	能传导 Li^+ 的高分子材料

三、燃料电池

1. 特点：无污染、能量转化率高，燃料不需储存在电池内部，由外部装备提供
2. 实例：氢氧燃料电池、甲烷燃料电池、乙醇燃料电池等

电池	举例	负极	正极	电解质
燃料电池	氢氧燃料电池	H_2	O_2	H_2SO_4(KOH)
	甲烷燃料电池	CH_4	O_2	H_2SO_4(KOH)
	乙醇燃料电池	C_2H_5OH	O_2	H_2SO_4(KOH)

第三节　化学反应的速率和限度

第 1 课时　化学反应的速率

一、教材分析

本节内容选自人教版高中化学必修 2 第二章“化学反应与能量”第三节“化学反应速率和限度”，依据课程标准“通过实验认识化学反应的速率和化学反应的限度，了解控制反应条件在生产和科学研究中的作用”的要求，本节课安排了“化学反应速率及其影响因素”等教学内容。

当一个具体的化学反应应用于实际时，人们最关心的问题是化学反应的速率和化学反应限度。对于化学反应速率这一内容，教科书先从日常生活中学生熟悉的大量化学现象和化学实验入手，引导学生了解不同化学反应进行的快慢千差万别，明白“快”与“慢”是相对而言的，通过对化学反应进行的快慢定量的描述或比较，引出化学反应速率的概念。在认识化学反应速率概念的基础上，教科书又提供了实验探究方案，帮助学生通过实验探究了解影响化学反应速率的因素。最后，教科书在“科学视野”栏目中介绍了神奇的催化剂，加深了学生对催化剂的了解。

高一物理学习中，学生已经知道物体运动快慢用速率表示，这为学生理解化学反应速率概念奠定了基础，通过本节课的学习，学生知道化学反应速率的表示及影响因素等，为选修 4 第二章“化学反应速率和化学平衡”的学习做好铺垫。

二、学情分析

学生对日常生活中常见的一些化学反应的快慢，已经有了感性的认识，如食品的变质、金属的腐蚀等。但学生仅是从生活的角度去理解，并未上升到学科知识的高度，即还不能从化学学科的角度去理解和分析这些现象。另外，高一年级的学生已经具备较强的数学运算能力，因此对于理解化学反应速率的概念并不困难，但是由于受化学反应的限制，学生对化学反应速率的认识并不深入，通过课堂练习和联系生活实际可以引起学生深层次的思考。学生在化学必修 1 中已经做了很多化学实验，具备一定的观察、分析、探究能力，这为学生通过实验来探究影响化学反应速率的因素做了良好的铺垫。

三、教学目标

知识与技能	（1）理解化学反应速率的概念，学会用化学反应速率进行简单的计算。 （2）能设计并完成影响化学反应速率的因素的探究实验。 （3）认识影响化学反应速率的因素，并尝试应用化学反应速率解释生产和生活中的实际问题

续表

过程与方法	（1）类比物理学中物体运动快慢的表示，用反应速率表示化学反应过程进行的快慢。 （2）通过体验科学探究的过程和化学研究的基本方法，提高自主学习的能力
情感态度与价值观	（1）通过对实验现象的观察和原因探究，养成严谨的科学态度和质疑精神。 （2）在影响化学反应速率因素的学习中渗透辩证法

四、教学重点和难点

（1）教学重点：化学反应速率的概念；影响化学反应速率的因素。

（2）教学难点：影响化学反应速率的因素。

五、知识结构

化学反应速率
- 定义：单位时间内反应物浓度的减少或生成物浓度的增加（均取正值）
- 表达式：$v=\dfrac{\Delta c}{\Delta t}$
- 单位：mol/(L·s) 或 mol/(L·min)
- 规律：同一反应中各物质的反应速率之比等于化学方程式中各物质的化学计量数之比
- 影响因素
  - 内因：反应物的性质
  - 外因
    - 温度：升高温度，化学反应速率加快；反之减慢
    - 催化剂：使用催化剂，化学反应速率加快（或减慢）
    - 浓度：增大反应物的浓度，化学反应速率加快；反之减慢
    - 固体的表面积：增大固体反应物的表面积，化学反应速率加快；反之减慢
    - 其他：光波，电磁波，超声波，溶剂等，形成原电池时也加快速率

六、教学过程

环节一：导入新课

【导入】生活中常有爆炸、溶洞形成、铁桥生锈和牛奶变质等现象，这些反应发生所经历的时间都一样吗？

【投影】

爆炸

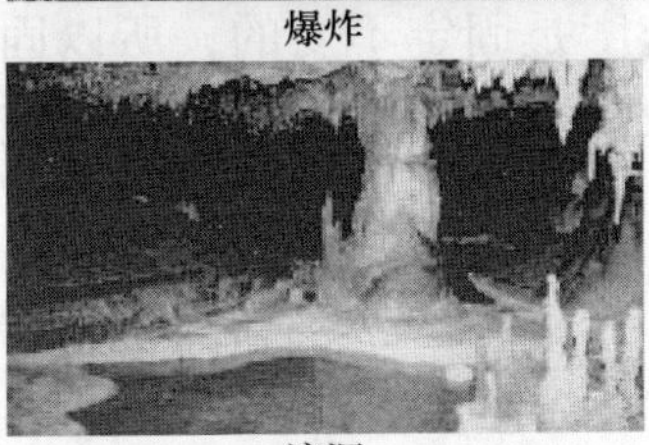

溶洞

铁桥生锈

牛奶变质

【讲述】生活中发生爆炸只需要几秒钟，牛奶变质需要几天，钢铁生锈需要数月或数年，溶洞的形成则需要上万年，这说明化学反应是有快慢之分的。然而化学反应的“快”“慢”是相对的，以上的分析属于定性分析。在科学研究和实际应用中，需要对化学反应进行的快慢进行定量的描述或比较，这就要使用同一定义或标准下的数据来进行表示。与物理学中物体的运动快慢用“速率”表示相类似，化学反应过程进行的快慢用“化学反应速率”来表示。

【板书】2.3.1 化学反应速率与限度

一、化学反应速率

环节二：展开新课

1. 化学反应速率

【提问】在物理教科书中是怎样定义宏观物体的运动速率的呢？同学们想一想化学反应速率又应该怎样表示呢？

【讲述】物理中速率是指单位时间内物体所发生的位移，即 $v=\frac{\Delta S}{\Delta t}$。类比物理中速率的表示，化学反应速率通常用单位时间内反应物浓度的减少或生成物浓度的增加来表示，Δc 为反应物浓度的减少量或生成物浓度的增加量，Δt 为时间。浓度的单位常用 mol/L 表示，时间常以 min、s 为单位，因此化学反应速率的单位常用 mol/(L · s)、mol/(L · min) 表示。

【板书】1. 化学反应速率

（1）定义：单位时间内反应物浓度的减少或生成物浓度的增加（均取正值）

（2）表达式：$v=\frac{\Delta c}{\Delta t}$

（3）单位：mol/(L · s) 或 mol/(L · min)

【讲述】知道了化学反应速率的定义和表达式后，我们通过两道例题进行练习巩固，并总结在化学反应速率计算过程中应该注意哪些问题。

【例题 1】将 3mol 锌片放入 2L 3mol/L 的硫酸中，5s 后，硫酸的物质的量浓度变为 1mol/L，求在这 5s 内硫酸的化学反应速率？求在这 5s 内锌的化学反应速率？

【分析】$\Delta c(H_2SO_4) = 3\text{mol/L} - 1\text{mol/L} = 2\text{mol/L}$

$$v(H_2SO_4)=\frac{\Delta c}{\Delta t}=\frac{2\text{mol/L}}{5\text{s}}=0.4\text{mol/(L·s)}$$

【讲述】我们需要注意的是化学反应速率是一段时间内的平均速率，而不是某一时刻的瞬时速率。除此之外，还需要注意的是该反应中有固体参加，对于有固体或纯液体参加的反应，由于在一定条件下，固体或纯液体的密度是固定不变的，所以固体或纯液体物质在化学反应中的浓度不变，可视为常数。因此，不能用固体或纯液体物质来表示化学反应速率，即不能求得锌的化学反应速率。

【板书】（4）注意事项

1）化学反应速率是平均速率，不是瞬时速率

2）不能用固体或纯液体物质来表示化学反应速率

【例题 2】在一密闭容器里装有氮气和氢气。反应开始时，氮气的浓度为 2mol/L，氢气的浓度为 5mol/L，反应开始 2min 时，测得容器中氮气的浓度为 1.8mol/L。2min 后氢气的浓度为多少 mol/L？这 2min 内氮气的化学反应速率是多少？氢气和氨气的化学反应速率各是多少？2min 内氮气、氢气和氨气的化学反应速率之比为多少？

【讲述】在化学反应速率的计算中，我们常列“三段式”进行计算。“三段式”是指把某一化学反应的三种状态的浓度即起始浓度、转化浓度和最终浓度呈现出来的式子，“三段式”也可以用物质的量来表示。解题时，题目中一般会告诉反应物的起始浓度（或起始物质的量），由于反应还没进行，因此生成物的起始浓度（或起始物质的量）为 0；转化浓度（或转化物质的量）之比为化学反应计量数之比；反应物最终浓度（或最终物质的量）等于起始浓度（或起始物质的量）减去转化浓度（或转化物质的量），生成物最终浓度（或最终物质的量）等于起始浓度（或起始物质的量）加上转化浓度（或转化物质的量）。

【分析】

	N_2 +	$3H_2$ ══	$2NH_3$
起始浓度：	2mol/L	5mol/L	0
转化浓度：	0.2mol/L	0.6mol/L	0.4mol/L
2min 末浓度：	1.8mol/L	(5−0.6)mol/L	0.4mol/L

$$\Rightarrow v(N_2)=\frac{\Delta c}{\Delta t}=\frac{0.2\text{mol/L}}{2\text{min}}=0.1\text{mol/(L}\cdot\text{min)}$$

$$v(H_2)=\frac{\Delta c}{\Delta t}=\frac{0.6\text{mol/L}}{2\text{min}}=0.3\text{mol/(L}\cdot\text{min)}$$

$$v(NH_3)=\frac{\Delta c}{\Delta t}=\frac{0.4\text{mol/L}}{2\text{min}}=0.2\text{mol/(L}\cdot\text{min)}$$

$$\Rightarrow v(N_2):v(H_2):v(NH_3)=1:3:2$$

【讲述】通过这道题，我们发现化学反应速率可以用反应物来表示也可以用生成物来表示。不同物质表示的化学反应速率在数值上可能相同也可能不同，但其意义都相同，均表示这段时间内该反应的化学反应速率。所以，在表示化学反应速率时，一定要注明选择的是哪种物质来表示的，并取正值。另外，用不同物质表示时，化学反应速率之比等于化学计量数之比，如化学反应 $mA(g)+nB(g)═══pC(g)+qD(g)$ 中，各物质的速率之比为：

$v(A):v(B):v(C):v(D)=m:n:p:q$

【板书】3）化学反应速率要指明具体物质并取正值

4）同一化学反应用不同的物质表示其化学反应速率，化学反应速率之比等于化学计量数之比

即：化学反应 $mA(g)+nB(g)═══pC(g)+qD(g)$ 中，

$v(A):v(B):v(C):v(D)=m:n:p:q$

2. 影响化学反应速率的因素

【过渡】不同化学反应发生的快慢程度是不同的，那么究竟是什么影响了化学反应的快慢呢？下面我们通过实验来进行探究。

【实验】在相同条件下，等质量的钠、镁、铝和足量同浓度的稀盐酸反应，观察现象。

【提问】通过实验，我们可以观察到钠与稀盐酸的反应最快，且最为剧烈，镁次之，铝与酸反应较慢，这三个反应的快慢与什么因素有关系呢？

【讲述】根据金属活动性强弱，我们知道钠比镁、铝的活动性强，因此钠反应速率最快、最剧烈，这与物质本身的性质有关。物质本身的性质是影响化学反应速率的决定性因素，即它是决定化学反应速率的内因。

【板书】2. 影响化学反应速率的因素

【过渡】影响化学反应速率的因素除了内因还有外因，下面我们通过实验来探究影响化学反应速率的其他因素。

【实验】在2支大小相同的试管中，装入2~3mL约5％的H_2O_2溶液，分别滴入1~2滴1mol/L $FeCl_3$溶液。待试管中均有适量气泡出现时，将其中一支试管放入盛有5℃左右冷水的烧杯中；另一支试管放入盛有40℃左右热水的烧杯中，观察现象并进行对比。待放入热水烧杯中的试管里出现大量气泡时，用带火星的火柴梗检验放出的气体。

【实验记录】

不同水温	现象	结论
热水中		
常温		
冷水中		

【讲述】通过实验我们观察到，在其他条件不变的情况下，温度升高，H_2O_2分解反应速率加快；降低温度，H_2O_2分解反应速率减慢。

【实验】在3支大小相同的试管中各装入2~3mL约5%的H_2O_2溶液，再向其中2支试管中分别加入少量的MnO_2粉末、1~2滴1mol/L $FeCl_3$溶液。对比观察现象。

【实验记录】

项　目	现象	结论
加入MnO_2		
加入$FeCl_3$溶液		
不加其他试剂		

【讲述】通过实验我们观察到，MnO_2、$FeCl_3$都可以加快H_2O_2分解的反应速率，是本实验的催化剂。

【实验】在2支大小相同的试管中分别装入相同量的大理石，分别加入10mL 1mol/L盐酸和10mL 0.1mol/L盐酸，观察现象。

【实验记录】

项　目	现象	结论
加入 1mol/L 盐酸		
加入 0.1mol/L 盐酸		

【讲述】通过实验我们观察到，在其他条件不变的情况下，反应物的浓度增大，化学反应速率加快。

【板书】

影响化学反应速率的因素		规律（在其他条件相同时）
内因	性质	反应物的化学性质越活泼，化学反应速率越快；反之则越慢
外因	温度	升高温度，化学反应速率加快；反之减慢
	催化剂	使用催化剂，化学反应速率加快（或减慢）
	反应物的浓度	增大反应物的浓度，化学反应速率加快；反之减慢
	固体的表面积	增大固体反应物的表面积，化学反应速率加快；反之减慢
	其他	光波，电磁波，超声波，溶剂等，形成原电池也加快速率

【讲述】通过上面的实验可以看出，温度、催化剂、浓度都会影响化学反应速率，除此之外，固体的表面积、反应物的状态等也可以影响化学反应的速率。

环节三：归纳总结

【总结】本节课我们主要学习了化学反应速率的概念、注意事项以及化学反应速率的计算方法，并通过实验探究了影响化学反应速率的因素，其中反应物的性质是决定反应速率的主要因素，温度、催化剂、溶液浓度、固体的表面积等外界条件的改变也可以影响化学反应速率，希望大家能利用我们学习的知识解决生活中的一些问题。请大家完成第 53 页课后习题的 1、5 题，并预习下节课的内容。

七、板书设计

2.3.1　化学反应速率与限度

一、化学反应速率

1. 化学反应速率

（1）定义：单位时间内反应物浓度的减少或生成物浓度的增加（均取正值）

（2）表达式：$v = \dfrac{\Delta c}{\Delta t}$

（3）单位：mol/(L · s) 或 mol/(L · min)

（4）注意事项

1）化学反应速率是平均速率，不是瞬时速率

2）不能用固体或纯液体物质来表示化学反应速率

3）化学反应速率要指明具体物质并取正值

4）同一化学反应用不同的物质表示其化学反应速率，化学反应速率之比等于化学计量数之比

即：化学反应 $mA(g)+nB(g)\xlongequal{\quad}pC(g)+qD(g)$ 中，

$v(A):v(B):v(C):v(D)=m:n:p:q$

2. 影响化学反应速率的因素

影响化学反应速率的因素		规律（在其他条件相同时）
内因	性质	反应物的化学性质越活泼，化学反应速率越快；反之则越慢
外因	温度	升高温度，化学反应速率加快；反之减慢
	催化剂	使用催化剂，化学反应速率加快（或减慢）
	反应物的浓度	增大反应物的浓度，化学反应速率加快；反之减慢
	固体的表面积	增大固体反应物的表面积，化学反应速率加快；反之减慢
	其他	光波，电磁波，超声波，溶剂等，形成原电池也加快速率

第2课时　化学反应的限度

一、教材分析

本节内容选自人教版高中化学必修2第二章“化学反应与能量”第三节“化学反应速率和限度”，依据课程标准“通过实验认识化学反应的速率和化学反应的限度，了解控制反应条件在生产和科学研究中的作用”的要求，本节课安排了“可逆反应、化学反应的限度、化学反应条件的控制”等教学内容。

在化学实验和化工生产中，一个化学反应在实际进行中给定量的反应物，并不会按化学方程式中的计量关系完全转变为产物。教科书先从“科学史话”栏目中的炼铁高炉尾气之谜入手，引出可逆反应的概念。然后通过化学必修1中学习的氨气合成、二氧化硫和氧气的反应、氯气溶于水的反应来巩固可逆反应的概念，又通过“思考与交流”栏目中水的生成与电解、二次电池的放电与充电等内容深度辨析可逆反应的概念，明确可逆反应是同一条件下正、逆反应方向均同时进行的化学反应。任何可逆反应在给定条件下的进程都有一定的限度，通过分析在一定条件下的可逆反应中，正反应速率和逆反应速率随时间的变化，得出化学平衡的概念，帮助学生认识化学反应是有限度的。在认识化学反应限度的基础上，教科书指导学生分析和解决实际问题——提高煤的燃烧效率，帮助学生理解控制化学反应条件在生产和生活中的实际意义，促进学生认识到学习本节知识的意义所在，激发学生学习的兴趣。

化学必修1中已简单介绍可逆反应的概念，这为本节内容中可逆反应的相关知识的学习奠定了一定的基础。同时本节内容的学习也为选修4中“化学反应速率和化学平衡”和“水溶液中的离子平衡”内容的学习做好了铺垫，因此本节内容起着承上启下的作用。

二、学情分析

学生在九年级化学已学习了高炉炼铁的原理，通过炼铁高炉尾气之谜，可以吸引学生的注意力，引起学生的学习兴趣。虽然学生在化学必修1中对可逆反应已有一定的认识，但是很难将高炉炼铁与可逆反应联系起来，通过问题引起学生的兴趣后，引导学生自己阅读科学史话探索奥秘。另外，学生已经具备一定的分析能力，通过问题引导学生理解化学平衡状态的概念和特征并不困难。

三、教学目标

知识与技能	（1）理解可逆反应和化学平衡概念。 （2）掌握化学平衡的特征，能正确判断化学平衡状态。 （3）了解控制反应条件在生产生活和科学研究中的作用，认识提高燃料的燃烧效率的重要性和方法
过程与方法	（1）通过分析化学平衡的建立，增强形象思维能力。 （2）通过分析、归纳化学平衡的特征，增强归纳思维能力

续表

情感态度与价值观	（1）通过探讨“炼铁高炉尾气之谜”，能够对与化学有关的社会和生活问题做出合理的判断。 （2）通过掌握化学平衡的特征，树立对立统一的辩证唯物主义观点

四、教学重点和难点

（1）教学重点：化学反应限度概念；化学平衡的建立和特征。

（2）教学难点：化学反应限度的本质原因及外部特征。

五、知识结构

- 化学反应限度
  - 化学反应限度
    - 可逆反应：在同一条件下，正反应方向和逆反应方向均能进行的化学反应
    - 化学反应的限度：在给定的条件下化学反应所能达到或完成的最大限度
    - 化学平衡
      - 定义：一定条件下，当反应进行到一定程度时，正反应速率与逆反应速率相等，反应物的浓度与生成物浓度不再改变，达到一种表面静止状态
      - 特征
        - 逆：可逆反应
        - 等：正、逆反应速率相等
        - 动：动态平衡
        - 定：条件一定，各组分的含量保持一定
        - 变：条件改变，化学平衡发生移动
  - 化学反应条件的控制
    - 意义：节约能源、节省资源、减小污染
    - 措施
      - 尽可能使燃料充分燃烧，提高能量的转化率
      - 尽可能充分利用释放的能量，提高能量的利用率

六、教学过程

环节一：导入新课

【投影】 高炉炼铁反应原理

$$Fe_2O_3 + 3CO \xlongequal{高温} 2Fe + 3CO_2$$

$$C(焦炭) + O_2(空气) \xlongequal{\quad} CO_2 \quad (放出热量)$$

$$C(焦炭) + CO_2 \xlongequal{\quad} 2CO \quad (吸收热量)$$

【导入】 这是我们九年级学习的高炉炼铁原理，后来人们发现炼制 1 吨生铁所需焦炭的实际用量，远高于按照化学方程式计算所需的量，且从高炉炉顶出来的气体中含有没有利用的 CO 气体。有的工程师认为，这是由于一氧化碳和铁矿石的接触时间不够长所造成的，于是在英国耗巨资建造了一个高大的炼铁高炉，以增加一氧化碳和铁矿石的接触时间。可是后来发现，用这个高炉炼铁，所排出的高炉气中一氧化碳的含量并没有减少。那么这个化学反应在实际进行时，为什么反应物没有按方程式中相应的物质的计量关系完全转变为生成物呢？请同学们阅读课本 50 页的科学史话，让科学家勒夏特列为大家揭开炼铁高炉尾气之谜。

【板书】2.3.2　化学反应速率与限度

二、化学反应的限度

环节二：展开新课

1. 可逆反应

【讲述】阅读完“科学史话”，大家知道其中的奥秘了吧，化工厂里很多化学反应过程与高炉中的反应相似，不能按照化学方程式的计量关系完全反应。我们实验中遇到的化学反应也有类似的情形，那究竟什么样的化学反应不能进行到底呢？

【讲述】科学研究表明，很多化学反应在进行时都具有可逆性，即正向反应和逆向反应在同时进行，通常将从左向右的反应称为正反应，从右向左的反应称为逆反应。我们把在同一条件下正反应方向和逆反应方向均能进行的化学反应叫做“可逆反应”。

【板书】1. 可逆反应

（1）定义：在同一条件下，正反应方向和逆反应方向均能进行的化学反应

【讲述】通过可逆反应的定义我们可以看出，可逆反应是在相同的条件下，正反应和逆反应同时进行的反应。在反应过程中，反应物不可能全部转化为生成物，即反应物和生成物同时存在，反应物的转化率不可能达到100%。

【讲述】书写可逆反应的化学方程式不用“$=\!=\!=$”表示，而用“$\rightleftharpoons$”表示。

【板书】（2）表示：反应物$\rightleftharpoons$生成物

【提问】大家回想一下，我们学过哪些反应是可逆反应呢？

【板书】1）$N_2+3H_2 \underset{\text{高温高压}}{\overset{\text{催化剂}}{\rightleftharpoons}} 2NH_3$

2）$2SO_2+O_2 \underset{\triangle}{\overset{\text{催化剂}}{\rightleftharpoons}} 2SO_3$

3）$Cl_2+H_2O \rightleftharpoons HCl+HClO$

【练习】下列反应是否属于可逆反应？

（1）$2H_2+O_2 \xlongequal{\text{燃烧}} 2H_2O$ 与 $2H_2O \xlongequal{\text{电解}} 2H_2\uparrow+O_2\uparrow$

（2）二次电池的充电、放电：

$3Zn+2K_2FeO_4+8H_2O \xlongequal{\text{放电}} 3Zn(OH)_2+2Fe(OH)_3+4KOH$

$3Zn(OH)_2+2Fe(OH)_3+4KOH \xlongequal{\text{放电}} 3Zn+2K_2FeO_4+8H_2O$

（3）$NH_3+HCl = NH_4Cl$ 与 $NH_4Cl \xlongequal{\triangle} HCl\uparrow+NH_3\uparrow$

【讲述】以上反应都不是可逆反应。因为它们不是在同一条件下同时进行的，可逆反应必须是在相同条件下，同时向正反应方向和逆反应方向进行的反应。

【提问】学习了可逆反应的概念，需要注意哪些问题呢？

【讲述】正、逆反应必须在同一条件下发生；正、逆反应同时进行；反应物不可能全部转化为生成物。

2. 化学反应的限度——化学平衡状态

【讨论】$2SO_2+O_2 \underset{\triangle}{\overset{\text{催化剂}}{\rightleftharpoons}} 2SO_3$是可逆反应，请思考下列问题：

（1）随着反应的进行，反应物的浓度和生成物的浓度是怎样改变的？

（2）刚开始时，正向反应、逆向反应同时进行，反应速率是否相同？

（3）随着反应的进行，正反应速率和逆反应速率是怎样改变的？最终达到怎样的状态？

（4）能否用图示表示该过程？

【讲述】通过前面的学习，我们知道化学反应速率的快慢受浓度的影响，浓度越大，反应速率越快。反应开始时，反应物浓度最大，正反应速率最大；生成物浓度为零，逆反应速率为零。随着反应的进行，反应物浓度降低，正反应速率减小；生成物浓度增大，逆反应速率增大。当正反应速率等于逆反应速率时，反应物浓度和生成物浓度不再发生改变，达到表面静止的状态，我们把这种状态叫做化学平衡状态，简称化学平衡。

【副板书】

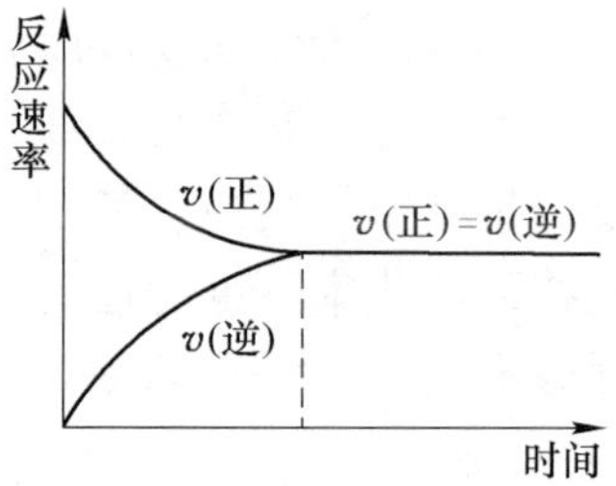

【板书】2. 化学平衡

（1）定义：一定条件下，当反应进行到一定程度时，正反应速率与逆反应速率相等，反应物的浓度与生成物浓度不再改变，达到一种表面静止状态

【讲述】化学平衡状态是可逆反应达到的一种特殊状态，是在给定条件下化学反应所能达到或完成的最大程度，即该反应进行的限度。那达到化学反应限度有怎样的特征呢？

【讲述】化学平衡的研究对象为可逆反应。根据前面的分析我们知道，当反应达到化学平衡状态时，正反应速率和逆反应速率相等，此时各物质的浓度保持不变，不会再随着时间变化而变化。我们说达到化学平衡并不是反应停止了，而是一种表面的静止状态，当外界条件改变时，原平衡状态将会被打破，再在新条件下建立新的平衡状态。我们可以用五个字来概括化学平衡的特征，即“逆、等、动、定、变”。

【投影】

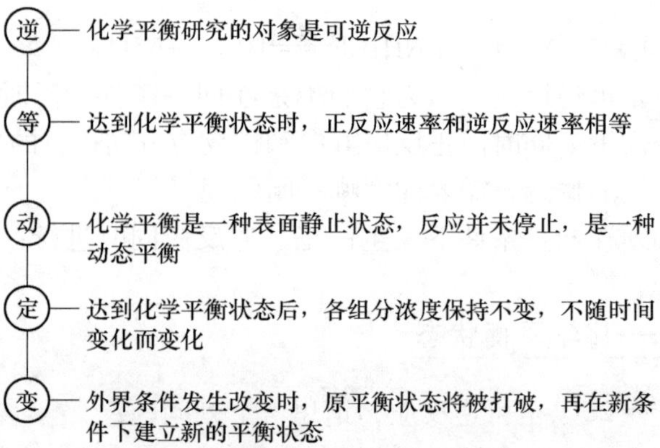

【板书】（2）特征：逆、等、动、定、变

3. 化学反应条件的控制

【提问】大家在生活中或者电视中有没有见过建筑物定向爆破的情景？

【投影】建筑物的定向爆破

【讲述】在生产、生活中，人们希望控制条件促进有利的反应的发生，抑制有害的反应的产生。定向爆破就是利用炸药爆炸的作用，使得需要拆除的建筑物在数秒钟内自己倒塌，以尽量减少对附近地区损害的一种爆破技术。在定向爆破中，需要精确计算建筑框架结构、受力情况、用药量等，严格地控制了条件使反应符合或接近人们的期望。那么对于一个化学反应而言，如何控制条件是反应朝着我们期望的方向进行呢？

【板书】三、化学反应条件的控制

【讲述】煤是我国能源的主要来源，能否充分提高煤的燃烧效率对我国经济建设有重要意义，下面我们以“提高煤的燃烧效率”为例来进行分析讨论，归纳提高煤的燃烧效率可以采取哪些措施？

【讨论】（1）煤的状态与煤燃烧的速率有何关系？与煤的充分燃烧有何关系？

（2）空气用量对煤的充分燃烧及热能利用有什么影响？原因是什么？

（3）应选择什么样的炉（灶）膛材料？理由是什么？

（4）如何充分利用煤燃烧后烟道废气中的热量？

【讲述】通过分析讨论，我们可以将“提高煤的燃烧效率的措施”归纳为以下两个方面：第一，要尽可能使燃料充分燃烧，提高能量的转化率。如改用煤粉，可以增加固体的表面积。使空气或氧气适当过量，以增加反应物浓度等；第二，要尽可能充分利用释放的能量，提高能量的利用率。比如，炉膛采用保温材料、废气用以烧水取暖等等。

【板书】1. 提高煤的燃烧效率的措施

（1）尽可能使燃料充分燃烧，提高能量的转化率

（2）尽可能充分利用释放的能量，提高能量的利用率

【讲述】总体来看，提高燃料效率实质上从多方面控制燃烧反应的条件，它的意义在于节约能源、节省资源、减少污染。

【板书】2. 提高煤的燃烧效率的意义：节约能源、节省资源、减少污染

环节三：归纳总结

【总结】很多化学反应在进行时都具有可逆性，在判断可逆反应时，我们要紧抓定义，即同一条件下，正反应方向、逆反应方向都能进行的反应才是可逆反应。任何可逆反应在给定条件下的进程都有一定的限度，当一个可逆反应进行到正反应速率等于逆反应速率时，反应物浓度和生成物浓度不再发生改变，达到化学平衡状态，化学平衡状态的特征可以归为五个字——逆、等、动、定、变。请同学们课后完成第 53 页的第 2 题和第 56 页的第 5 题，并预习下一章的内容。

七、板书设计

2. 3. 2　化学反应速率与限度

二、化学反应的限度

1. 可逆反应

（1）定义：在同一条件下，正反应方向和逆反应方向均能进行的化学反应

（2）表示：反应物$\rightleftharpoons$生成物

1）$N_2 + 3H_2 \underset{高温高压}{\overset{催化剂}{\rightleftharpoons}} 2NH_3$

2）$2SO_2 + O_2 \underset{\triangle}{\overset{催化剂}{\rightleftharpoons}} 2SO_3$

3）$Cl_2 + H_2O \rightleftharpoons HCl + HClO$

2. 化学平衡

（1）定义：一定条件下，当反应进行到一定程度时，正反应速率与逆反应速率相等，反应物的浓度与生成物浓度不再改变，达到一种表面静止状态

（2）特征：逆、等、动、定、变

三、化学反应条件的控制

1. 提高煤的燃烧效率的措施

（1）尽可能使燃料充分燃烧，提高能量的转化率

（2）尽可能充分利用释放的能量，提高能量的利用率

2. 提高煤的燃烧效率的意义：节约能源、节省资源、减少污染

第三章　有机化合物

本章知识梳理

- 有机化合物
  - 来自石油和煤的两种基本化工原料
    - 甲烷
      - 结构简式：CH_4
      - 性质
        - 物理性质：无色无味的气体，密度比空气小，极难溶于水
        - 化学性质
          - 稳定性：通常情况下，甲烷性质比较稳定，与强酸、强碱不反应，与高锰酸钾等强氧化剂也不反应
          - 氧化反应：$CH_4 + 2O_2 \xrightarrow{点燃} CO_2 + 2H_2O$
          - 取代反应：与氯气的四种取代反应
    - 乙烯
      - 结构简式：$CH_2=CH_2$
      - 官能团：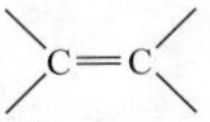
      - 性质
        - 物理性质：无色、有气味的气体，密度比空气略小，难溶于水
        - 化学性质
          - 加成反应
            - $\xrightarrow{H_2} CH_3CH_3$
            - $\xrightarrow{Br_2} CH_2BrCH_2Br$
            - $\xrightarrow{HCl} CH_3CH_2Cl$
            - $\xrightarrow[H_3PO_4]{H—OH} CH_3CH_2OH$
          - 加聚反应：$[-CH_2-CH_2-]_n$
          - 氧化反应
            - $\xrightarrow{KMnO_4}$ 褪色
            - $\xrightarrow[点燃]{O_2} CO_2 + H_2O$
    - 苯
      - 结构简式：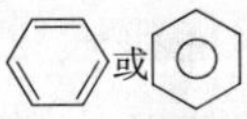
      - 性质
        - 物理性质：苯是一种无色、有特殊芳香气味的液体，密度比水小，不溶于水，易溶于有机溶剂
        - 化学性质
          - 氧化反应
            - 可燃性：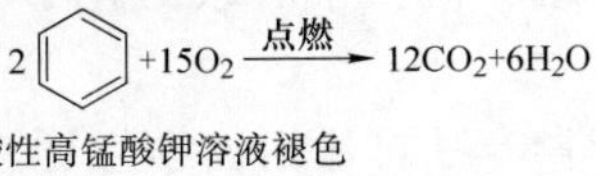
            - 不能使酸性高锰酸钾溶液褪色
          - 取代反应
            - 液溴：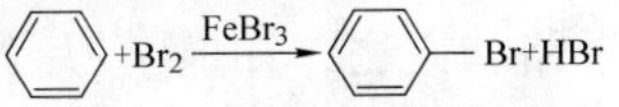
            - 浓硝酸：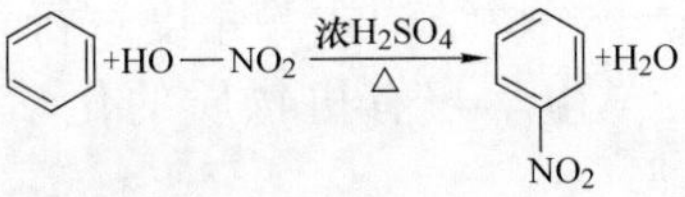
          - 加成反应：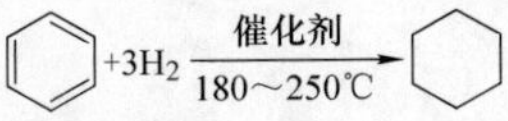
      - 用途：重要的化工原料，常用的有机溶剂
  - 生活中常见的两种有机物
    - 乙醇
      - 结构简式：CH_3CH_2OH 或 C_2H_5OH
      - 官能团：—OH
      - 性质
        - 物理性质：无色透明、具有特殊香味的易挥发的液体，密度比水小，可与水以任意比互溶
        - 化学性质
          - 与钠反应：$2CH_3CH_2OH + 2Na \longrightarrow 2CH_3CH_2ONa + H_2\uparrow$
          - 氧化反应
            - 燃烧：$CH_3CH_2OH + 3O_2 \xrightarrow{点燃} 2CO_2 + 3H_2O$
            - 被酸性高锰酸钾、重铬酸钾溶液等氧化为乙酸
            - 催化氧化：$2CH_3CH_2OH + O_2 \xrightarrow[\triangle]{催化剂} 2CH_3CHO + 2H_2O$
    - 乙酸
      - 结构简式：CH_3COOH
      - 官能团：$-\overset{O}{\overset{\|}{C}}-OH$
      - 性质
        - 物理性质：有强烈刺激性气味的无色液体、易溶于水和乙醇
        - 化学性质
          - 酸的通性 $CH_3COOH \rightleftharpoons CH_3COO^- + H^+$
          - 酯化反应 $CH_3COOH + CH_3CH_2OH \underset{\triangle}{\overset{浓H_2SO_4}{\rightleftharpoons}} CH_3COOC_2H_5 + H_2O$
  - 基本营养物质
    - 糖类
      - 单糖：葡萄糖有还原性
      - 二糖：蔗糖无还原性 } 能水解
      - 多糖：无还原性 } 能水解
    - 油脂：水解反应（皂化反应）
    - 蛋白质
      - 水解反应
      - 颜色反应

第一节　最简单的有机化合物——甲烷

第1课时　甲烷的性质

一、教材分析

本节内容选自人教版高中化学必修2第三章“有机化合物”第一节“最简单的有机化合物——甲烷”。依据课程标准“认识化石燃料综合利用的意义，了解甲烷、乙烯、苯等的主要性质，认识乙烯、氯乙烯、苯的衍生物等在化工生产中的重要作用”的要求，本节课安排了“甲烷的存在形式、组成与结构和主要性质”等教学内容。

甲烷是重要的化工原料，是天然气、沼气、油田气和煤矿坑道气的主要成分，也是学生接触的第一个有机化合物。教科书首先介绍了甲烷的分布和甲烷在生产生活中的地位，拉近了化学与生活的联系；其次介绍了甲烷的分子式，并引入了结构式的概念，再利用“实践活动”栏目，引导学生利用纸板制作甲烷的分子模型，知道甲烷分子的正四面体结构。教科书又从甲烷的性质出发，先介绍了甲烷的物理性质，进而强调甲烷在通常状况下性质比较稳定，但是在特定条件下会发生氧化反应、取代反应等。取代反应是一个新的反应类型，通过“科学探究”栏目中观察的化学反应现象，理解取代反应的发生过程，完成甲烷主要性质的学习。

本节内容是有机化学学习的开始，学生通过学习最简单的有机化合物甲烷，了解有机化合物科学探究的基本思路和方法，知道学习有机物质不但要从物质的物理性质、化学性质出发，还需要从分子式、结构式等角度进行学习，并且以结构式进行化学反应原理的展示，更加直观的引导学生学习有机物质的化学性质，为第2课时和选修5第二章中“烷烃”的学习打好基础。

二、学情分析

学生在九年级化学中，已经知道了甲烷是一种有机物，具有可燃性，在此基础上学生将进一步学习甲烷的分子结构和主要的化学性质（氧化反应、取代反应等），加深对甲烷的了解和认识。在学习过程中，由于学生已学过共价键、电子式等物质结构的知识，能够快速地掌握甲烷电子式及结构式的书写，但是对于甲烷的立体分子结构，需要利用模型进行直观展示，加强学生的理解。高一年级的学生已经具备了一定的分析判断能力，能够归纳出化学式、电子式与结构式的书写规则，但是学生的综合运用已经掌握的化学知识来建构起有机化学知识系统的综合能力还有待提高。

三、教学目标

知识与技能	（1）知道甲烷的结构式和立体结构。 （2）掌握甲烷的氧化反应。 （3）认识取代反应的原理和特点，掌握甲烷取代反应的反应方程式

续表

过程与方法	（1）通过甲烷分子结构模型的制作，提高动手操作能力。 （2）通过演示性质实验，提高实验观察能力和实验分析能力。 （3）尝试书写甲烷取代反应的化学方程式，深入理解取代反应的反应原理
情感态度与价值观	（1）通过最简单有机化合物甲烷的学习，产生对有机化学领域的学习兴趣。 （2）通过了解甲烷在生产和生活中的应用，树立“生活中处处有化学”的学习理念

四、教学重点和难点

（1）教学重点：甲烷的结构和化学性质。

（2）教学难点：甲烷的结构、研究有机物的程序和方法。

五、知识结构

甲烷
- 存在形式：天然气、沼气、可燃冰等
- 组成与结构
  - 分子式：CH_4
  - 电子式：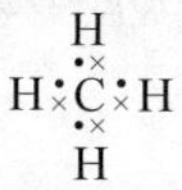
  - 结构式：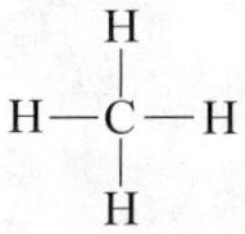
- 性质
  - 物理性质：无色无味的气体，密度比空气小，极难溶于水
  - 化学性质
    - 稳定性：通常情况下，甲烷性质比较稳定，与强酸、强碱不反应，与高锰酸钾等强氧化剂也不反应
    - 氧化反应：$CH_4 + 2O_2 \xrightarrow{点燃} CO_2 + 2H_2O$
    - 取代反应：
      - $CH_4 + Cl_2 \xrightarrow{光照} CH_3Cl + HCl$
      - $CH_3Cl + Cl_2 \xrightarrow{光照} CH_2Cl_2 + HCl$
      - $CH_2Cl_2 + Cl_2 \xrightarrow{光照} CHCl_3 + HCl$
      - $CHCl_3 + Cl_2 \xrightarrow{光照} CCl_4 + HCl$
- 用途

六、教学过程

环节一：导入新课

1. 甲烷在自然界中的存在形式

【导入】 西气东输是我国目前一项巨大的工程，输送的气体就是天然气，天然气的主要成分是甲烷。目前农村普遍使用的沼气的主要成分也是甲烷，另外科学家从海底发

现了一种新能源——“可燃冰”，实际上是甲烷的水合物，据统计可燃冰的储存量能提供人类社会1000年的能源使用。以上的天然气、沼气、可燃冰都是甲烷的主要存在形式，下面我们就来学习甲烷的组成、结构和相关性质。

【板书】3.1.1 最简单的有机化合物——甲烷

一、甲烷

1. 存在形式：天然气、沼气、可燃冰等

环节二：展开新课

2. 甲烷的分子组成与结构

【引导】甲烷的组成元素有哪些？它具有怎样的结构呢？下面我们就一起来认识一下甲烷的组成与结构。

【提问】经测量分析得出：甲烷含碳75%，含氢25%（质量分数），标准状况下密度为0.717g/L，大家能根据这些信息得出甲烷的分子式吗？

【讲解】因为碳原子摩尔质量是12g/mol，氢原子的摩尔质量是1g/mol。

设取甲烷100g，则碳原子的质量是 $100g\times75\%=75g$，氢原子的质量是 $100g\times25\%=25g$

所以：$\dfrac{n_{(C)}}{n_{(H)}}=\dfrac{\dfrac{75g}{12g/mol}}{\dfrac{25g}{1g/mol}}=\dfrac{1}{4}$

又因为，1mol任何气体在标准状况下的体积都约为22.4L，那么

$M_{甲烷}=0.717g/L\times22.4L/mol=16.0608\approx16g/mol$

所以甲烷的化学式：CH_4

【板书】2. 分子式：CH_4

【提问】为什么1个碳原子要结合4个氢原子，而不是3个或5个，甚至是更多呢？

【讲述】要解决这个问题，我们需要回顾一下前面所学习过的碳原子和氢原子的原子结构示意图。

【投影】碳原子、氢原子的原子结构示意图

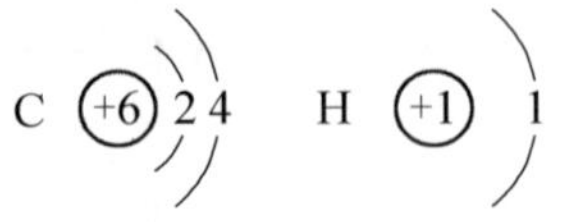

【讲述】根据碳原子和氢原子的原子结构示意图，我们可看出碳原子的最外层电子数是4，氢原子的最外层电子数是1，一个碳原子最外层的4个电子只能分别与4个最外层电子数为1的氢原子以共用电子对的形式结合。所以一个碳原子只能与4个氢原子结合。

【讲述】在化学中电子对用小黑点表示，为区分电子对中两个电子来自于不同的原子，常用小黑点和小叉来表示。如果甲烷电子式中的每一对共用电子对用一条短线替代后将变成什么样子呢？这种用短线表示一对共用电子对的图式叫结构式。

【板书】3. 电子式和结构式

电子式： 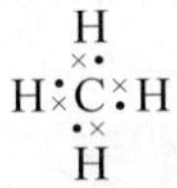　　结构式： 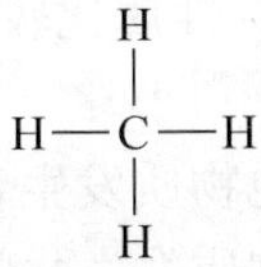

【过渡】但是结构式只能初步表明分子中各个原子的结合方式，并不能真实地体现出各原子在空间的排布事实，下面请同学们讨论一下甲烷可能的空间构型。

【讲述】通过讨论得出甲烷可能有两种结构——平面正方形结构和正四面体结构，究竟甲烷的空间结构是怎样的呢？请看甲烷分子的球棍模型和比例模型。

【投影】甲烷分子的球棍模型和比例模型

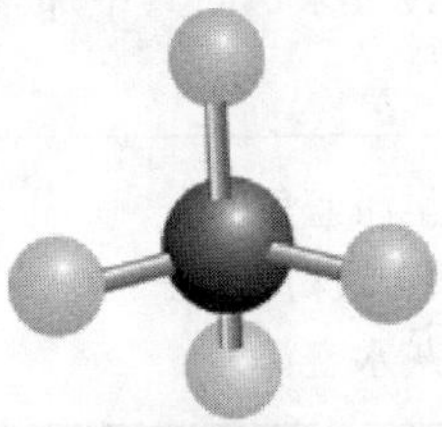

球棍模型

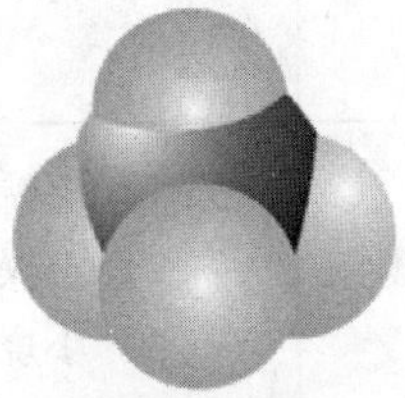

比例模型

【讲述】经过科学实验证明，甲烷在发生取代反应时，生成的二元取代物只有一种，说明甲烷的分子结构不是平面四边形，而是正四面体结构，碳原子位于正四面体的中心，4 个 H 原子分别位于正四面体的 4 个顶点上，键角是 109°28′。这样看来甲烷的结构式并不能代表其真实的空间构型。其立体结构式可用下图表示，但是为了简便起见，一般只写有机物的平面结构式，即结构式。

【投影】甲烷的立体结构

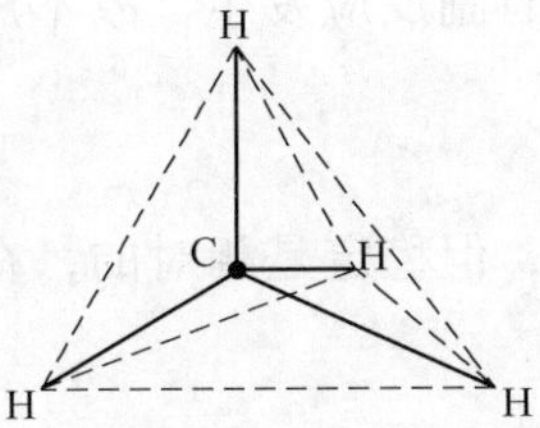

【过渡】结构决定性质，甲烷的分子结构决定其具有怎样的性质呢？

3. 甲烷的性质

【板书】4. 物理性质

【提问】甲烷是天然气、沼气（坑气）和石油气的主要成分，那它具有什么物理性质呢？

【板书】甲烷是无色无味的气体，密度比空气小，极难溶于水

【提问】大家能否根据甲烷化学式中各原子的连接方式和成键情况，预测甲烷的化学性质呢？我们先做实验来观察。

【板书】5. 化学性质

【演示实验】将甲烷通入盛有酸性高锰酸钾溶液的试管中，观察紫色的高锰酸钾溶液是否褪色。

【讲述】我们观察到溶液颜色没有变化，说明甲烷与高锰酸钾不发生反应。通常情况下，

甲烷化学性质较为稳定，与强酸、强碱和强氧化剂等一般不发生化学反应。

【板书】(1) 稳定性：通常情况下，甲烷性质比较稳定，与强酸、强碱不反应，与高锰酸钾等强氧化剂也不反应

【提问】是否任何条件下甲烷都不与其他物质发生化学反应呢？

【讲述】在特定条件下，甲烷能与某些物质发生化学反应，如可以燃烧和发生取代反应等，我们先来学习甲烷的氧化反应。

【演示实验】

实验步骤	(1) 点燃甲烷。 (2) 在火焰上罩上一个洁净的烧杯。 (3) 将小烧杯迅速倒转过来，向其中加入少量澄清石灰水，观察实验现象
实验现象	(1) 甲烷燃烧，火焰呈淡蓝色。 (2) 干燥的小烧杯内有水珠产生。 (3) 小烧杯中澄清石灰水变浑浊

【讲述】从燃烧产物可以证明甲烷中含有碳元素和氢元素，请同学们写出甲烷燃烧的化学方程式。

【板书】(2) 氧化反应

$$CH_4 + 2O_2 \xrightarrow{点燃} CO_2 + 2H_2O$$

【提问】请大家观察这个化学反应方程式与我们以前学习的有什么不同呢？为什么呢？

【讲述】方程式中间用“→”表示，而不是用“══”表示，这主要因为有机物参加的化学反应往往比较复杂，多有副反应发生，故不用等号表示。接下来我们继续学习甲烷的取代反应。

【板书】(3) 取代反应

【讲述】甲烷的化学性质比较稳定，但稳定是相对的，在一定条件下也可以与一些物质如氯气发生某些反应。

【演示实验】

实验步骤	取 2 支硬质大试管，通过排饱和食盐水的方法先后各收集半试管甲烷和半试管氯气，分别用铁架台固定好，其中 1 支试管用预先准备好的黑色纸套套上，另一支试管放在光亮处，片刻后，比较 2 支试管中的现象
实验现象	没有光照的试管不变化；光照后的试管壁上出现油滴，试管内的液面上升，气体颜色略微变浅

【讲述】通过实验说明甲烷和氯气的混合气体在光照下发生了化学反应；试管壁上出现油滴，说明反应中生成了新的油状物质；试管内液面上升，说明随着反应的进行，试管内的气压在减小，即气体总体积在减小。要注意 CH_4 和 Cl_2 的反应不能用日光或其他强光直射，否则会因为发生如下剧烈的反应 $CH_4 + 2Cl_2 \xrightarrow{强光} C + 4HCl$ 而爆炸。

【副板书】Cl_2和CH_4的反应过程

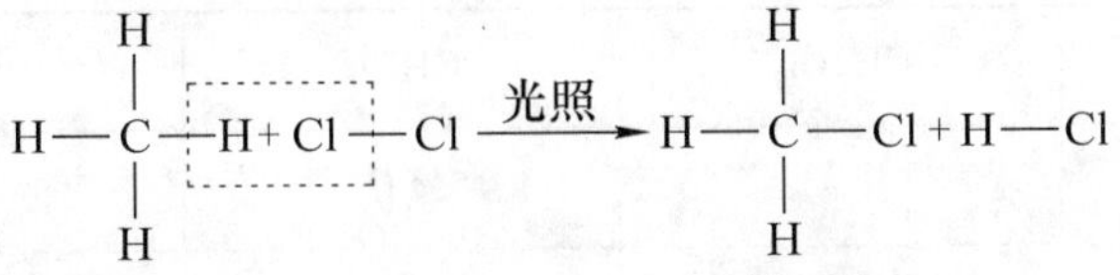

一氯甲烷

【讲述】在反应中，CH_4分子里的 1 个 H 原子被Cl_2分子里的 1 个 Cl 原子所代替，但是反应并没有停止，生成的一氯甲烷仍继续跟氯气作用，依次生成二氯甲烷、三氯甲烷（又称氯仿）和四氯甲烷（又称四氯化碳）。

【副板书】

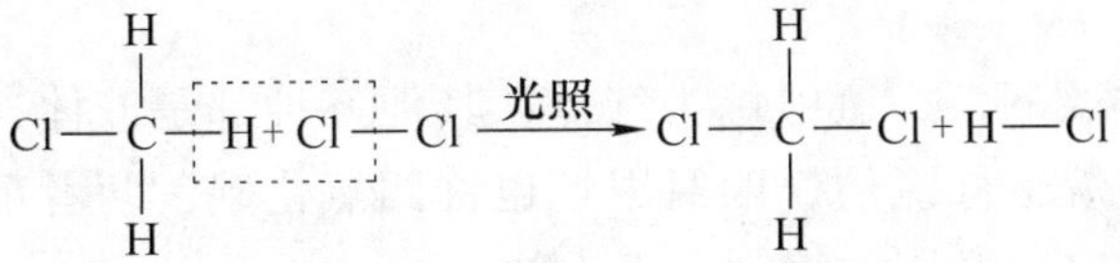

二氯甲烷

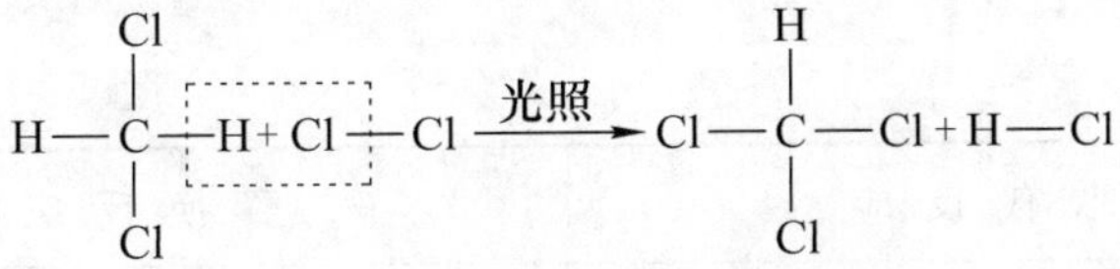

三氯甲烷

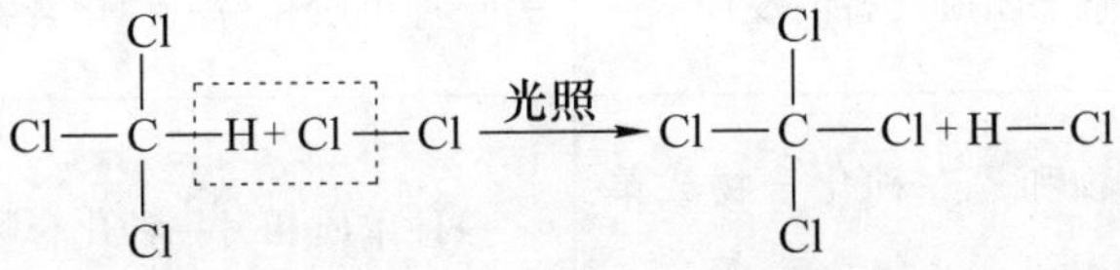

四氯甲烷

【讲述】在这些反应里，CH_4分子里的 H 原子逐步被 Cl 原子所取代，共生成五种物质、四种取代产物。这就是甲烷的另一重要化学性质——取代反应。像这种有机物分子里的某些原子或原子团被其他原子或原子团所代替的反应称为取代反应。

【板书】取代反应：有机物分子里的某些原子或原子团被其他原子或原子团所代替的反应

$$CH_4 + Cl_2 \xrightarrow{光照} CH_3Cl + HCl$$

$$CH_3Cl + Cl_2 \xrightarrow{光照} CH_2Cl_2 + HCl$$

$$CH_2Cl_2 + Cl_2 \xrightarrow{光照} CHCl_3 + HCl$$

$$CHCl_3 + Cl_2 \xrightarrow{光照} CCl_4 + HCl$$

【讲述】甲烷的四种氯的取代产物都有什么差异呢？我们从俗名、状态、溶解性和用途四个方面进行比较。

【投影】甲烷的四种取代产物的比较

化学式	CH_3Cl	CH_2Cl_2	$CHCl_3$	CCl_4
俗名	—	—	氯仿	四氯化碳
常温状态	气态	液态	液态	液态
溶解性	不溶于水，可溶于有机溶剂	不溶于水，可溶于有机溶剂	不溶于水，是重要的有机溶剂	不溶于水，是重要的有机溶剂
用途	—	—	有机溶剂	有机溶剂

【讲述】通过上表可以看出：在常温下，一氯甲烷为气体，其他三种都是液体，这四种氯代物均不溶于水。三氯甲烷也称氯仿，四氯甲烷也称四氯化碳，两者都是工业重要的溶剂，后者还是实验室里常用的溶剂、灭火剂。

【讲述】大家回忆一下我们以前所学过的置换反应的有关知识，然后和取代反应相比较，观察有何异同。

【投影】取代反应和置换反应

类别	取 代 反 应	置 换 反 应
定义	有机物分子里的原子或原子团被其他原子或原子团所代替的反应	一种单质跟一种化合物反应，生成另一种单质和另一种化合物的反应
反应物	一种化合物和另一种化合物或单质反应	一种单质和另一种化合物反应
生成物	一般生成两种化合物	生成一种化合物和另一种单质
反应中电子得失	不一定发生电子偏移，因此不一定是氧化还原反应	一定发生电子转移，一定是氧化还原反应
反应是否可逆	很多反应是可逆的	反应一般是不可逆的

环节三：归纳总结

【总结】本节课我们学习了最简单有机物——甲烷，认识了甲烷的存在形式、组成、结构和其重要的化学性质即氧化反应和取代反应。取代反应是新学的一种反应类型，大家应对甲烷和氯气的取代反应加以理解，当然也要树立结构和性质紧密相关的意识。请同学们完成课后第 64 页的 1、2、3 题，并预习下节课的内容。

七、板书设计

3.1.1　最简单的有机化合物——甲烷

一、甲烷

1. 存在形式：天然气、沼气、可燃冰等

2. 分子式：CH_4

3. 电子式和结构式

电子式：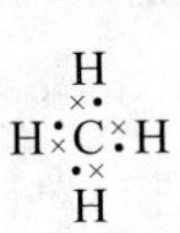　结构式：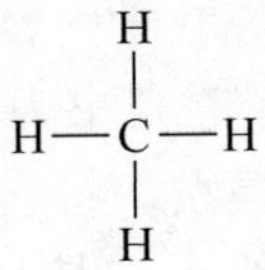

4. 物理性质

甲烷是无色无味的气体，密度比空气小，极难溶于水

5. 化学性质

（1）稳定性：通常情况下，甲烷性质比较稳定，与强酸、强碱不反应，与高锰酸钾等强氧化剂也不反应

（2）氧化反应

$$CH_4+2O_2 \xrightarrow{点燃} CO_2+2H_2O$$

（3）取代反应

取代反应：有机物分子里的某些原子或原子团被其他原子或原子团所代替的反应

$$CH_4+Cl_2 \xrightarrow{光照} CH_3Cl+HCl$$

$$CH_3Cl+Cl_2 \xrightarrow{光照} CH_2Cl_2+HCl$$

$$CH_2Cl_2+Cl_2 \xrightarrow{光照} CHCl_3+HCl$$

$$CHCl_3+Cl_2 \xrightarrow{光照} CCl_4+HCl$$

第2课时　烷　　烃

一、教材分析

本节内容选自人教版高中化学必修2第三章“有机化合物”第一节“最简单的有机化合物——甲烷”。依据课程标准“认识化石燃料综合利用的意义，了解甲烷、乙烯、苯等的主要性质，认识乙烯、氯乙烯、苯的衍生物等在化工生产中的重要作用”的要求，本节课安排了“烷烃的定义、命名及主要性质”等教学内容。

烷烃的相关内容是学习有机化学的基础。教科书为了更好地引入“烷烃”的概念，首先通过“学与问”栏目展示几种烷烃的球棍模型，将它们与甲烷进行对比，引导学生观察几种烷烃的分子结构，尝试归纳其特点，并给出“烷烃”的概念。在对“烷烃”有了初步认识后，教科书通过表格呈现出几种烷烃的物理性质，引导学生归纳总结烷烃的物理性质。烷烃的化学性质与甲烷类似，通常较为稳定，在空气中能点燃，光照下能与氯气发生取代反应。烷烃家族庞大，教科书将烷烃的命名也进行了介绍，并提供了烷烃的分子式通式，帮助学生进一步认识烷烃家族。由于有机物的性质与分子结构有着密切关系，通过分析丁烷等碳原子更多的烷烃，发现丁烷虽然分子式只有一种，但分子结构可以有两种不同构型，并且这两种分子结构呈现的性质也有差异，由此引出“同分异构体”的概念。

本部分内容在整个中学化学学习阶段起着承上启下的作用。“承上”是指在上一节内容中已经学习了最简单的烷烃——甲烷，学生对有机物的学习方法已有一定的了解；“启下”是指烷烃的性质和命名为后续学习有机化合物奠定知识基础。另外，本节课将分子中碳原子的化学键处于“饱和”状态的有机物都归为“烷烃”，这一“归类”的思想和方法，对后续将种类繁多的有机物归类为“烯烃”和“炔烃”等进行学习提供了科学的思想和方法。

二、学情分析

在甲烷的学习过程中，学生知道要从有机物的分子式、电子式及结构式出发进行学习，但学生还不能掌握有机化合物主要性质的一般规律。因此，通过本节课的学习，将会进一步深入理解学习化学学科的“结构—性质—用途”这一方法，完善学生的认知结构。

学生通过高中化学的学习，已经具备了类比推理、分析总结等能力，能够通过类比相似物质进行分析推理得出一般规律。例如，烷烃的物理性质与所含碳原子的数目有关具有一定的规律性，烷烃的化学性质与甲烷的化学性质有着很大的相似性，因此本节课的学习能够更好地帮助学生提高综合分析和归纳总结的能力。

三、教学目标

知识与技能	（1）理解烷烃的概念及烷烃的物理性质的变化规律。 （2）掌握烷烃的分子通式及烷烃的命名。 （3）掌握烷烃的化学性质及同分异构体的概念

续表

过程与方法	（1）通过学习烷烃的命名，掌握有机物命名的方法。 （2）根据类比甲烷的化学性质，推理烷烃的化学通性。 （3）通过观察同分异构体的结构，提高观察、分析能力
情感态度与价值观	（1）通过烷烃的命名，体会有机化学的学习乐趣。 （2）通过寻找烷烃的物理通性及化学通性，养成正确的思维和学习方式

四、教学重点和难点

（1）教学重点：烷烃的性质；同分异构体及同系物的概念。

（2）教学难点：同分异构体的书写。

五、知识结构

- 烷烃
  - 通式：$C_nH_{2n+2}(n\geqslant 1)$
  - 烷烃的命名：习惯命名法
  - 烷烃的通性
    - 物理性质
      - （1）随碳原子数目增多，熔沸点升高
      - （2）碳原子数目相同时，支链越多，熔沸点越低
      - （3）烷烃的密度随碳原子数目增多而增大，但密度均小于1，比水轻
      - （4）烷烃均不溶于水，液态烷烃和水混合会分层，且均在上层
      - （5）分子里碳原子数等于或小于4的烷烃在常温常压下都是气体，其他烷烃在常温常压下都是液体或固体
    - 化学性质
      - （1）烷烃化学性质较稳定，常温下不和强酸、强碱、强氧化剂等反应，不能使酸性 $KMnO_4$ 褪色
      - （2）烷烃的可燃性
      - （3）光照下和卤素单质发生取代反应
  - 同系物：结构相似，在分子组成上相差一个或若干个 CH_2 原子团的物质
  - 同分异构体：具有相同的分子式，但具有不同结构现象的化合物互称为同分异构体

六、教学过程

环节一：导入新课

【讲述】上节课我们学习了甲烷分子的结构特征：碳原子通过共价键与4个氢原子相连，键角为109°28′，是正四面体构型。接下来我们观察几种常见有机物分子的结构式。

【投影】

A组：

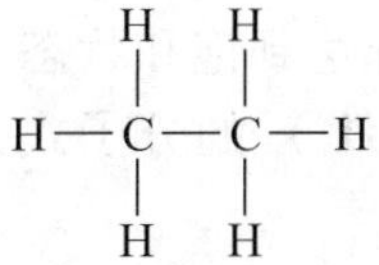

乙烷

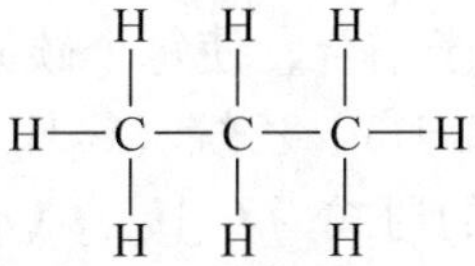

丙烷

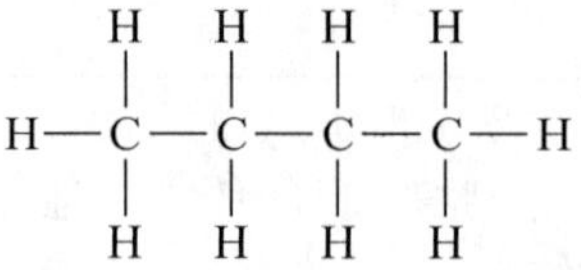

丁烷

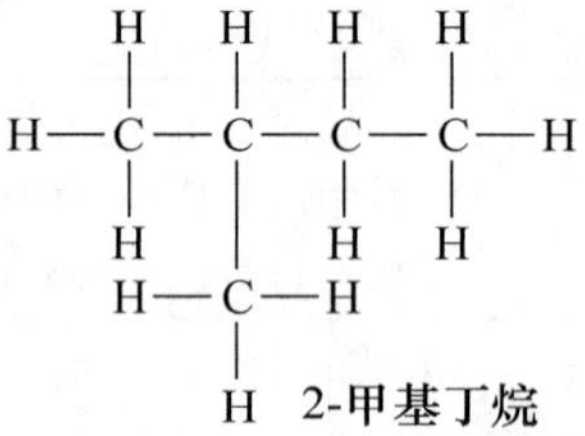

2-甲基丁烷

B组：

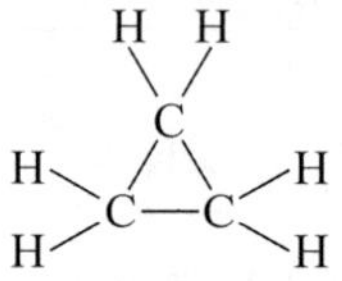

环丙烷

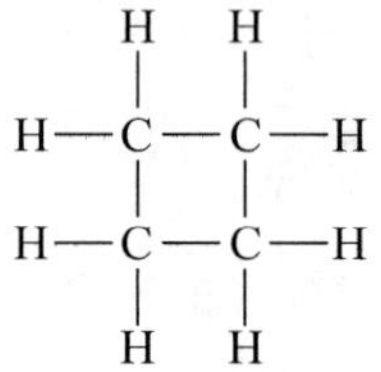

环丁烷

C组：

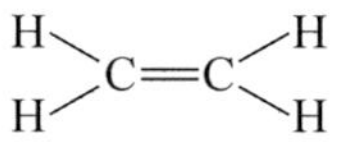

乙烯

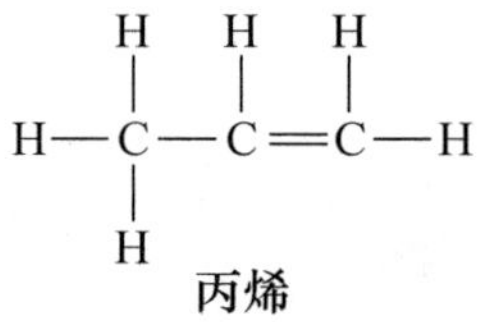

丙烯

D组：

乙炔

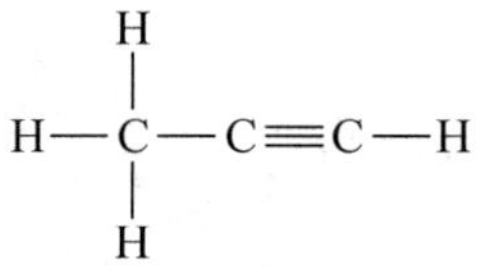

丙炔

【讲述】在有机化合物中，有许多物质具有与甲烷相似的结构，如投影中A组物质。也有许多物质结构与甲烷不相似，如投影中B组、C组、D组物质。请同学们通过对比找出A组物质在结构上有别于其他几组的特点。

【讲述】A组的结构特征是链状，且碳原子之间以单键相连。我们将具有上述特点的烃归为一类，称之为烷烃。

环节二：展开新课

1. 烷烃的定义

【板书】3.1.2　最简单的有机化合物——甲烷

二、烷烃

【提问】烷烃在结构上有何特点呢？其通式可以怎样表示呢？请大家阅读课本思考并回答。

【讲述】烷烃分子里碳原子之间都以单键互相连接成链状，碳原子的其余价键全部跟氢原子结合，使每个碳原子的化合价都达到饱和状态。所以这种类型的烃又称饱和烃。由于每个碳原子之间连成链状，所以又称饱和链烃，或称烷烃。

【板书】1. 定义：烃分子里碳原子之间都以单键互相连接成链状，碳原子的其余价键全部跟氢原子结合，使每个碳原子的化合价都达到饱和状态

【讲述】由甲烷（CH_4）、乙烷（C_2H_6）和丙烷（C_3H_8）的分子式，可以推出有n个碳原子的烷烃的通式为C_nH_{2n+2}（$n\geqslant1$）。

【板书】2. 烷烃的通式：C_nH_{2n+2}（$n\geqslant1$）

【提问】如果在烷烃的分子结构中失去了一个或几个氢原子，剩余部分的名称是什么呢？

【讲述】烃分子失去一个或几个氢原子所剩余的部分称烃基，也称取代基，用“R—”表示。如 CH_4的一个 H 原子失去之后，剩下的“$—CH_3$”叫做甲基（不称做甲烷基），甲基只有这一种结构。甲基中的“—”表示还需要再与其他原子、原子团结合才可能形成化合物，带了这一个“—”就只是取代基，不是化合物。

【提问】观察 B 组物质，其结构上有何特点呢？其通式该怎样表示呢？

【讲述】碳原子之间以单键相连形成环状化合物，这种烃称为环烷烃，其通式为 C_nH_{2n}。

【提问】再观察 C、D 组有机物的组成，它们是烷烃吗？

【讲述】不是，因为它们的碳原子之间不是以单键相连形成的化合物，这种结构我们以后还要专门学习。

【讲述】通过上面的学习我们发现，烷烃结构式的书写较为麻烦，所以接下来学习一种更为简便的结构书写方式——结构简式。结构简式就是将结构式中的碳碳单键和碳氢单键省略，当化合物有支链时，支链中的碳碳单键不省略，或将支链括起来写在它所连接的碳原子的后面，如 A 组的乙烷就可以写成 CH_3CH_3，下面请同学们写出 A 组中其他物质的结构简式。

【投影】

丙　烷：$CH_3CH_2CH_3$

丁　烷：$CH_3CH_2CH_2CH_3$

2-甲基丁烷：$CH_3CH(CH_3)CH_2CH_3$

2. 烷烃的性质

【过渡】学习了甲烷的性质，也认识了烷烃的通式和结构，烷烃在性质上有什么共同性和差异性呢？

【板书】3. 烷烃的通性

【投影】常见烷烃的物理性质比较表

结构简式	常温时的状态	熔点/℃	沸点/℃	相对密度
CH_4	气	−182	−164	0.466*
CH_3CH_3	气	−183.3	−88.6	0.572**
$CH_3CH_2CH_3$	气	−189.7	−42.1	0.5853***
$CH_3(CH_2)_2CH_3$	气	−138.4	−0.5	0.5788
$CH_3(CH_2)_3CH_3$	液	−130	36.1	0.6262
$CH_3(CH_2)_8CH_3$	液	−29.7	174.1	0.7300
$CH_3(CH_2)_{14}CH_3$	液	18.2	287	0.7733
$CH_3(CH_2)_{15}CH_3$	固	22	301.8	0.7780

注：* 代表相对密度是−164℃时数据；

* * 代表相对密度是−100℃时数据；

* * * 代表相对密度是−45℃时数据。

【讲述】请同学们阅读常见烷烃的物理性质递变表，总结烷烃的物理性质。烷烃有哪些典型的物理性质呢？请大家讨论、思考回答。

【板书】（1）烷烃的物理性质

1）熔、沸点有规律递变

随碳原子数目增多，熔沸点升高

【提问】造成烷烃熔沸点随碳原子数升高的原因是什么呢？

【讲述】烷烃它们的组成和结构相似，随着分子量增大，分子间作用力增强，熔沸点升高。

【讲述】当支链增多时，分子间排列不紧密，分子间作用力减弱，因此熔沸点较低，如沸点：正戊烷>异戊烷>新戊烷。

【板书】碳原子数目相同时，支链越多，熔沸点越低

2）烷烃的密度随碳原子数目增多而增大，但密度均小于1g/cm，比水轻

3）烷烃均不溶于水，液态烷烃和水混合会分层，且均在上层

4）分子里碳原子数等于或小于4的烷烃在常温常压下都是气体，其他烷烃在常温常压下都是液体或固体

【板书】（2）烷烃的化学性质

【提问】学习了烷烃的物理性质，烷烃有哪些典型的化学性质呢？与甲烷有何异同呢？

【讲述】我们知道甲烷的化学性质较为稳定，与强氧化剂如酸性 $KMnO_4$不发生反应。而甲烷是最简单的烷烃，因此烷烃也具有相似的化学性质。

【板书】1）烷烃的稳定性。烷烃化学性质较稳定，常温下不和强酸、强碱、强氧化剂等反应，不能使酸性 $KMnO_4$溶液褪色

【讲述】烷烃与甲烷一样，同样也具有可燃性。

【板书】2）烷烃的可燃性

【提问】我们知道了烷烃的通式为 C_nH_{2n+2}（$n\geqslant1$），能否写出烷烃燃烧的通式呢？

【板书】烷烃燃烧的通式：$C_nH_{2n+2} + \frac{3n+1}{2}O_2 \xrightarrow{\text{点燃}} nCO_2 + (n+1)H_2O$

【讲述】甲烷可以发生取代反应，其他烷烃一样可以发生取代反应。在光照条件下，烷烃可与 Cl_2、Br_2等卤素单质气体发生取代反应。

【板书】3）光照下和卤素单质发生取代反应

方程式：$C_nH_{2n+2} + X_2 \xrightarrow{\text{光照}} C_nH_{2n+1} + HX$

3. 同系物和同分异构体

【提问】刚才学习的甲烷、乙烷、丙烷等等，从它们的结构上来看有什么差异性呢？

【讲述】甲烷为 CH_4，乙烷为 C_2H_6，丙烷为 C_3H_8，我们观察可以发现它们在分子组成上相差一个或若干个 CH_2原子团，我们将这种结构相似，在分子组成上相差一个或若干个 CH_2原子团的物质互相称为同系物。对于此定义，同学们一定要注意“结构相似”和“分子组成上相差一个或若干个 CH_2原子团”这两点。

【板书】三、同系物和同分异构体

1. 同系物：结构相似，在分子组成上相差一个或若干个 CH_2 原子团的物质互相称为同系物

【提问】 通过刚才的学习，关于烷烃的知识，大家有哪些认识呢？

【小结】 关于烷烃的知识，可以概括如下：

（1）烷烃的分子中原子全部以单键相结合，它们的组成可以用通式 C_nH_{2n+2}（$n \geqslant 1$）表示。

（2）这一类物质互称为同系物，它们之间彼此相差一个或若干个 CH_2 原子团。

【例题】 请写出 C_4H_{10} 的结构简式。

【投影】

$CH_3CH_2CH_2CH_3$　　正丁烷

$CH_3CH(CH_3)CH_3$　　异丁烷

【提问】 我们知道甲烷、乙烷、丙烷的结构式各只有一种，而丁烷却有两种不同的结构，这两种结构之间有何关系呢？性质是否相同呢？

【讲述】 通过观察可以看出正丁烷和异丁烷的组成和分子式相同，但是分子中原子的结合顺序不同使得结构不同，我们把分子式相同的烷烃，碳原子既可形成直链，又可形成支链，可形成多种不同的物质的这种现象称为同分异构现象，这些化合物之间互称为同分异构体。丁烷的同分异构体属于两种不同的化合物，因此它们的性质就有差异。

【投影】 正丁烷和异丁烷的某些物理性质

名　称	熔点/℃	沸点/℃	相对密度
正丁烷	−138.4	−0.5	0.5788
异丁烷	−159.6	−11.7	0.577

【板书】 2. 同分异构现象和同分异构体

（1）同分异构现象：化合物具有相同的分子式，但具有不同结构的现象

（2）同分异构体：具有同分异构现象的化合物互称为同分异构体

【投影】 请写出戊烷所有的同分异构体的结构式。

$CH_3—CH_2—CH_2—CH_2—CH_3$　　正戊烷

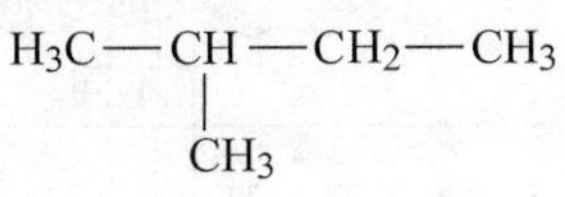

异戊烷

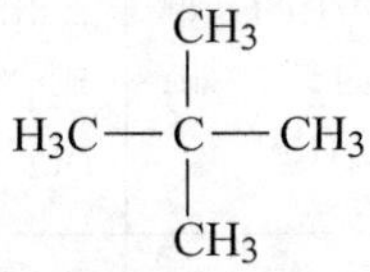

新戊烷

【讲述】 由戊烷的同分异构体可知，在烷烃的同系物中，随着碳原子数目增多，碳原子间的结合方式将越复杂，同分异构体的数目也越多。如己烷有 5 种同分异构体，庚烷有 9 种，癸烷有 75 种。

【板书】（3）同分异构体的书写方法

【投影】 同分异构体的书写方法：（以 C_5H_{12} 为例）

（1）先写出最长的碳链：C—C—C—C—C（氢原子及其个数省略）

（2）写少一个 C 的直链，把剩下的 C 作支链加在主链上，依次变动位置。

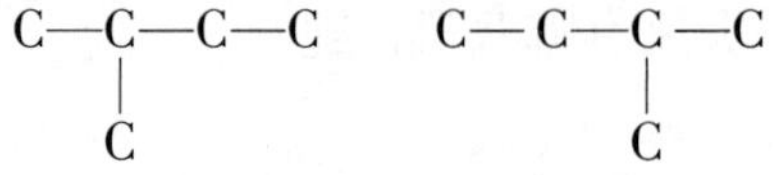

结构相同，为同一种物质。

（3）写少两个 C 原子的直链，剩下的 2 个 C 作一个支链加在主链上，依次变动位置。

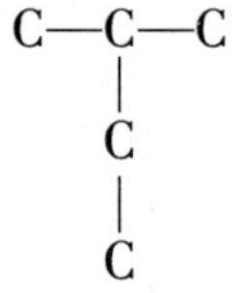 与（2）中 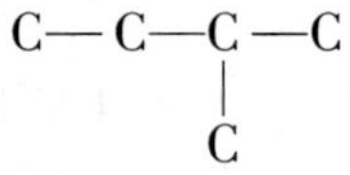 为同一种结构

剩下的 2 个 C 原子分成 2 个支链加在主链上。

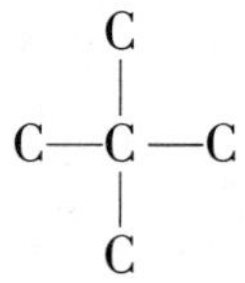

（4）分别加上氢原子，得三种同分异构体结构式。

【提问】今天学习了同系物和同分异构体的概念，以前还学过几个“同”呢？

【讲述】同位素、同素异形体、同种物质，根据已学知识填写下面表格。

【投影】同位素、同素异形体、同种物质、同分异构体和同系物

比较 概念	含　义	分子式	组成结构	性　质
同位素	质子数相同、中子数不同的同种元素的不同原子	在元素符号的左上角表示出不同的质量数，如^1_1H、^2_1H、^3_1H	核外电子排布相同，核内中子数不同	物理性质不同，化学性质几乎完全相同
同素异形体	同一种元素形成的不同单质	不一定相同	原子的数目、结合方式、晶体的类型均可能不同	物理性质、化学性质均可能不同
同系物	结构相似，分子组成上相差一个或若干个 CH_2 原子团的物质	分子式虽不同，但符合同一通式，如：C_nH_{2n+2}、C_nH_{2n}	相似（键合方式、官能团等方面）	物理性质不同，化学性质相似
同分异构体	分子式相同，结构不同的物质	相同	不同	物理性质一定不同，化学性质不一定相同
同种物质	组成和结构都相同的物质	相同	相同	相同

4. 烷烃的命名

【提问】甲烷、乙烷、丙烷等都是烷烃，为什么要这样命名呢？

【讲述】烷烃的命名有两种方式，第一种是按照所含碳原子的数目而命名，被称为习惯命名法。含十个碳原子之内的烷烃，按传统的天干地支中的“天干”序列“甲、乙、丙、丁、戊、己、庚、辛、壬、癸”来命名；含11个碳原子以上的烷烃，就以中文的数字命名——××烷。另一种命名方法为系统命名法，在后续内容中会学到。

【投影】烷烃的习惯命名

含碳原子个数	1	2	3	4	5	6	7	8	9	10	11	…
烷烃的命名	甲烷	乙烷	丙烷	丁烷	戊烷	己烷	庚烷	辛烷	壬烷	烷癸	十一烷	…

【讲述】我们在学习同分异构体的时候发现，同样是戊烷，但是却产生了三种不同的结构，这时候我们应该如何来区分它们呢？

【讲述】当碳原子的个数相同时，依次用“正、异、新”来命名。以戊烷为例，戊烷含有五个碳原子，化学式为 C_5H_{12}，可以产生三种同分异构体。碳碳首尾相连成长链的戊烷（有时简称戊烷）称做正戊烷，带一个支链的戊烷叫做异戊烷，有两个支链的戊烷叫做新戊烷。

【讲述】上面我们讲述的是烷烃的习惯命名法，下面我们来总结一下。

【板书】四、烷烃的习惯命名法

（1）根据分子里所含碳原子的数目

碳原子数1~10：用甲、乙、丙、丁、戊、己、庚、辛、壬、癸来表示

碳原子数在11以上：用汉字数字表示，如十二烷：$CH_3(CH_2)_{10}CH_3$

（2）碳原子数目相同结构不同时：用“正、异、新”来表示

环节三：归纳总结

【总结】本节课我们学习了烷烃的定义、通式和习惯命名法，后续将会学习另一种命名方法——系统命名法，同时也了解了同系物的定义，在此基础上学习了同分异构现象与同分异构体。上节课我们学习了甲烷的主要性质和结构，以此为例学习烷烃的性质和结构，不仅学到了知识，也学到了由典型到一般的学习和讨论方法，这在有机物的学习中也是一种常见且很重要的方法。请同学们完成课后的第65页7、8、9题，并预习下节课的内容。

七、板书设计

3.1.2 最简单的有机化合物——甲烷

二、烷烃

1. 定义：烃分子里碳原子之间都以单键互相连接成链状，碳原子的其余价键全部跟氢原子结合，使每个碳原子的化合价都达到饱和状态

2. 烷烃的通式：$C_nH_{2n+2}(n\geqslant1)$

3. 烷烃的通性

（1）烷烃的物理性质

1）熔、沸点有规律递变：

随碳原子数目增多，熔沸点升高

碳原子数目相同时，支链越多，熔沸点越低

2）烷烃的密度随碳原子数目增多而增大，但密度均小于 1g/cm，比水轻

3）烷烃均不溶于水，液态烷烃和水混合会分层，且均在上层

4）分子里碳原子数等于或小于 4 的烷烃在常温常压下都是气体，其他烷烃在常温常压下都是液体或固体

（2）烷烃的化学性质

1）烷烃的稳定性。烷烃化学性质较稳定，常温下不和强酸、强碱、强氧化剂等反应，不能使酸性 $KMnO_4$ 溶液褪色

2）烷烃的可燃性

烷烃燃烧的通式：$C_nH_{2n+2}+\frac{3n+1}{2}O_2\xrightarrow{\text{点燃}}nCO_2+(n+1)H_2O$

3）光照下和卤素单质发生取代反应

方程式：$C_nH_{2n+2}+X_2\xrightarrow{\text{点燃}}C_nH_{2n+1}+HX$

三、同系物和同分异构体

1. 同系物：结构相似，在分子组成上相差一个或若干个 CH_2 原子团的物质互相称为同系物

2. 同分异构现象和同分异构体

（1）同分异构现象：化合物具有相同的分子式，但具有不同结构的现象

（2）同分异构体：具有同分异构现象的化合物互称为同分异构体

（3）同分异构体的书写方法

四、烷烃的习惯命名法

（1）根据分子里所含碳原子的数目

碳原子数 1~10：用甲、乙、丙、丁、戊、己、庚、辛、壬、癸来表示

碳原子数在 11 以上：用汉字数字表示，如十二烷：$CH_3(CH_2)_{10}CH_3$

（2）碳原子数目相同结构不同时：用“正、异、新”来表示

第二节　来自石油和煤的两种基本化工原料

第1课时　乙　　烯

一、教材分析

本节内容选自人教版高中化学必修2第三章“有机化合物”第二节“来自石油和煤的两种基本化工原料”。依据课程标准“认识化石燃料综合利用的意义，了解甲烷、乙烯、苯等的主要性质，认识乙烯、氯乙烯、苯的衍生物等在化工生产中的重要作用”的要求，本节课安排了“乙烯的主要性质和乙烯的用途”等教学内容。

本节内容主要为基本化工原料乙烯的相关知识。教科书首先通过“思考与交流”栏目介绍了乙烯作为化工原料的重要价值，引导学生从生产生活中认识乙烯；其次通过“科学探究”栏目中石蜡油制备乙烯的实验，介绍乙烯的制备方法，强调制备乙烯实验中的注意事项，并通过三组与乙烯发生反应的实验将乙烯的化学性质及检验方法进行简单的介绍。根据乙烯能够使酸性高锰酸钾溶液及溴的四氯化碳溶液褪色的科学事实，推断出乙烯与烷烃不是同类有机物的结论，进而通过“学与问”栏目分析乙烯分子的电子式及结构式，引出乙烯的化学性质；最后，教科书介绍乙烯的主要用途，将乙烯的相关知识进行梳理，达到学以致用的教学目的。

甲烷是最简单的烷烃，本节课在此内容的基础上进一步学习最简单的烯烃——乙烯，通过甲烷与乙烯的对比学习，初步掌握烷烃及烯烃的主要性质及差异，本节课为选修5第二章第一节“脂肪烃”的学习做了知识铺垫。

二、学情分析

学生在上一节课的学习中，已经掌握了最简单的有机物——甲烷，烷烃和烯烃的知识是有机化学中最基础的内容，将乙烯的学习放在甲烷之后，学生能够根据甲烷的结构和取代反应等性质类比学习乙烯的结构和加成反应等性质。

学生在不断学习有机化合物的知识过程中，已经具备一定的类比推理能力，通过教师的引导，能够帮助学生提高分析归纳有机物主要性质的能力。但是乙烯的制备及检验等实验较为复杂，学生分析有机化学实验现象的能力及通过实验现象理解化学知识的能力还有待加强。

三、教学目标

知识与技能	（1）理解乙烯的工业制取原理、掌握检验乙烯的方法。 （2）掌握乙烯的主要化学性质。 （3）掌握加成反应的反应原理

续表

过程与方法	（1）通过观察乙烯的性质实验，提高分析实验现象的能力。 （2）通过观察乙烯的球棍模型和比例模型并对比乙烷和乙烯中键的参数，总结得出乙烯的结构特点，提高分析、判断、归纳总结的能力。 （3）通过分析理解加成反应的原理，学会书写加成反应的反应方程式
情感态度与价值观	（1）通过科学探究认识乙烯的化学性质，体会实验对化学研究的重要性。 （2）通过分析乙烯的结构与性质，树立“结构决定性质”的思想。 （3）通过了解乙烯的用途，体会化学与生活之间的联系

四、教学重点和难点

（1）教学重点：乙烯的结构；氧化反应；加成反应。

（2）教学难点：乙烯的加成反应。

五、知识结构

- 乙烯
  - 组成与结构
    - 分子式：C_2H_4
    - 电子式：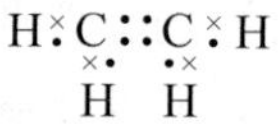
    - 结构式：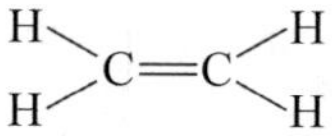
    - 结构简式：$CH_2=CH_2$
    - 结构特点：乙烯为平面结构，2个碳原子和4个氢原子在同一平面内，C—H键间的夹角约为120°
  - 性质
    - 物理性质：无色、有气味的气体，密度比空气略小，难溶于水
    - 化学性质
      - 氧化反应
        - 燃烧：$C_2H_4+2O_2\xrightarrow{点燃}2CO_2+2H_2O$
        - 能被$KMnO_4$溶液氧化使之褪色
      - 加成反应
        - Br_2：$CH_2=CH_2+Br_2\longrightarrow CH_2BrCH_2Br$
        - H_2：$CH_2=CH_2+H_2\xrightarrow[\triangle]{催化剂}CH_3CH_3$
        - HCl：$CH_2=CH_2+HCl\xrightarrow{催化剂}CH_3CH_2Cl$
        - H_2O：$CH_2=CH_2+H_2O\xrightarrow[加热、加压]{催化剂}CH_3CH_2OH$
      - 加聚反应：$nCH_2=CH_2\xrightarrow{催化剂}\lbrack CH_2—CH_2\rbrack_n$（聚乙烯）
  - 用途：重要的化工原料、植物生长调节剂和水果的催熟剂

六、教学过程

环节一：导入新课

【导入】同学们，上节课我们学习了一种最简单的有机物——甲烷，这节课我们接着来学

习另外一种重要的化工原料——乙烯。我们常说煤是工业的粮食，石油是现代工业的血液，从煤和石油中不仅可以得到多种常用燃料，而且可以获取大量的基本化工原料，乙烯就是一种最重要的石油化工产品，也是重要的石油化工原料。今天我们就来学习乙烯的相关性质。

【板书】3. 2. 1　来自石油和煤的两种基本化工原料——乙烯

环节二：展开新课

1. 乙烯的分子组成和结构

【实物展示】展示乙烯分子的球棍模型和比例模型

【投影】乙烯分子的球棍模型与比例模型

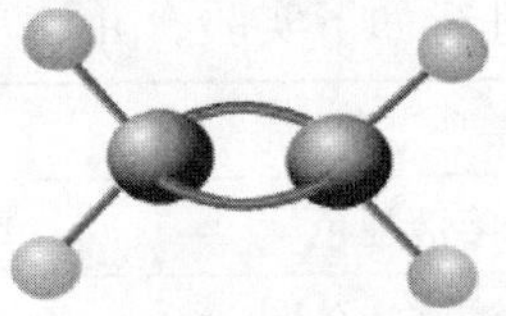

球棍模型

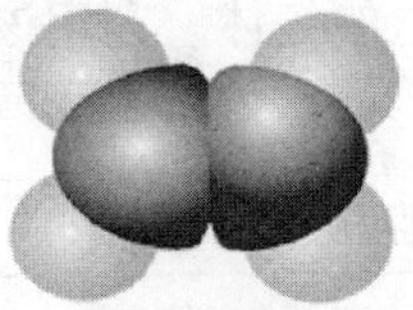

比例模型

【讲述】通过乙烯分子的球棍模型与比例模型，可以得出乙烯中的 2 个碳原子和 4 个氢原子处于同一平面，属于平面四边形结构。乙烯分子在组成上比乙烷少两个氢原子，其分子式为 C_2H_4。将乙烯分子结构模型与乙烷的分子结构模型进行对比，我们可以得出乙烯分子中两个碳原子之间是通过双键连接的。请对比乙烷和乙烯分子中键的参数，能得到什么结论？

【投影】乙烷与乙烯结构的对比

分子式	C_2H_6	C_2H_4
键的类别	C—C	C＝C
键长（10^{-10}m）	1. 54	1. 33
键能（kJ/mol）	348	615
键角	109°28′	120°
空间中各原子的位置	2C 和 6H 不在同一平面上	2C 和 4H 在同一平面上

【讲述】由上表可得出，碳碳双键的键能和键长并不是碳碳单键的两倍，这是由于碳碳双键中一个键较稳定；另一个键较不稳定，容易断裂。根据以上分析，试写出乙烯的电子式、结构式和结构简式。

【板书】一、乙烯的分子组成与结构

1. 分子式：C_2H_4

2. 电子式：$\mathrm{H:\overset{H}{\ddot{C}}::\overset{H}{\ddot{C}}:H}$

3. 结构式：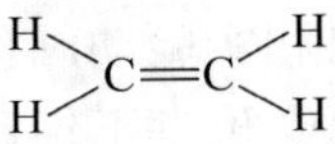

4. 结构简式：$CH_2═CH_2$

2. 乙烯的性质

【讲述】接下来我们一起来学习乙烯的物理性质，乙烯通常是无色气体，稍有气味，难溶于水，易溶于有机溶剂，在标况下其密度比空气略小。

【板书】二、乙烯的性质

1. 物理性质：无色、有气味的气体，密度比空气略小，难溶于水

【提问】与烷烃相比，乙烯的结构有什么特殊之处，它的性质与这种结构有关系吗？

【讲述】乙烯分子在结构上最大的特点就是含有一个碳碳双键，是不饱和烃，不饱和烃是指碳原子所结合的氢原子数少于饱和烃里的氢原子数的碳氢化合物。乙烯分子的这种不饱和性使得其化学性质非常活泼，可以发生很多化学反应。那么它是如何制备的呢？具有哪些性质呢？

【演示实验】将浸透了石蜡油（液态烷烃混合物）的石棉放置在硬质试管的底部，试管中加入碎瓷片，给碎瓷片加强热，石蜡油蒸汽通过炽热的碎瓷片表面发生反应，生成一定量的气体。利用该气体进行如下实验，并填写下表。

实　验	现　象	结　论
通入酸性高锰酸钾溶液	溶液褪色	乙烯可被 $KMnO_4$ 氧化
通入溴的四氯化碳溶液	溶液褪色	乙烯可与溴水中的 Br_2 反应
点燃	火焰明亮，有黑烟	乙烯中的碳含量较高

【提问】通过实验，总结乙烯具有哪些化学性质？乙烯燃烧的产物是什么？其化学方程式该如何书写呢？

【板书】2. 化学性质

（1） 氧化反应

1） 燃烧：$CH_2=CH_2+3O_2\xrightarrow{点燃}2CO_2+2H_2O$

2） 乙烯能被酸性高锰酸钾溶液氧化，使之褪色

【提问】从刚才的实验中，我们观察到火焰明亮而且产生黑烟，这是为什么呢？

【讲述】火焰明亮是由于碳微粒受灼热而发光导致；产生黑烟是因为含碳量高，燃烧不充分。

【讲述】乙烯使酸性高锰酸钾溶液褪色是由于发生了氧化还原反应。那么把乙烯气体通入溴的四氯化碳溶液，褪色的原因是什么呢？

【投影】乙烯与溴水反应的化学键的断裂方式（动画）

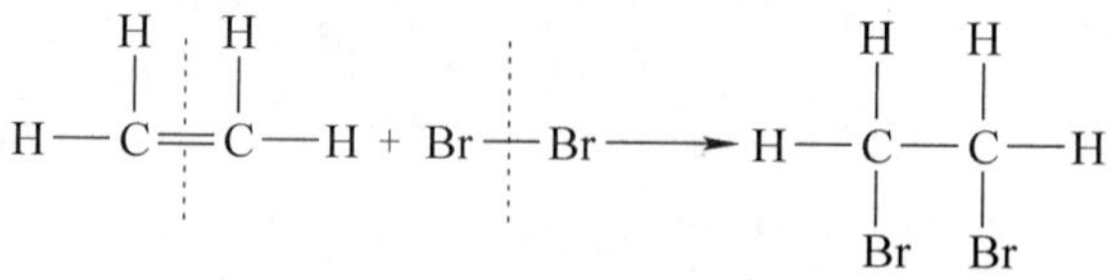

乙烯　　　　溴水　　　　1，2-二溴乙烷

【讲述】根据乙烯可使溴的四氯化碳溶液褪色的反应现象和实验动画模拟，乙烯分子中双键里的一个键易于断裂，两个溴原子分别加在两个价键不饱和的碳原子上，生成了二溴乙烷，这样的反应叫做加成反应。

【板书】（2） 加成反应：有机物分子中双键（或三键）两端的碳原子与其他原子或原子团直接结合生成新的化合物的反应

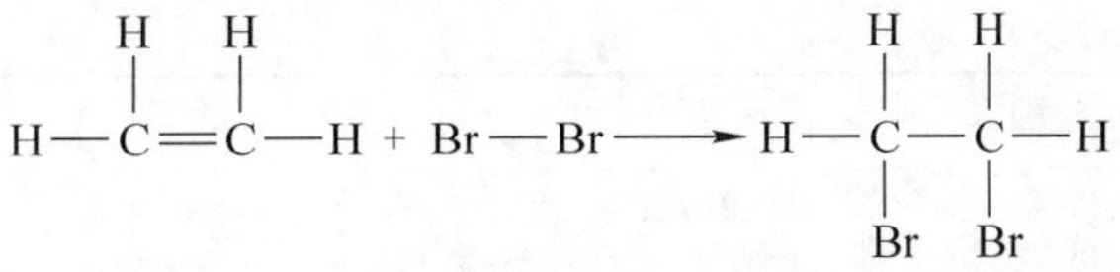

1，2-二溴乙烷

【讲述】乙烯除了可以和溴单质发生加成反应外，还可以和 H_2、Cl_2、HCl 和 H_2O 等物质发生加成反应。请同学们写出相应的反应方程式。

【板书】乙烯与 Br_2、H_2、Cl_2、HCl 和 H_2O 等物质发生加成反应

方程式：$CH_2=CH_2+H_2 \xrightarrow[\triangle]{\text{催化剂}} CH_3CH_3$（乙烷）

$CH_2=CH_2+HCl \xrightarrow[\triangle]{\text{催化剂}} CH_3CH_2Cl$（氯乙烷）

$CH_2=CH_2+Cl_2 \longrightarrow CH_2Cl—CH_2Cl$（1，2-二氯乙烷）

$CH_2=CH_2+H_2O \xrightarrow[\text{加热、加压}]{\text{催化剂}} CH_3CH_2OH$（乙醇）

【提问】乙烯分子之间能否发生加成反应呢？

【投影】乙烯的加聚反应

$$CH_2=CH_2+CH_2=CH_2+CH_2=CH_2+\cdots$$
$$\longrightarrow —CH_2—CH_2—+—CH_2—CH_2—+—CH_2—CH_2—+\cdots$$
$$\longrightarrow \left[CH_2—CH_2 \right]_n$$

因此，$nCH_2=CH_2 \xrightarrow{\text{催化剂}} \left[CH_2—CH_2 \right]_n$（聚乙烯）

【讲述】生成聚乙烯的这种反应是加聚反应，它是指由分子量小的化合物（单体）生成分子量很大的化合物（高分子化合物）的反应。

【板书】(3) 加聚反应

定义：由分子量小的化合物（单体）生成分子量很大的化合物（高分子化合物）的反应

反应方程式：$nCH_2=CH_2 \xrightarrow{\text{催化剂}} \left[CH_2—CH_2 \right]_n$

【讲述】生活中用来包装食品的塑料袋是聚乙烯，如果将乙烯分子中的一个氢原子用氯原子代替，聚合后成为聚氯乙烯，由于聚氯乙烯有毒性，不能用其包装食品。反应如下：

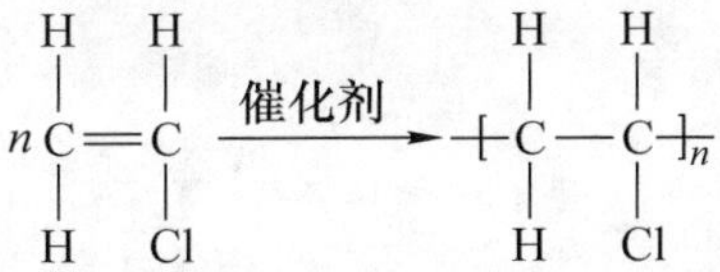

聚氯乙烯

【讲述】由上可见，加成反应和加聚反应的实质都是因为含有不饱和的碳碳双键。

【讲述】学习了烷烃的取代反应和乙烯的加成反应，我们对两者进行比较总结。

【投影】取代反应与加成反应

类　型	取代反应	加成反应
反应物结构特征	含有易被取代的原子或原子团	不饱和有机化合物（含 $>C=C<$ 等）

续表

类　型	取代反应	加成反应
生成物	两种（一般是一种有机化合物和一种无机物）	一种（有机化合物）
碳碳键变化情况	无变化	打开碳碳不饱和键
常见试剂	Cl_2、H_2O 等	H_2、Br_2、H_2O 等
结构变化形式举例	等量替换式 $CH_4+Cl_2 \xrightarrow{光照} CH_3Cl+HCl$	开键加合式 $CH_2=CH_2+Br_2 \longrightarrow CH_2BrCH_2Br$

3. 乙烯的用途

【提问】认识了乙烯的组成结构和性质，乙烯有什么用途呢？请同学们阅读课本第 66 页的“思考与交流”栏目中的乙烯的用途。

【讲述】乙烯是一种重要的基本化工原料，用来制造乙烯塑料、聚乙烯纤维、乙醇等，它的产量可以用来衡量一个国家的石油化工发展水平。在农业生产中作植物生长调节剂和水果的催熟剂。

【板书】三、乙烯的用途

重要化工原料、用作植物生长调节剂和水果的催熟剂

环节三：归纳总结

【总结】本节课我们学习了乙烯的结构和化学性质，知道乙烯分子中含有碳碳双键，碳碳双键的存在使乙烯与酸性高锰酸钾、溴的四氯化碳溶液均能反应，表现出比烷烃较活泼的化学性质。通过今天的学习大家应该掌握双键对乙烯性质的影响，领会加成反应的机理。请同学们完成课后的第 72 页 1、3、8 题，并预习下节课的内容。

七、板书设计

3.2.1　来自石油和煤的两种基本化工原料——乙烯

一、乙烯的分子组成与结构

1. 分子式：C_2H_4

2. 电子式：

3. 结构式：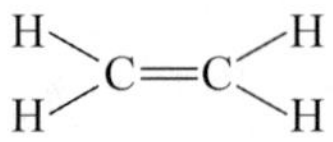

4. 结构简式：$CH_2=CH_2$

二、乙烯的性质

1. 物理性质：无色、有气味的气体，密度比空气略小，难溶于水

2. 化学性质

（1）氧化反应

1）燃烧：$CH_2=CH_2+3O_2 \xrightarrow{点燃} 2CO_2+2H_2O$

2）乙烯能被酸性高锰酸钾溶液氧化，使之褪色

（2）加成反应：有机物分子中双键（或三键）两端的碳原子与其他原子或原子团直接结合生成新的化合物的反应

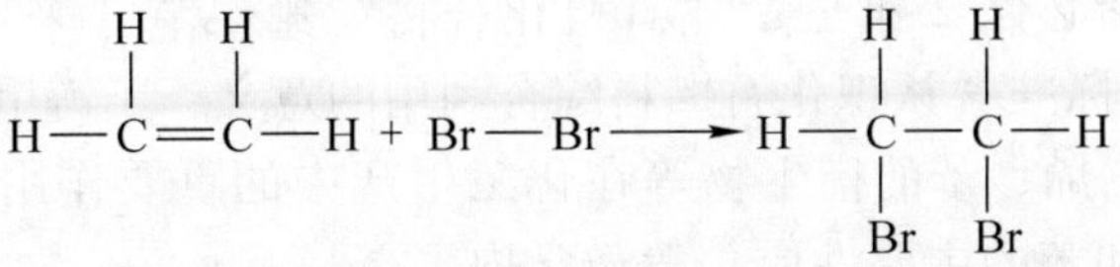

1，2-二溴乙烷

乙烯与 Br_2、H_2、Cl_2、HCl 和 H_2O 等物质发生加成反应

方程式：$CH_2=CH_2+H_2 \xrightarrow[\triangle]{催化剂} CH_3CH_3$（乙烷）

$CH_2=CH_2+HCl \xrightarrow[\triangle]{催化剂} CH_3CH_2Cl$（氯乙烷）

$CH_2=CH_2+Cl_2 \longrightarrow CH_2Cl—CH_2Cl$（1，2-二氯乙烷）

$CH_2=CH_2+H_2O \xrightarrow[加热、加压]{催化剂} CH_3CH_2OH$（乙醇）

（3）加聚反应

定义：由分子量小的化合物（单体）生成分子量很大的化合物（高分子化合物）的反应

反应方程式：$nCH_2=CH_2 \xrightarrow{催化剂} \left[\!CH_2—CH_2\!\right]_n$

三、乙烯的用途

重要化工原料、用作植物生长调节剂和水果的催熟剂

第2课时 苯

一、教材分析

本节内容选自人教版高中化学必修2第三章“有机化合物”第二节“来自石油和煤的两种基本化工原料”。依据课程标准“认识化石燃料综合利用的意义，了解甲烷、乙烯、苯等的主要性质，认识乙烯、氯乙烯、苯的衍生物等在化工生产中的重要作用”的要求，本节课安排了“苯的组成、结构和苯的主要性质”等教学内容。

苯和乙烯都是重要的化工原料，其产品在生活中有着广泛用途。教科书首先介绍了苯是有着特殊结构的环状有机物，在“学与问”栏目中通过比较苯与烷烃、烯烃的结构式，分析苯分子中碳原子的成键特点，推测苯可能的化学性质，将苯的学习从物理性质过渡到化学性质。实验是科学探究的重要方法，通过实验发现苯并不具有与烯烃相似的化学性质，说明苯分子中的6个碳原子之间是一种完全相同的介于单键和双键之间的特殊的键。

本节内容是在烷烃与烯烃的学习之后，继续学习有机物的知识，由于每一类有机物都有着相似的化学性质，并且之前的学习方法与过程会对新知识的学习起到铺垫作用。因此，本节课的内容有着承上启下的作用，这部分内容也为继续学习选修5第二章第二节“芳香烃”奠定了知识基础。

二、学情分析

学生已经学习了饱和烃与不饱和烃的典型代表物——甲烷、乙烯的性质，知道烷烃的特征反应是取代反应，烯烃的特征反应是加成反应，并且能根据有机结构理论写出简单的同分异构体，这为探究苯的结构及推测苯的性质打下了坚实的基础。但是学生对于苯没有碳碳双键却能够发生加成反应的原理还不能完全理解，教师需要进一步引导学生学习这部分的内容。同时在学习的过程中需要引导学生“主动参与、乐于探究”，培养学生不断创新的能力。

三、教学目标

知识与技能	（1）了解苯的结构及主要物理性质。 （2）掌握苯的特征反应。 （3）掌握检验苯的方法
过程与方法	（1）通过参与苯分子结构的探究活动，了解科学探究的基本过程，提高分析、判断和总结能力。 （2）通过演示实验验证苯的主要化学性质，提高观察、发现问题并解决问题的能力。 （3）通过对比苯与烷烃、烯烃的结构式，分析苯分子具有的结构特点
情感态度与价值观	（1）通过分析苯的结构，增强合作学习意识。 （2）根据苯在生产、生活中的用途，建立化学与社会的联系。 （3）通过苯的结构与主要性质的学习，形成“结构决定性质”的思想

四、教学重点和难点

（1）教学重点：苯的主要化学性质。

（2）教学难点：苯分子的结构。

五、知识结构

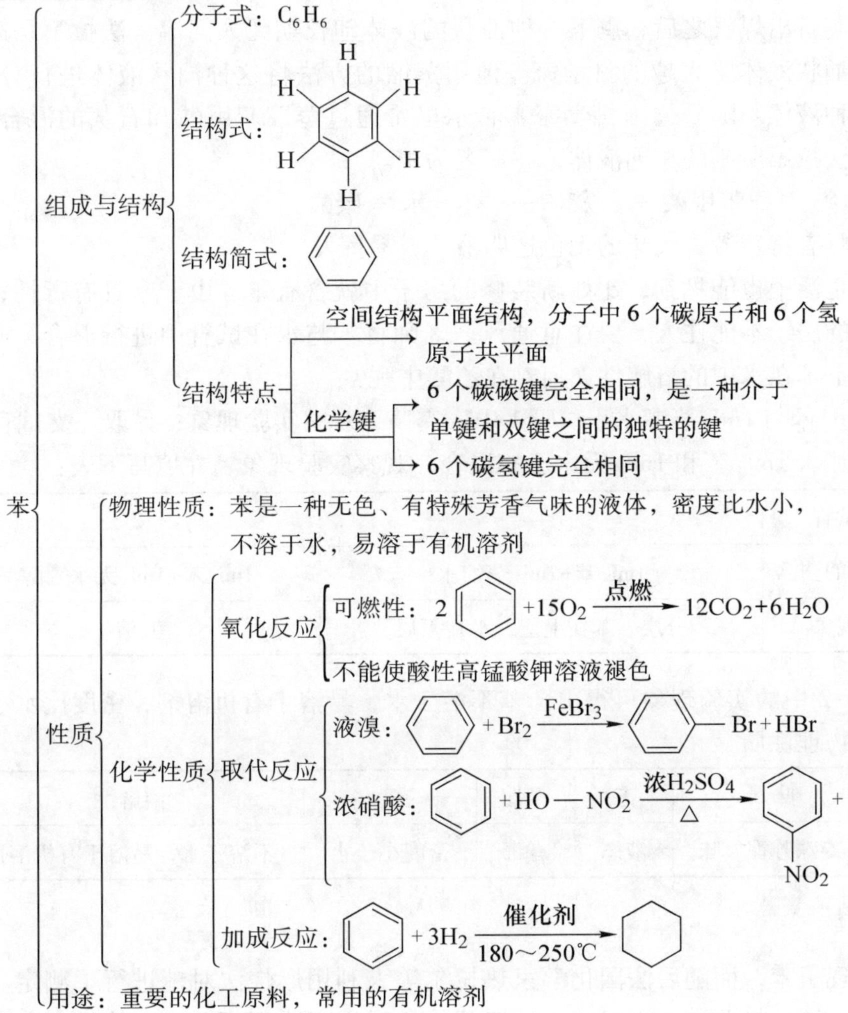

六、教学过程

环节一：导入新课

【导入】许多伟大的发现都是源于对生活细节的注意与研究。牛顿研究为什么苹果会从树上掉下，发现了万有引力定律；阿基米德在洗澡的时候，发现了浮力定律；法拉第研究生产煤气原料剩余的油状液体，发现了苯。苯的发现距今已有180多年了，然而科学家们花了漫长的时间才探究出苯的结构。今天就让我们沿着科学家的脚步，重新踏上苯的发现之旅。

【板书】3.2.2 来自石油和煤的两种基本化工原料

环节二：展开新课

1. 苯的物理性质

【讲述】19世纪初，英国和其他欧洲国家一样，城市的照明已普遍使用煤气。从生产煤气的原料中制备出煤气之后，剩下一种油状的液体却长期无人问津。法拉第是第一位对这种油状液体感兴趣的科学家。他用蒸馏的方法将这种油状液体进行分离，得到另一种液体。随后德国科学家米希尔里希通过蒸馏苯甲酸和石灰的混合物，得到了与法拉第所制的相同液体，并命名为苯。

【投影】 苯甲酸 + 石灰 ⟶ 苯 + 水 + 碳酸钙

【讲述】苯是一种具有特殊芳香气味的无色透明液体，易挥发。

【讲述】苯在日常生活中也能见到，比如新装修的房子中就含有苯。由于苯具有毒性，通常新装修的房子不能住人，要注意通风。老师将苯与水在试管中进行混合，同学们观察一下苯在水中的溶解性如何？在乙醇中呢？

【演示实验】取1mL苯与1mL蒸馏水于试管1中，震荡，观察实验现象；另取一支试管2，分别加入1mL苯和1mL无水乙醇混合，观察实验现象，并填写下表：

试管	1	2
加入的药品	1mL苯+1mL蒸馏水	1mL苯+1mL无水乙醇
现象	分层，苯在上层，水在下层	互溶

【讲述】从试管1、2中的实验现象可得出：苯不溶于水，易溶于有机溶剂，密度比水小。

【板书】一、苯的物理性质

色	味	态	毒性	密度	溶解性
无色	有特殊芳香气味	液态	有毒	密度小于水	不溶于水，易溶于有机溶剂

2. 苯的组成与结构

【讲述】法拉第发现了苯，而随后法国化学家热拉尔等人利用燃烧法对苯进行了测定。测定发现苯由碳、氢两种元素组成，已知苯的含碳量高达92.3%，苯的相对分子质量为78g/mol，那么苯的分子式是什么？

【讲解】设苯的分子式 C_xH_y

$$x = \frac{78\text{g/mol} \times 92.3\%}{12\text{g/mol}} = 6$$

同理：

$$y = \frac{78\text{g/mol} \times (1 - 92.3\%)}{1\text{g/mol}} = 6$$

所以：苯的分子式为 C_6H_6

【板书】二、苯的组成与结构

1. 分子式：C_6H_6

【讲述】苯的分子式为 C_6H_6，与同碳原子数的烷烃 C_6H_{14} 相比少了 8 个氢原子。我们都知道 C_6H_{14} 是饱和烃，说明苯是不饱和烃，也就是说苯分子结构中存在不饱和键。苯分子应该具备怎样的结构呢？

【讲述】我们知道烯烃中含有不饱和键——碳碳双键，可以使酸性高锰酸钾溶液和溴水褪色。下面通过实验证明苯中是否含有不饱和键。

【演示实验】

实验步骤	现　　象	
向试管 1 中加入少量苯，再加入溴水，振荡后，观察实验现象；向试管 2 中加入少量苯，再加入酸性高锰酸钾溶液，振荡后，观察实验现象	试管 1 中分层，上层橙黄色，下层无色	试管 2 中紫红色不褪去

【讲述】通过观察实验发现，试管 1 中出现分层现象，试管 2 中高锰酸钾溶液不褪色。因此说明苯与溴水和酸性高锰酸钾溶液并不反应，也就是说苯分子中不存在类似烯烃的碳碳双键。

【过渡】在历史上，科学家们的探究过程也像同学们一样进入了困境，这个问题同样困扰着德国化学家凯库勒。

【投影】1864 年冬天，凯库勒为探索苯分子的结构殚精竭虑，废寝忘食。一天晚上，凯库勒坐马车回家，在车上昏昏欲睡。在半梦半醒之间，他看到碳链似乎活了起来，变成了一条蛇，在他眼前不断翻腾，突然咬住了自己的尾巴，形成了一个环。凯库勒猛然惊醒，受到梦的启发，明白了苯分子结构的关键是闭合链的形态。因此他先以（Ⅰ）式表示苯结构，后来他又经过修正写出了（Ⅱ）式，再后来经过简化写出了（Ⅲ）式，也就是我们现在的凯库勒结构简式。

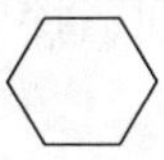

Ⅰ

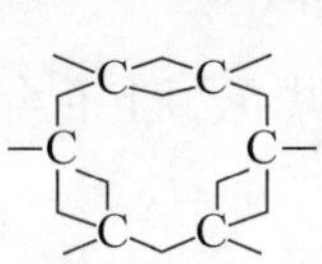

Ⅱ

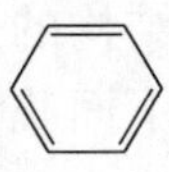

Ⅲ

【讲述】由于苯分子的化学键与饱和键中的单键、不饱和键的双键不同，那么凯库勒式正确吗？结构决定性质，性质反映结构。经过一代代的化学家的实验，找出了以下实验事实。

【投影】

实验事实 1	1mol 苯在一定条件下，最多和 3mol 氢气发生加成反应生成 1mol 环己烷
实验事实 2	苯与液溴在铁粉存在时发生取代反应，并且苯的一溴代物只有一种
实验事实 3	苯的邻二溴代物只有一种

【讲解】首先在事实 1 中，加成的最终产物是环已烷，说明苯分子有且只有一个环，并且苯分子结构中有类似碳碳双键的不饱和键存在；其次在实验事实 2 中，苯的一溴代物只有一种结构，则说明苯分子中的 6 个碳原子之间的键完全相同。实验事实 3 中，苯的邻二溴代物只有一种，所以苯分子不应该出现单双键交替的结构。

【提问】通过实验验证，苯不含碳碳双键，但是却能和氢气发生加成反应，这种键会不会是一种介于两者之间的过渡键呢？

【讲述】后来科学家们证实苯分子结构是平面正六边形，并测得苯分子中碳碳键的键长介于单键和双键之间。

共价键	单键	苯分子中的碳碳键	双键
键长/pm	154	140	133

【讲述】随着科学理论和科学技术的发展，人们最终确定了苯的结构为，后来为了纪念凯库勒，我们仍然把苯的结构写成。

【板书】2. 结构式： 或 

【提问】苯有哪些结构特点呢？

【讲述】苯分子具有平面正六边形结构，所有碳碳键等长，这种碳碳键是一种介于单双键之间的独特化学键。

【板书】3. 结构特点

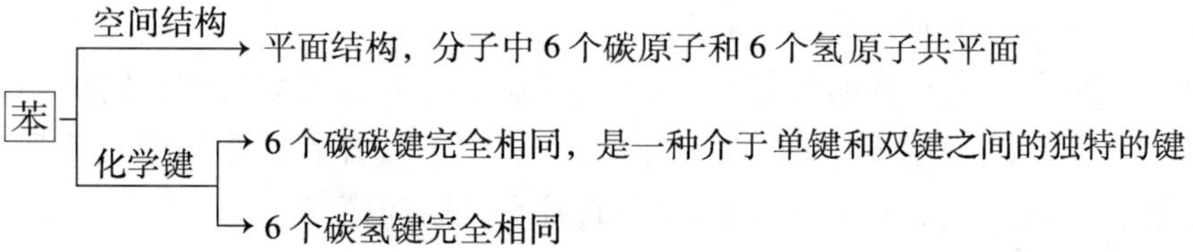

【讲述】探索苯分子准确结构的过程总共花了上百年的时间，探索出的苯都具有哪些化学性质和用途呢？下面我们一起来学习。

3. 苯的化学性质和用途

【板书】三、苯的化学性质和用途

【讲述】前面学习的烷烃与烯烃都能燃烧，苯是否也能够燃烧呢？

【演示实验】

实验步骤	粉笔上滴入几滴苯，并点燃，观察实验现象
实验现象	燃烧时火焰明亮，伴有浓烈的黑烟

【讲述】从实验我们可以看到，苯可以燃烧，而且由于碳含量很高，产生了浓烈的黑烟，我们一起来写出苯燃烧的化学方程式。

【板书】1. 氧化反应

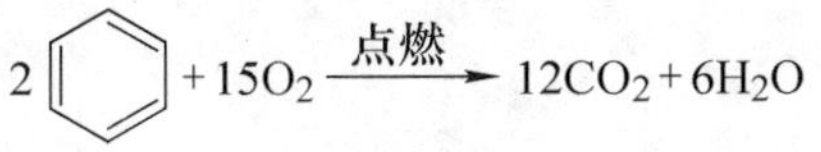

【讲述】苯具有特殊的不饱和键，能与氢气发生加成反应，只是反应的条件较为苛刻，需要镍作催化剂，温度为180~250℃的条件下才能完成，请写出苯与氢气反应的化学方程式。

【板书】2. 加成反应

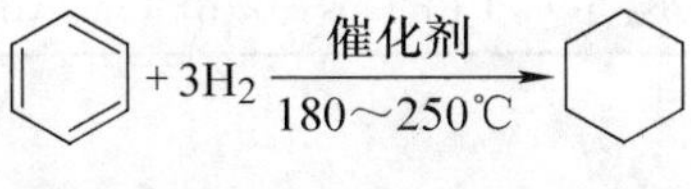

【讲述】除此之外，苯能够与卤素发生取代反应，我们一起来写出苯与溴的取代反应的化学方程式。

【板书】3. 取代反应

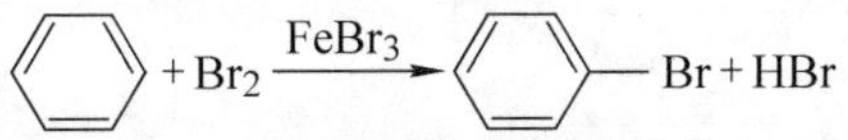

【讲述】这个反应又称为苯的卤代反应，在苯与溴的取代反应中，影响反应发生的主要因素有：（1）溴应为纯的液态溴，苯与溴水不发生反应；（2）要用催化剂。另外苯分子中的6个氢原子是等同的，在上述条件下，一般是苯分子中的一个氢原子被取代。在催化剂存在时，苯也可以与其他卤素单质发生取代反应。

【讲述】苯不仅能与卤素发生取代反应，也可以与硝酸发生取代反应生成硝基苯。

【板书】

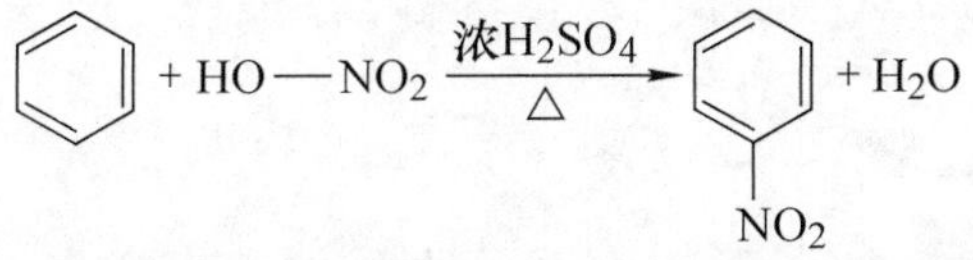

【讲述】由于苯分子中的氢原子被硝基取代，所以称为硝化反应，当然在上述条件下，硝基也只取代苯分子中的一个氢原子，硝化反应符合取代反应的定义，因而也属于取代反应。

【提问】性质决定用途，苯具有如此多的性质，它在生产生活中都有哪些用途呢?

【讲述】苯是一种重要的化工原料，它广泛地应用于生产合成纤维、合成橡胶、塑料、农药、医药、染料和香料等，也常用作有机溶剂。

【板书】4. 用途

重要的化工原料，常用的有机溶剂

环节三：归纳总结

【总结】本节课我们沿着科学家发现苯的探索之旅，得出了苯的分子式和结构式，依据苯的结构学习了苯既具有饱和烃的性质，又具有不饱和烃的性质。至此，我们可以这样来归纳苯的化学性质：易燃烧，但其他氧化反应一般不能发生。常用的氧化剂如酸性$KMnO_4$、酸性$K_2Cr_2O_7$和稀硝酸等都不能使苯氧化，这说明苯环是相当稳定的，并且苯易取代、难加成。请同学们课后继续深入理解苯独特的结构对苯性质的影响。请同学们完成第72页的4、5、7题，并预习下节课的内容。

七、板书设计

3.2.2　来自石油和煤的两种基本化工原料

一、苯的物理性质

色	味	态	毒性	密度	溶解性
无色	有特殊芳香气味	液态	有毒	密度小于水	不溶于水，易溶于有机溶剂

二、苯的组成与结构

1. 分子式：C_6H_6

2. 结构式： 或 

3. 结构特点

苯
- 空间结构 → 平面结构，分子中 6 个碳原子和 6 个氢原子共平面
- 化学键
  - → 6 个碳碳键完全相同，是一种介于单键和双键之间的独特的键
  - → 6 个碳氢键完全相同

三、苯的化学性质和用途

1. 氧化反应

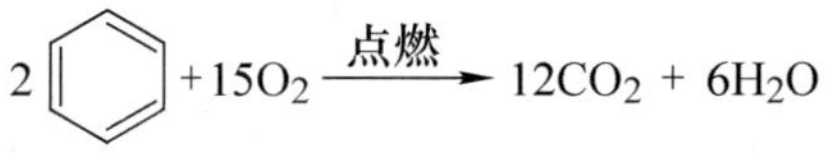

2. 加成反应

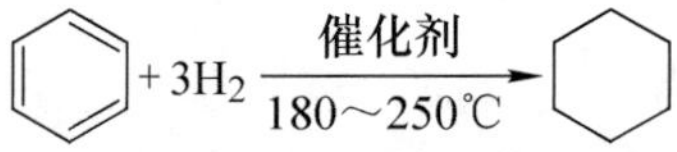

3. 取代反应

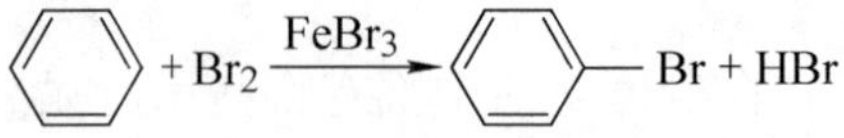

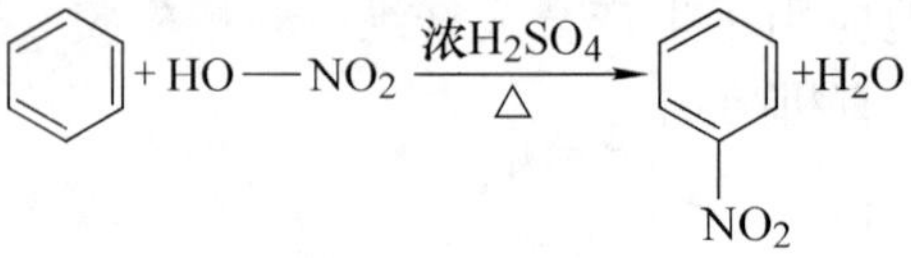

4. 用途

重要的化工原料，常用的有机溶剂

第三节　生活中两种常见的有机物

第 1 课时　乙　　醇

一、教材分析

本节内容选自人教版高中化学必修 2 第三章“有机化合物”第三节“生活中两种常见的有机物”。依据课程标准“知道乙醇、乙酸、糖类、油脂、蛋白质的组成和主要性质，认识其在日常生活中的应用”的要求，本节课安排了“乙醇的结构和乙醇的主要性质”等教学内容。

乙醇是生活中常见的有机物，其用途也非常广泛。教科书首先从乙醇的物理性质出发，介绍了其状态、气味和密度等性质，引导学生从宏观角度认识乙醇。教科书通过乙醇与金属钠反应的实验，将教学内容引向化学性质的学习。通过观察金属钠的变化、气体燃烧现象及产物检验，引导学生对比乙醇和钠与水和钠的反应，完成乙醇与钠发生取代反应的教学，并由产物推测其结构，说明官能团对有机物的化学性质起决定性作用，培养学生“结构决定性质”的思想。乙醇不仅能与金属反应，还能够与氧气、其他氧化剂发生反应，教科书通过实验介绍了乙醇可被氧化为乙醛，也可直接被氧化为乙酸的知识。

本节课是在烷烃的基础上进行的教学，乙醇可以看作是乙烷分子中的一个氢原子被羟基取代后的产物，所以乙醇被称作烃的衍生物。虽然它们都只含有单键，但其化学性质有很大差异，所以乙醇的学习为以后学习选修 5 第三章第一节“醇　酚”奠定了知识基础。

二、学情分析

学生已经学习了烷烃、烯烃、苯等不同类型的有机物，已经初步掌握了有机物的基本知识，能够分辨不同有机物的结构特点及化学性质，但是本部分所学的“烃的衍生物和官能团对性质的影响”的相关内容，是学生尚未接触的领域，且醇是烃的衍生物学习的开始，所以在教学中需更加注重引导。

高一年级的学生已经具备一定的分析、判断的能力，能够通过分析结构的特点，推测其化学性质，但是学生的探究能力还有待提高，还不能够设计出实验探究活动，完成自主学习。

三、教学目标

知识与技能	（1）理解乙醇的结构，知道乙醇的物理性质。 （2）掌握乙醇与金属反应的反应原理。 （3）理解乙醇的氧化反应过程

续表

过程与方法	（1）通过观察乙醇与钠及水与钠的反应现象，探究羟基中氢原子的活泼性。 （2）通过对比乙醇、乙烷结构式的过程，理解官能团对有机物化学性质的影响。 （3）根据乙醇在催化剂条件下发生氧化反应生成乙醛，掌握由醇制备醛的方法
情感态度与价值观	（1）通过乙醇与金属钠反应的实验探究，感受化学是一门以实验为基础的学科。 （2）通过理解乙醇的化学性质，体会官能团的重要性。 （3）通过学习乙醇在生产生活中的应用，体会化学与生活的联系

四、教学重点和难点

（1）教学重点：乙醇的结构与性质。

（2）教学难点：乙醇的催化氧化。

五、知识结构

- 乙醇
  - 组成与结构
    - 分子式：C_2H_6O
    - 结构式：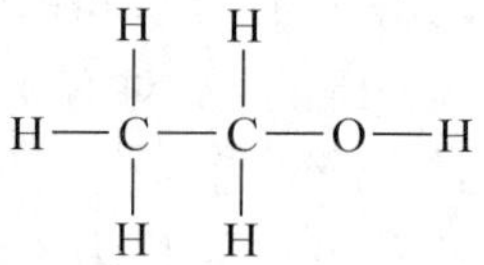
    - 结构简式：CH_3CH_2OH
    - 官能团：—OH
  - 性质
    - 物理性质：无色透明、具有特殊香味的易挥发的液体，密度比水小，可与水以任意比互溶
    - 化学性质
      - 与钠反应：$2CH_3CH_2OH+2Na \longrightarrow 2CH_3CH_2ONa+H_2\uparrow$
      - 氧化反应
        - 燃烧：$CH_3CH_2OH+3O_2 \xrightarrow{点燃} 2CO_2+3H_2O$
        - 被酸性高锰酸钾、重铬酸钾溶液等氧化为乙酸
        - 催化氧化：$2CH_3CH_2OH + O_2 \xrightarrow[\triangle]{催化剂} 2CH_3CHO + 2H_2O$
  - 用途：燃料，化工原料，消毒剂

六、教学过程

环节一：导入新课

【练习】把下列诗句填写完整：

（1）白日放歌须纵________，青春作伴好还乡。

（2）明月几时有，把________问青天。

（3）借问________何处有，牧童遥指杏花村。

（4）何以解忧，唯有________。

【讲述】古往今来无数咏叹酒的诗篇都证明酒是一种奇特而富有魅力的饮料，相传杜康酒

就是偶然将饭菜倒入竹筒，用泥土封住后形成的。酒经过几千年的发展，在酿酒技术提高的同时，也形成了我国博大精深的酒文化。那么同学们知道酒的主要成分是什么吗？

【投影】 酒是多种化学成分的混合物，酒精是其主要成分，酒精的学名是乙醇，啤酒中乙醇含量为3%~5%，葡萄酒含乙醇6%~20%，黄酒含酒精8%~15%，一些烈性白酒中含乙醇50%~70%，这些均为体积分数。

【讲述】 有的人“千杯万盏皆不醉”，而有的人则“酒不醉人，人自醉”，就让我们一起慢慢揭开其“醉人的笑容”吧！

【板书】 3.3.1　生活中两种常见的有机物

一、乙醇

环节二：展开新课

1. 乙醇的组成和结构

【提问】 乙醇中含有 C、H、O 三种元素，其蒸气的密度是同温同压下 H_2 密度的 23 倍，2.3g 乙醇完全燃烧后生成 0.1mol CO_2 和 2.7g H_2O，求乙醇的分子式？

【讲述】 通过计算可以得出乙醇的分子式是 C_2H_6O。

【提问】 根据 C、H、O 元素在有机物中的价键特征，大家能否推测出乙醇可能的结构简式呢？

【讲述】 可能有 $CH_3—O—CH_3$（Ⅰ）和 $CH_3—CH_2—OH$（Ⅱ）这两种结构，哪种表现为乙醇分子的结构呢？如何通过简单的实验来证实呢？大家联想常见无机物中含有—OH 基团的物质如 H_2O 等，它们常有哪些典型性质呢？

【演示实验】

实验步骤	将一小粒金属钠投入无水乙醇中，收集产生的气体，点燃后依次用干燥洁净的小烧杯和蘸有澄清石灰水的小烧杯罩在火焰上方，观察现象
实验现象	有气体放出，点燃气体火焰呈淡蓝色，烧杯壁上有水滴，反应完全后向烧杯内立即加入澄清石灰水，振荡不变浑浊

【实验装置】

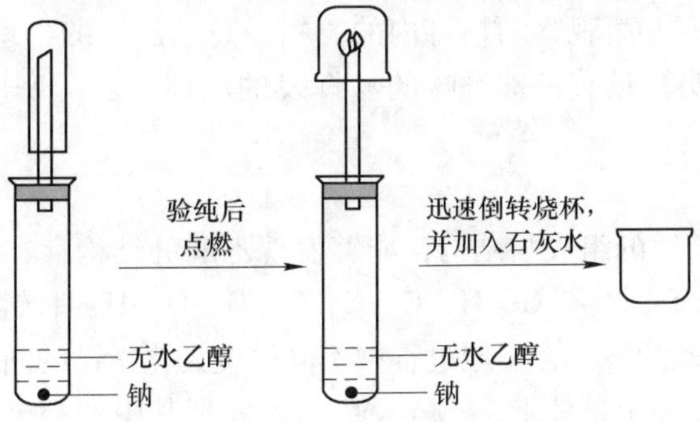

【讲述】钠与乙醇反应能产生气体，由实验现象我们可知该气体为氢气。根据实验事实证明乙醇与钠反应产生氢气的氢原子是来自于乙醇分子结构中的—OH，乙醇结构是（Ⅱ）式，大家能否根据其他事实证明与碳直接相连的氢不能被置换呢？

【讲述】金属钠一般保存在煤油中，煤油是各种低级烃的混合物，也就是说，金属钠不能置换出与碳直接相连的氢。刚才我们的推导过程正是科学家发现乙醇分子结构的过程。下面我们一起来观察乙醇分子的比例模型，然后写出乙醇的分子式、结构式、电子式和结构简式。

【投影】乙醇分子的比例模型

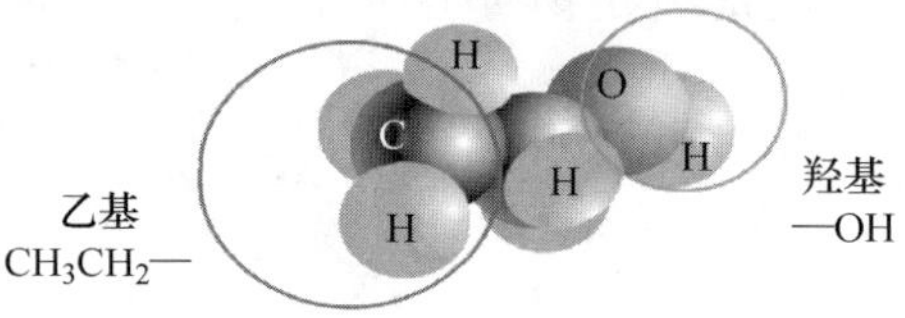

【板书】1. 组成和结构

分子式：C_2H_6O；结构式：$\begin{array}{c} \ \ \ \ \ \ H\ \ \ \ H \\ \ \ \ \ \ \ |\ \ \ \ \ | \\ H—C—C—O—H \\ \ \ \ \ \ \ |\ \ \ \ \ | \\ \ \ \ \ \ H\ \ \ \ H \end{array}$；电子式：$\begin{array}{c} H\,H \\ H{:}\ddot{C}{:}\ddot{C}{:}\ddot{\underset{..}{O}}{:}H \\ H\,H \end{array}$

结构简式：CH_3CH_2OH 或 C_2H_5OH

【讲述】乙醇分子中含有的—OH，称为羟基。乙醇是由乙基（—C_2H_5）和羟基（—OH）构成的，可看作是乙烷分子里的氢原子被羟基所取代的产物。像这种烃分子中的氢原子被其他原子或原子团所取代而生成的一系列化合物称为烃的衍生物。前面提及的一氯甲烷、二氯甲烷、三氯甲烷、四氯甲烷及硝基苯等也属于烃的衍生物。乙醇具有与乙烷不同的化学特性，这是因为取代氢原子的羟基对乙醇的性质起着很重要的作用。像这种决定有机化合物的化学特性的原子或原子团叫做官能团。卤素原子（—X）、羟基（—OH）、硝基（—NO_2）都是官能团，烯烃分子中的碳碳双键也是官能团。

2. 乙醇的性质

【讲述】学习了乙醇的分子组成与结构，我们来看乙醇的物理性质。

【板书】2. 物理性质

【讲述】从色、态、味等方面观察酒精灯内的酒精，总结乙醇的物理性质。

【板书】乙醇是无色透明、具有特殊香味的易挥发的液体，乙醇密度比水小，且可与水以任意比互溶

【板书】3. 化学性质

【讲述】通过上面学习乙醇的组成与结构，能够发现乙醇的结构存在以下特点，乙醇中存在3种不同的氢原子，共有C—H、C—C、C—O、O—H 4种键，乙醇中的官能团为—OH，且羟基氢最活泼。在反应过程中不同位置处化学键的断裂分别体现了乙醇不同的化学性质。在一定条件下，乙醇反应时可断裂其中的一个或几个化学键，通过观察可知乙醇可以有以下5种断键方式，每种方式分别对应不同的化学反应类型。

【板书】

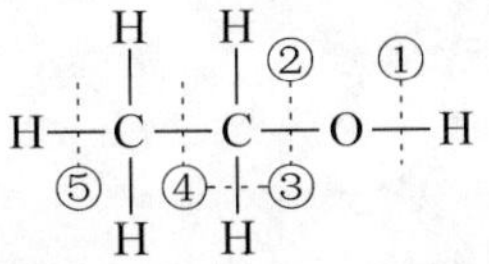

【讲述】回顾刚才的实验，乙醇可以与金属钠反应，大家写出该反应的化学方程式，并思考乙醇与钠反应的断键位置。

【板书】（1）与 Na 反应

$2CH_3CH_2OH + 2Na \longrightarrow 2CH_3CH_2ONa + H_2\uparrow$　　断①键

【讲述】由乙醇、水分别和钠反应的实验比较可知：乙醇与钠反应不如水与钠反应剧烈，这说明醇羟基中的氢原子不如水分子中的氢原子活泼。而在此反应中断掉的是羟基氢也就是上述的①键，另外，K、Mg、Ca 等活泼金属也能取代乙醇分子中羟基上的氢原子。

【过渡】学习了乙醇与钠的反应，我们来学习乙醇的另一个反应——氧化反应。

【讲述】燃料乙醇的使用不仅可节省能源，而且可以减少环境污染。巴西等国是推广乙醇为汽车燃料的最早国家，我国乙醇燃料刚起步，2003 年投产的吉林 60 万吨乙醇燃料项目是国内乙醇生产规模之最。由此，我们可以知道乙醇可做燃料，说明乙醇可发生氧化反应。请大家写出乙醇燃烧的化学方程式。

【板书】（2）乙醇的氧化反应

燃烧：$CH_3CH_2OH + 3O_2 \xrightarrow{点燃} 2CO_2 + 3H_2O$　　断全部键

【讲述】乙醇燃烧的反应中上述 5 种化学键全部断裂，完全反应生成二氧化碳与水。乙醇不仅可以通过点燃与氧气发生反应，还可以通过催化氧化的方式与氧气发生反应，老师写出该反应的化学方程式，同学们思考该反应的断键方式。

【板书】催化氧化：$2CH_3CH_2OH + O_2 \xrightarrow[\triangle]{催化剂} 2CH_3CHO + 2H_2O$　　断①、③键

【投影】

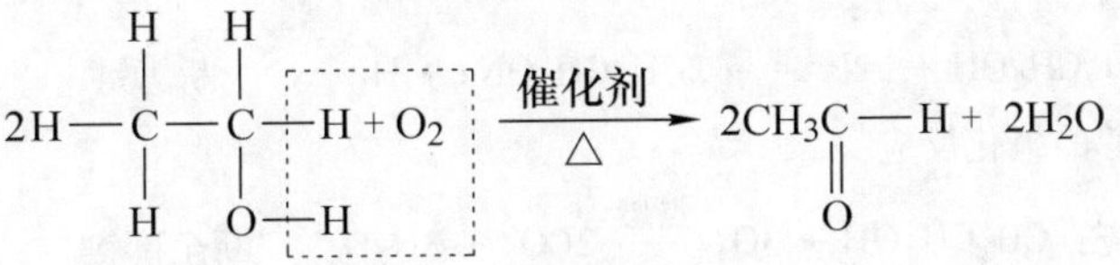

【讲述】此时生成的物质为乙醛和水，断掉的是羟基与邻位亚甲基上的氢，也就是上述描述的①、③键。

【讲述】通过今天的学习我们知道，乙醇参加反应时的断键情况与乙醇的性质相对应，在与钠反应时断①键，燃烧时化学键全部断裂，催化氧化时断裂①、③键。我们后续还将继续学习乙醇其他情况的断键方式，到时进行完整的总结。除了以上三种反应外，乙醇还可以与酸性高锰酸钾溶液或酸性重铬酸钾溶液反应，直接氧化生成乙酸。此类反应常被应用于交警查酒后驾车。

【板书】被酸性高锰酸钾溶液或酸性重铬酸钾溶液反应，直接氧化生成乙酸

【提问】根据乙醇的多样化性质，它在生活中有哪些用途呢？

【讲述】乙醇可以作燃料，主要作酒精灯、火锅、内燃机等的燃料；也可以作化工原料，

制取乙醛、醋酸、饮料、香精等；还可以作消毒剂，在医疗上用体积分数约为75%的乙醇溶液消毒。

【板书】4. 用途：燃料、化工原料、消毒剂

环节三：归纳总结

【总结】本节课我们首先学习了乙醇的组成与结构，然后通过乙醇与钠的反应，学习了官能团对物质性质的影响及羟基官能团的通性。在此基础上学习了乙醇的燃烧和催化氧化，加深了结构对物质性质影响的学习。请同学们完成课后第 76 页的 1、2、3、5 题，并预习下节课的内容。

七、板书设计

3.3.1 生活中两种常见的有机物

一、乙醇

1. 组成和结构

分子式：C_2H_6O；结构式：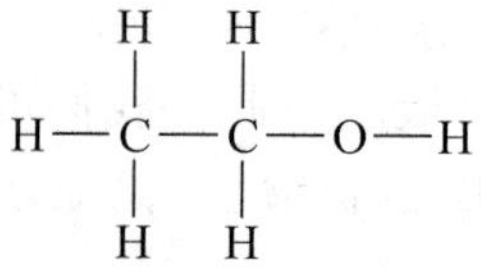；电子式：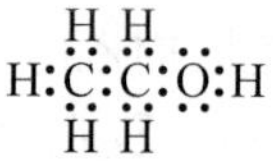

结构简式：CH_3CH_2OH 或 C_2H_5OH

2. 物理性质

乙醇是无色透明、具有特殊香味的易挥发的液体，乙醇密度比水小，且可与水以任意比互溶

3. 化学性质

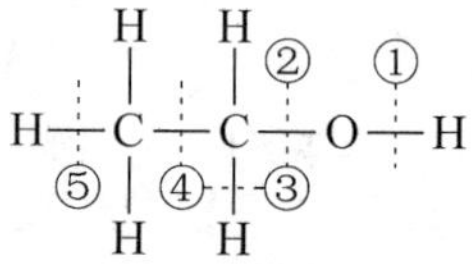

（1）与 Na 反应

$2CH_3CH_2OH + 2Na \longrightarrow 2CH_3CH_2ONa + H_2\uparrow$　　断①键

（2）乙醇的氧化反应

燃烧：$CH_3CH_2OH + 3O_2 \xrightarrow{点燃} 2CO_2 + 3H_2O$　　断全部键

催化氧化：$2CH_3CH_2OH+O_2 \xrightarrow[\triangle]{催化剂} 2CH_3CHO+2H_2O$　　断①、③键

被酸性高锰酸钾溶液或酸性重铬酸钾溶液反应，直接氧化生成乙酸

4. 用途：燃料、化工原料、消毒剂

第2课时　乙　　酸

一、教材分析

本节内容选自人教版高中化学必修2第三章“有机化合物”第三节“生活中两种常见的有机物”。依据课程标准“知道乙醇、乙酸、糖类、油脂、蛋白质的组成和主要性质，认识其在日常生活中的应用”的要求，本节课安排了“乙酸的组成结构和乙酸的主要性质”等教学内容。

乙酸俗称醋酸，是烃的重要含氧衍生物。教科书首先介绍了乙酸的结构式及其官能团羧基，引导学生从本质上认识乙酸，并介绍了乙酸的物理性质。为了加深学生对乙酸的认识，教科书介绍了乙酸具有酸的通性，并通过实验将其与碳酸进行对比，探究乙酸的酸性强弱。乙酸的官能团为羧基，官能团对物质的性质影响巨大，为了更好地学习乙酸的特征反应，教科书通过实验帮助学生认识乙酸的酯化反应，将酯化反应进行了较为详细的说明，并简单地介绍了酯化反应的应用，引导学生形成“性质决定用途”的思想。

乙酸是烃的重要衍生物，上节课学习了烃的衍生物——乙醇，因此本节课的学习是建立在乙醇的知识结构上，学生能够更加有效的理解乙酸的相关知识。但是烃的衍生物不只有乙醇、乙酸，所以本节课的学习也为学生学习选修5第三章第三节“羧酸　酯”奠定了知识基础。

二、学情分析

在上一节课的学习中，学生从结构、物理性质和化学性质等方面进行烃的衍生物——醇的学习，本节课在此基础上继续学习烃的衍生物——乙醇有关知识。乙酸虽是烃的衍生物，但由于乙酸与乙醇的官能团不同，其性质与乙醇也不同，因此还需深入学习烃的衍生物的相关知识，提高学生的认知水平。学生通过学习有关有机化合物知识，已经基本具备了从结构式的角度分析不同有机物化学性质的能力，能够做到学以致用，但是学生还无法完全理解有机物的规律，因此还需进一步提高学生归纳总结的能力。

三、教学目标

知识与技能	（1）理解乙酸结构，掌握乙酸物理性质。 （2）掌握乙酸的酸性强弱及乙酸的化学性质。 （3）掌握酯化反应的反应原理
过程与方法	（1）通过探究乙酸的酸性强弱，提高分析、判断能力。 （2）通过实验探究认识酯化反应，提高透过现象看本质的能力。 （3）根据乙酸与乙醇发生的酯化反应，理解酯化反应的反应历程
情感态度与价值观	（1）通过生活实验探究乙酸与碳酸的酸性强弱，感受化学与生活的联系。 （2）通过观察探究实验的现象，分析新物质的组成，体会化学实验的重要性。 （3）根据酯化反应产物的特殊性质，引出酯化反应在生活生产中的价值，树立“在生活中学化学”的意识

四、教学重点和难点

（1）教学重点：乙酸的酸性和乙酸的酯化反应。

（2）教学难点：酯化反应的概念、特点及本质。

五、知识结构

乙酸

- 组成与结构
  - 分子式：$C_2H_4O_2$
  - 结构式：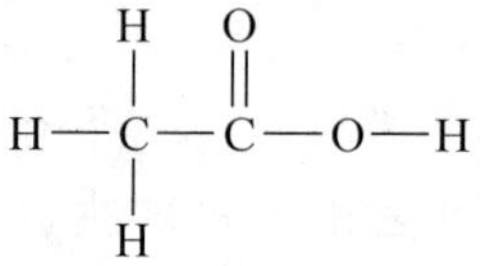
  - 结构简式：CH_3COOH
  - 官能团：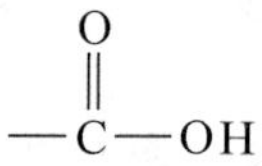
- 性质
  - 物理性质：有强烈刺激性气味的无色液体，易溶于水和乙醇
  - 化学性质
    - 酸的通性：$CH_3COOH \rightleftharpoons CH_3COO^- + H^+$
    - 醋酸除水垢
    - $Mg(OH)_2 + 2CH_3COOH = (CH_3COO)_2Mg + 2H_2O$
    - $CaCO_3 + 2CH_3COOH = (CH_3COO)_2Ca + H_2O + CO_2\uparrow$
    - 酯化反应：$CH_3COOH + CH_3CH_2OH \xrightleftharpoons{浓H_2SO_4} CH_3COOC_2H_5 + H_2O$
- 用途：作化工原料，家庭食用

六、教学过程

环节一：导入新课

【导入】乙酸是日常生活中常见的物质，我们食用的醋的主要成分就是乙酸，因此乙酸又叫醋酸。在醋中加少许白酒，醋的味道就会变得芳香且不易变质，这是为什么呢？厨师烧鱼时常加醋并加点酒，为何这样鱼的味道就变得无腥、香醇、特别鲜美？通过本节课的学习，大家便会知道其中的奥妙。

【板书】3.3.2　生活中两种常见的有机物

二、乙酸

环节二：展开新课

1. 乙酸的组成和结构

【讲述】为什么乙酸会有以上这些性质呢？这要从结构上来认识。下面我们学习乙酸的分子结构。

【投影】乙酸分子的比例模型

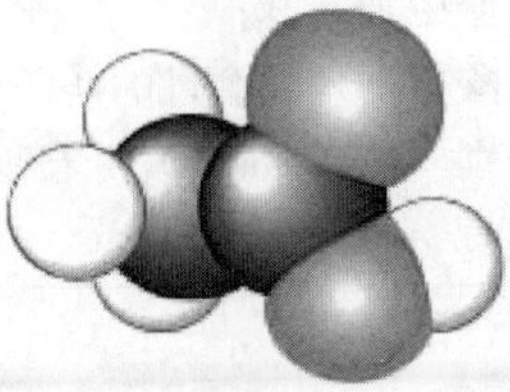

【讲述】乙酸的结构含有甲基（$—CH_3$）和羧基（—COOH），羧基为乙酸的官能团。羧基是由羰基（$-\overset{\overset{\displaystyle O}{\|}}{C}-$）和羟基（—OH）相连而成的，这两个基团连在一起，相互影响，不再是两个独立的官能团，而成为一个统一的整体。所以羧基表现的性质跟羟基和羰基都不同，而是表现羧基特有的性质。请同学们跟老师一起写出乙酸的分子式、结构式和结构简式。

【板书】1. 组成和结构

分子式：$C_2H_4O_2$

结构式：$H-\underset{\underset{\displaystyle H}{|}}{\overset{\overset{\displaystyle H}{|}}{C}}-\overset{\overset{\displaystyle O}{\|}}{C}-O-H$

结构简式：CH_3COOH

官能团：$-\overset{\overset{\displaystyle O}{\|}}{C}-O-H$(羧基)

2. 乙酸的性质

【讲述】这是一瓶乙酸样品，请同学们观察其颜色、状态，并闻其气味。大家结合九年级所学知识概括出乙酸的重要物理性质及用途。

【讲述】乙酸是一种有强烈刺激性气味的无色液体，沸点是117.9℃，熔点是16.6℃，易溶于水和乙醇。乙酸是醋的主要成分之一，醋是用得较多的一种酸性调味品，它能改善和调节人体的新陈代谢。

【板书】2. 物理性质：有强烈刺激性气味的无色液体，易溶于水和乙醇

【讲述】乙酸的熔点是16.6℃，当温度低于16.6℃时，乙酸就凝结成像冰一样的固体，所以无水乙酸又称为冰醋酸。

【提问】乙酸的官能团是 $-\overset{\overset{\displaystyle O}{\|}}{C}-O-H$，其化学性质主要由羧基决定。乙酸有什么化学性质呢？

【板书】3. 化学性质

【讲述】乙酸是一元弱酸，在水中部分电离生成 CH_3COO^- 和 H^+。

【板书】(1) 酸的通性：$CH_3COOH \rightleftharpoons CH_3COO^- + H^+$

【讲述】那么酸性表现在哪几方面呢？我们通过实验验证一下。

【演示实验】

实验步骤	（1）乙酸中加石蕊； （2）乙酸中加入打磨过的镁条； （3）分别向装有 Na_2CO_3 粉末和 Na_2SO_3 粉末试管中加入乙酸溶液； （4）观察实验现象
实验现象	（1）石蕊试剂变红； （2）镁条溶解； （3）装有 Na_2CO_3 粉末的试管中有气泡产生，装有 Na_2SO_3 粉末的试管中无气泡产生

【讲述】 通过以上实验可以得出：醋酸显酸性，能与活泼金属发生反应。根据实验步骤（3）可以得出 CH_3COOH 的酸性比 H_2CO_3 强，比 H_2SO_3 弱。我们知道家中水壶内的水垢成分为 $Mg(OH)_2$ 和 $CaCO_3$，可以用食醋浸泡除去。请大家写出醋酸除水垢的化学方程式。

【板书】 醋酸除水垢：

$$Mg(OH)_2 + 2CH_3COOH = (CH_3COO)_2Mg + 2H_2O$$

$$CaCO_3 + 2CH_3COOH = (CH_3COO)_2Ca + H_2O + CO_2\uparrow$$

【讲述】 乙酸除具有酸的通性外，还可以与乙醇发生反应，也就是前面提到的在醋中加少许白酒，醋的味道就会变得芳香，为什么会变得芳香，下面我们通过实验来进行探究。

【演示实验】

实验步骤	在一支试管中加入 3mL 乙醇，然后边振荡试管边慢慢加入 2mL 浓硫酸和 2mL 乙酸；按图连接好装置，用酒精灯缓慢加热，将产生的蒸气经导管通到饱和碳酸钠溶液的液面上，观察现象
实验现象	饱和碳酸钠溶液的液面上有透明的油状液体产生，并可闻到香味

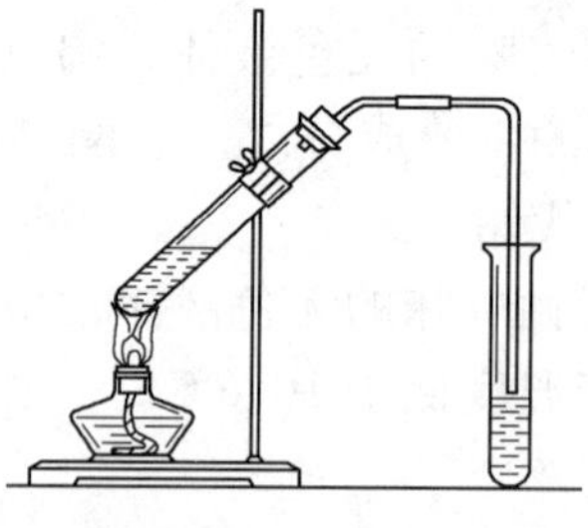

【讲述】 在浓硫酸、加热的条件下，乙酸与乙醇发生反应生成无色透明、不溶于水、有香味的油状液体，这种有香味的油状液体就是乙酸乙酯。我们把这种酸与醇反应生成酯和水的反应称酯化反应。

【板书】（2）酯化反应

1）定义：酸与醇反应生成酯和水的反应

【提问】 在刚才实验中，加入了乙酸、乙醇和浓硫酸，它们的加入顺序有要求吗？顺序是如何的呢？为什么呢？

【讲述】混合酸的加入顺序为乙醇—浓硫酸—乙酸，先加乙醇相当于稀释浓硫酸，浓硫酸会放出大量的热。而且乙醇和乙酸都容易挥发，所以等温度下降后再加乙酸，就可以防止乙酸的挥发，从而节省原料，提高原料的转化率。

【讲述】我们做酯化反应的实验时需要加热，这是因为该反应的反应速率较小，且反应是可逆反应，使得乙酸乙酯的产率较低。加热主要是为了提高反应速率，其次是促使生成的乙酸乙酯挥发并进行收集，使平衡向正向移动，提高乙酸、乙醇的转化率。除此之外，还要加入浓硫酸作催化剂，提高反应速率。浓硫酸除了做催化剂外，从酯化反应产物考虑，反应中还利用浓硫酸的什么性质？

【讲述】吸水性，可以提高乙醇和乙酸的转化率。所以，浓硫酸在这里既是催化剂又是吸水剂。

【提问】收集生成的乙酸乙酯的试管中为什么要装饱和碳酸钠溶液呢？

【讲述】这是因为加热时有一部分乙酸和乙醇被蒸发出来了，用盛有饱和碳酸钠溶液的试管收集生成的乙酸乙酯，一方面可以中和蒸发出的乙酸，溶解蒸发出来的乙醇；另一方面可以降低乙酸乙酯的溶解度，有利于酯的分离。

【板书】2）注意事项：

①制备乙酸乙酯时反应温度不宜过高，要保持在60~70℃左右

②加入碎瓷片，防止液体暴沸

③混合酸加入的顺序是：乙醇—浓硫酸—乙酸

④使用冰醋酸和无水乙醇，同时采用乙醇过量的办法

⑤浓硫酸的用量要稍多于乙醇的用量

⑥使用无机盐 Na_2CO_3 溶液吸收挥发出的乙酸

⑦导气管不要伸到 Na_2CO_3 溶液中，防止倒吸

【提问】我们可以观察到实验时使用的导管长度较长，原因又是什么呢？

【讲述】首先导管末端不能插入试管中的 Na_2CO_3 溶液，防止受热不均匀倒吸，其次导管还起到导气兼冷凝的作用。

【提问】酯化反应是怎样发生的呢？我们采用同位素示踪法来学习酯化反应的化学键断裂过程。

【投影】酯化反应的化学键断裂过程——同位素示踪法

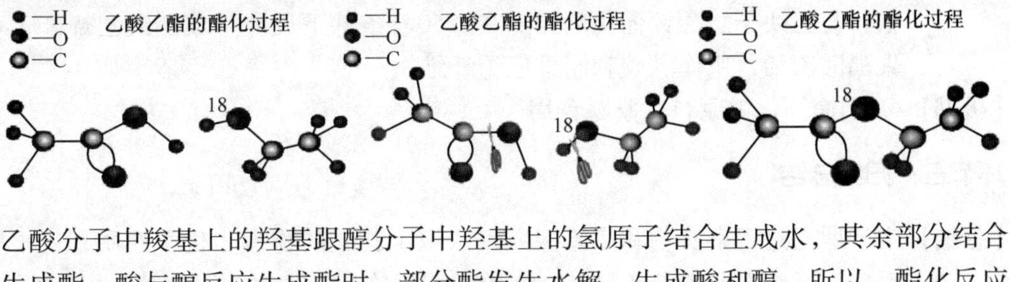

【讲述】乙酸分子中羧基上的羟基跟醇分子中羟基上的氢原子结合生成水，其余部分结合生成酯。酸与醇反应生成酯时，部分酯发生水解，生成酸和醇。所以，酯化反应是可逆反应，要用可逆符号表示。当正逆方向的反应速率相等时，酯化反应与水解反应处于平衡状态。

【板书】3）反应方程式：

【讲述】上述反应当中除了水之外还有一种产物就叫做酯，我们把酸与醇失水作用得到的产物就叫做酯。物质的用途都跟性质有关，很多鲜花和水果的香味都来自酯。现在可以通过人工方法合成各种酯，用作饮料、糖果、香水、化妆品中的香料，用作指甲油、胶水的溶剂。

【小结】通过以上学习我们可以得到乙酸具有以下特性：

（1）乙酸是弱酸。乙酸在水溶液中只有一部分电离产生 H^+，$CH_3COOH \rightleftharpoons CH_3COO^- + H^+$。

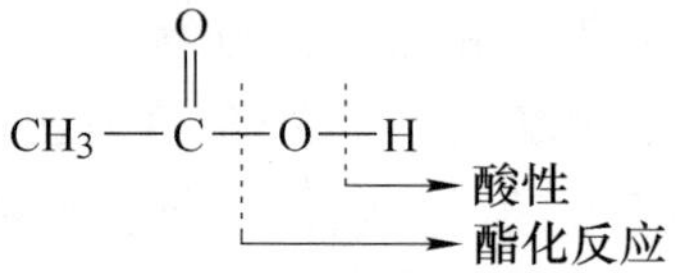

（2）羧基上的羟基能被其他原子或原子团取代。在酯化反应中，酸从羧基上脱去羟基。

（3）在发生化学反应时，乙酸主要有两种断键方式。断掉羟基氢，乙酸显示的是酸性，而断掉羟基则发生的是酯化反应。

【讲述】乙酸的化学反应都跟羧基有关，所以羧基是决定乙酸化学性质的官能团。最后，我们看看乙酸的用途。

【讲述】乙酸被用来制造电影胶片所需要的醋酸纤维素和木材用胶黏剂中的聚乙酸乙烯酯，以及很多合成纤维和织物。在家庭中，乙酸稀溶液常被用作除垢剂。食品工业方面，在食品添加剂列表中，乙酸是规定的一种酸度调节剂。乙酸也可生成各种衍生物，如乙酸甲酯、乙酸乙酯、乙酸丙酯、乙酸丁酯等，可作为涂料和油漆工业的极好溶剂。乙酸酐与纤维素作用生成的醋酸纤维素可用于制造胶片、喷漆等，还是染料、香料、药物等工业不可缺少的原料，并被广泛用做溶剂。也可用作溶剂及制取醋酸盐、醋酸酯（醋酸乙酯、醋酸乙烯酯）、维尼纶纤维的原料。与醇可发生酯化反应，并要有浓硫酸和加热为条件，可用于合成各种醋酸果香酯类香精；与乙炔于醋酸锌催化剂和 170~250℃ 条件下反应生成醋酸乙烯酯，可聚合成聚醋酸乙烯，用作乳胶和制维尼纶纤维。

【板书】4. 用途：化工原料，家庭食用

环节三：归纳总结

【总结】本节课通过观察实物和实验探究，认识了乙酸的物理、化学性质，还了解了酯化反应。通过对乙酸分子结构的解析，我们知道乙酸的化学性质是由羧基决定的。乙酸是一种重要的有机酸，又是我们日常生活中经常用到的食醋的主要成分。又通过乙酸的性质——酯化反应引出乙酸乙酯，并学习制取乙酸、乙酯实验的操作、注意事项及反应方程式。请同学们完成课后第 76 页的 6、7 题，并预习下节课的内容。

七、板书设计

3.3.2　生活中两种常见的有机物

二、乙酸

1. 组成和结构

分子式：$C_2H_4O_2$

结构式：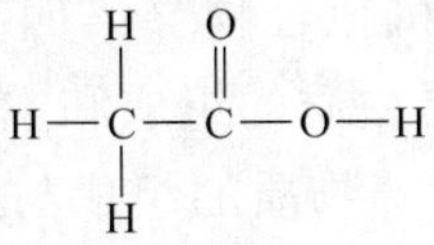

结构简式：CH_3COOH

官能团：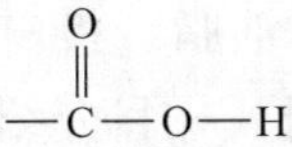(羧基)

2. 物理性质：有强烈刺激性气味的无色液体，易溶于水和乙醇

3. 化学性质

（1）酸的通性：$CH_3COOH \rightleftharpoons CH_3COO^- + H^+$

醋酸除水垢：

$Mg(OH)_2 + 2CH_3COOH = (CH_3COO)_2Mg + 2H_2O$

$CaCO_3 + 2CH_3COOH = (CH_3COO)_2Ca + H_2O + CO_2\uparrow$

（2）酯化反应

1）定义：酸与醇反应生成酯和水的反应

2）注意事项：

①制备乙酸乙酯时反应温度不宜过高，要保持在 60~70℃左右

②加入碎瓷片，防止液体暴沸。

③混合酸的加入顺序是：乙醇—浓硫酸—乙酸

④使用冰醋酸和无水乙醇，同时采用乙醇过量的办法

⑤浓硫酸的用量要稍多于乙醇的用量

⑥使用无机盐 Na_2CO_3 溶液吸收挥发出的乙酸

⑦导气管不要伸到 Na_2CO_3 溶液中，防止倒吸

3）反应方程式

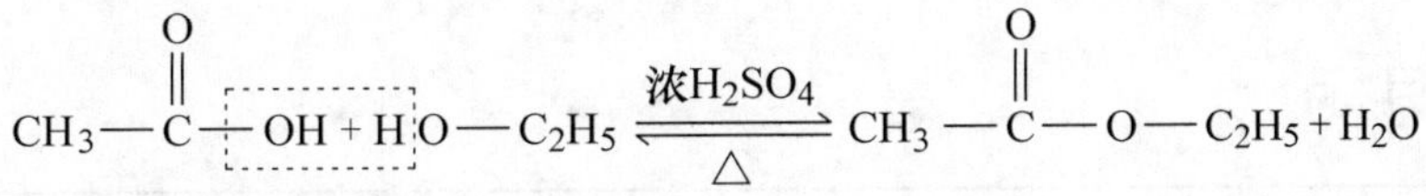

4. 用途：化工原料，家庭食用

第四节　基本营养物质

第1课时　糖类、油脂、蛋白质的性质

一、教材分析

本节内容选自人教版高中化学必修2第三章“有机化合物”第四节“基本营养物质”。依据课程标准“知道乙醇、乙酸、糖类、油脂、蛋白质的组成和主要性质，认识其在日常生活中的应用”的要求，本节课安排了“基本营养物质的组成与主要性质”等教学内容。

生命离不开营养物质的支持，为引导学生深入了解糖类、油脂、蛋白质三种基本营养物质，教科书首先介绍了其代表物的组成，进而通过“学与问”栏目介绍了有机化学中常见的现象“同分异构现象”，帮助学生全面认识这三种基本营养物质。糖类、油脂、蛋白质是生命活动必不可少的物质，但是学生对其认识依然只停留在表面，教科书通过三组实验，将葡萄糖、淀粉及蛋白质的特征反应进行了说明，引出检验这三种物质的方法，再通过实验探究了糖类、油脂、蛋白质的水解反应，并介绍了其用途，将三种基本营养物质的内容细致全面的展现在学生眼前，帮助学生构建更为完整的知识体系。

糖类、油脂、蛋白质属于有机物，在学习有机化合物的知识后，展开三种基本营养物质的学习，能够将有机物与生活紧密联系，帮助学生建立化学与生活的密切联系。并且本节课的学习也为选修5第四章“生命中的基础有机化学物质”做知识铺垫。

二、学情分析

糖类、油脂、蛋白质是生活中常见的物质，高一年级学生从生活经验上已具有一定的知识基础，而在之前的学习中，学生也从组成和结构式的角度学习过有机化合物，因此本节课的学习对于学生来说还是易于接受的。但是糖类、油脂、蛋白质具有比较复杂的分子结构，所以学生还需要进一步对其进行探究，加深对知识的理解。本节课学生通过观察有机物的结构式学习有机物的同分异构现象，通过实验法掌握基本营养物质的检验方法，不断提升观察、实验、分析等能力。

三、教学目标

知识与技能	（1）了解三类基本营养物质中代表物的化学组成。 （2）学会分析判断同分异构体。 （3）掌握三类基本营养物质的主要化学性质
过程与方法	（1）通过分析同分异构现象，提高分析、判断、归纳总结的能力。 （2）根据探究三类基本营养物质的化学反应过程，掌握实验探究的一般方法

续表

情感态度与价值观	（1）通过关注化学与生活的联系，激发学习化学的兴趣。 （2）通过生活经验进入内容学习，树立化学就在身边的意识

四、教学重难点

（1）教学重点：糖类、油脂和蛋白质的组成特点及其主要性质。

（2）教学难点：糖类、油脂和蛋白质的水解反应。

五、知识结构

基本营养物质

- 组成特点
  - 糖类
    - 单糖：葡萄糖和果糖
    - 双糖：蔗糖和麦芽糖
    - 多糖：淀粉和纤维素
  - 油脂分为油和脂
  - （糖类、油脂）组成元素均为 C、H、O
  - 蛋白质组成元素为 C、H、O、N、S、P 等
- 特征反应
  - 葡萄糖在碱性、加热的条件下：
    - 葡萄糖 $\xrightarrow[\triangle]{\text{新制 }Cu(OH)_2}$ 砖红色沉淀
    - 葡萄糖 $\xrightarrow[\triangle]{\text{银氨溶液}}$ 光亮的眼镜
  - 淀粉：在常温下，淀粉遇碘变蓝色
  - 蛋白质：
    - 颜色（显色）反应：加入浓硝酸变黄
    - 灼烧反应：灼烧蛋白质，产生烧焦羽毛的气味
- 水解反应
  - 糖类：$\underset{\text{麦芽糖}}{C_{12}H_{22}O_{11}} + H_2O \xrightarrow{\text{催化剂}} 2\underset{\text{葡萄糖}}{C_6H_{12}O_6}$
    - $\underset{\text{蔗糖}}{C_{12}H_{22}O_{11}} + H_2O \xrightarrow{\text{催化剂}} \underset{\text{葡萄糖}}{C_6H_{12}O_6} + \underset{\text{果糖}}{C_6H_{12}O_6}$
  - 油脂：油脂 + 水 $\underset{\triangle}{\overset{\text{酸}}{\rightleftharpoons}}$ 高级脂肪酸 + 甘油
    - 油脂 + 氢氧化钠 $\xrightarrow{\triangle}$ 高级脂肪酸钠 + 甘油
  - 蛋白质：蛋白质 $\xrightarrow{\text{酶}}$ 氨基酸

六、教学过程

环节一：导入新课

【导入】生命离不开营养物质，俗话说“人是铁饭是钢，一顿不吃饿得慌”。要维持人的正常生命活动，必须定时补充营养物质。在九年级化学的学习中，我们知道食物中含有的营养物质主要包括：糖类、油脂、蛋白质、维生素、无机盐和水，其中糖类、油脂、蛋白质被人们称为动物性和植物性食物中的基本营养物质，接下来

我们进入今天的学习内容——基本营养物质。

【板书】3.4.1　基本营养物质

环节二：展开新课

1. 糖类、油脂、蛋白质的组成特点

【讲述】说到糖类、油脂和蛋白质其实大家并不陌生，每天我们吃的食物中就含有这些物质。一提到糖，常会联想到甜味；讲到油脂，大家多会和肉类物质相联系；说到蛋白质，又会联想到鸡蛋、豆浆等。那么到底什么是糖类、油脂和蛋白质呢？它们的组成和结构又是如何的呢？请同学们阅读课本第 78 页表 3-3。

【板书】一、糖类、油脂、蛋白质的组成特点

【投影】糖类、油脂和蛋白质代表物的化学组成

类　别		元素组成	代表物	代表物分子
糖类	单糖	C、H、O	葡萄糖、果糖	$C_6H_{12}O_6$
	双糖	C、H、O	蔗糖、麦芽糖	$C_{12}H_{22}O_{11}$
	多糖	C、H、O	淀粉、纤维素	$(C_6H_{10}O_5)_n$
油脂	油	C、H、O	植物油	不饱和高级脂肪酸甘油酯
	脂	C、H、O	动物脂肪	饱和高级脂肪酸甘油酯
蛋白质		C、H、O、N、S、P 等	酶、肌肉、毛发等	氨基酸连接成的高分子

【提问】观察表格内容后，请同学们比较一下糖类、油脂、蛋白质的元素组成上有什么异同？

【讲述】我们可以观察到糖类分为单糖、双糖和多糖，其元素组成都是 C、H、O；油脂分为油和脂，也只含有 C、H、O；而蛋白质却和它们不同，除 C、H、O 外，还含有 N、S、P 等元素。

【提问】单糖分为葡萄糖和果糖，观察葡萄糖和果糖的结构式及分子式，大家又有什么发现呢？

【投影】

单糖	葡萄糖	果糖
分子式	$C_6H_{12}O_6$	$C_6H_{12}O_6$

结构式

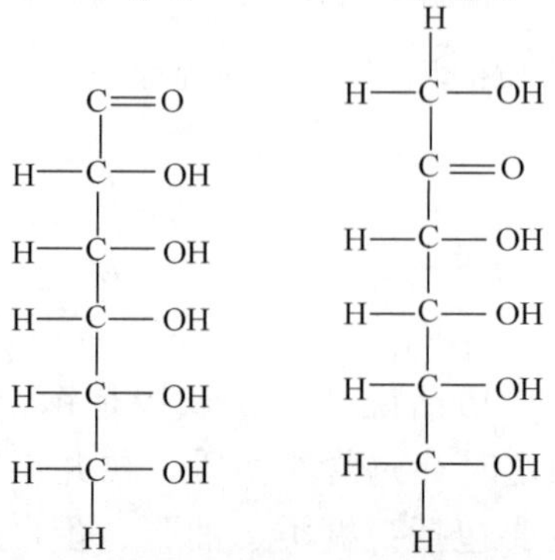

结构简式　$CH_2OH(CHOH)_4CHO$　$CH_2OH(CHOH)_3COCH_2OH$

【讲述】我们可以看出单糖中葡萄糖和果糖的分子式相同，都为 $C_6H_{12}O_6$，但分子内的原子在排列方式上不同，因此它们的结构和性质不相同。我们将这种分子式相同但结构不同的物质称作同分异构体。

【讲述】双糖中蔗糖和麦芽糖的分子组成可看成是 2 个单糖分子脱去 1 个水分子的产物，它们的分子式相同都为 $C_{12}H_{22}O_{11}$，但结构不同，互为同分异构体。多糖中淀粉和纤维素的分子组成虽然都用“$(C_6H_{10}O_5)_n$”表示，但它们的分子式不相同，因为“n 值”不同，纤维素分子中的“n 值”更大。所以，淀粉与纤维素并不是同分异构体。

【讲述】下面我们对单糖、双糖、多糖的特点等进行总结。

【投影】单糖、双糖、多糖比较

类别	单糖	双糖	多糖
特点	不能再水解成更简单的糖	一分子双糖能水解成两分子单糖	一分子多糖能水解成多分子单糖
常见物质	葡萄糖、果糖	蔗糖、麦芽糖	淀粉、纤维素
分子式	$C_6H_{12}O_6$	$C_{12}H_{22}O_{11}$	$(C_6H_{10}O_5)_n$
互相关系	同分异构体	同分异构体	—

2. 糖类、蛋白质的特征反应

【提问】糖类、油脂、蛋白质是我们食物中大量存在的物质，那么用什么方法来检验这些物质的存在呢？我们结合课本第 79 页的实验进行探究。

【实验】

实验步骤	实验现象
在洁净的试管里加入 2mL 2%的硝酸银溶液，振荡试管，同时滴加 2%稀氨水，直到析出的沉淀恰好溶解为止（制得澄清的银氨溶液），再加入 1mL 10%的葡萄糖溶液，在温水浴里静置加热 3~5min	有银析出，附着在洁净的试管内壁

【提问】在此实验中，同学们观察到了什么实验现象呢？

【讲述】我们看到有银析出，附着在洁净的试管内壁，正是由于这一点所以我们形象的称之为“银镜反应”。向硝酸银溶液中滴加稀氨水，振荡试管，有白色 AgOH 沉淀生成，继续滴加沉淀又溶解生成 $[Ag(NH_3)_2]OH$，也就是银氨溶液。由于银氨溶液不易保存，在实验中必须现配现用。生成银氨溶液的化学方程式分为两步。

【投影】

（1）$AgNO_3 + NH_3 \cdot H_2O = AgOH\downarrow + NH_4NO_3$

（2）$AgOH + 2NH_3 \cdot H_2O = [Ag(NH_3)_2]OH + H_2O$

【讲述】虽然老师做的实验现象很明显，但是其实这个实验需要注意很多的关键点才能成功，我们来看一看这个实验成败的四个关键点。

【投影】

“试管洁净”——所用试管要光滑洁净，便于生成的银依附在试管壁上紧密地排列，否则，只得到黑色疏松的银沉淀，没有银镜产生或产生的银镜不光亮。

“氨水适量”——氨水的浓度不能太大，滴加氨水的速度一定要缓慢，否则氨水容易过量。氨水过量会降低试剂的灵敏度，且容易生成爆炸性物质 AgN_3（叠氮化银）。

“水浴加热”——反应液要受热均匀，以温水浴为宜。

“不能振荡”——反应过程中，不能振荡试管，否则会影响银镜的产生。

【讲述】实验室中可以用银镜反应来鉴定含有醛基的化合物，工业上则用这个反应来对玻璃涂银制镜和制保温瓶胆。

【板书】二、糖类、淀粉、蛋白质的特征反应

1. 糖类的特征反应

（1）葡萄糖的特征反应：在碱性、加热的条件下

1）葡萄糖 $\xrightarrow[\triangle]{\text{银氨溶液}}$ 光亮的银镜

【过渡】检验葡萄糖除了银镜反应之外，还可以通过与新制氢氧化铜反应来进行判断，下面我们继续进行实验。

实验步骤	实验现象
在洁净的试管里加入 2mL 10%的氢氧化钠溶液，滴加 4～5 滴 5%的硫酸铜溶液，得到含氢氧化钠的氢氧化铜悬浊液。加入 2mL 10%的葡萄糖溶液，振荡后观察现象，加热，观察实验现象	加热条件下，试管中生成砖红色沉淀

【提问】从这个实验中，我们可以观察到硫酸铜溶液中加入氢氧化钠溶液，先出现蓝色絮状沉淀，加入葡萄糖溶液振荡后沉淀消失，变成绛蓝色溶液，加热后出现砖红色沉淀。产生这种现象的原因是什么呢？

【讲述】蓝色絮状沉淀是因为反应产生了 $Cu(OH)_2$，葡萄糖中含有多个羟基，这种多羟基物质遇到新制 $Cu(OH)_2$ 显绛蓝色，而葡萄糖中的醛基具有还原型，在加热条件下与新制 $Cu(OH)_2$ 发生氧化还原反应，$Cu(OH)_2$ 被还原成 Cu_2O，葡萄糖中的醛基被氧化成羧基。这个实验要加入稍过量的 NaOH，反应在碱性条件下氧化还原反应更容易进行。反应要加热，但温度不能太高，否则部分 $Cu(OH)_2$ 分解产生黑色的 CuO，会掩盖 Cu_2O 的颜色，实验效果不好。

【讲述】银氨溶液或者含有 NaOH 的 $Cu(OH)_2$ 悬浊液可用来检验葡萄糖的存在。医学上曾用过类似的反应来检验病人尿液中葡萄糖含量是否偏高。当然医学中会采用更为简便的方法，就是用糖尿病检验试纸，原理也是类似的。

【板书】2）葡萄糖 $\xrightarrow[\triangle]{\text{新制 }Cu(OH)_2}$ 砖红色沉淀

【过渡】面包和土豆是富含淀粉的物质，淀粉又有什么特征反应呢？

【演示实验】

实验步骤	实验现象
将碘酒滴到一片土豆或面包（淀粉）上	土豆或面包变为蓝色

【讲述】向其加入碘酒土豆或面包变为蓝色，说明淀粉在常温下会遇碘变蓝色，这就是淀粉的特征反应。

【板书】（2）淀粉的特征反应：在常温下，淀粉遇碘变蓝色

【讲述】除了糖类之外，蛋白质也有自己的特征反应，我们通过实验来学习蛋白质的特征反应。

【演示实验】

实验步骤	实验现象
取一小片鸡皮（蛋白质），置蒸发皿中，滴加3~5滴浓硝酸，在酒精灯上微热	鸡皮遇浓硝酸加热后变黄

【讲述】蛋白质与浓硝酸反应后变黄，这个反应称为蛋白质的颜色反应，还有一种更为简便的检验蛋白质的方式，就是灼烧蛋白质，在灼烧过程中会产生烧焦羽毛的气味。买毛线时，如果用肉眼无法区分腈纶线和纯毛线时，就可以取一小段将其灼烧，然后再闻气味，有烧焦羽毛味，则为纯毛线。

【板书】2. 蛋白质的特征反应

（1）颜色（显色）反应：加入浓硝酸，蛋白质变黄

（2）灼烧反应：灼烧蛋白质，产生烧焦羽毛的气味

3. 糖类、油脂、蛋白质的水解反应

【讲述】糖类、油脂、蛋白质虽然结构式不同，但它们有共同化学性质，即能够发生水解反应。我们通过实验来观察糖类的水解反应。

【实验】

实验步骤	实验现象	解释
取1mL 20%的蔗糖溶液，加入3~5滴稀硫酸，水浴加热5min后，加入NaOH溶液调pH值至碱性，再加入新制的$Cu(OH)_2$，加热3~5min至沸腾	生成砖红色沉淀	蔗糖在酸性条件下水解，生成含有醛基的葡萄糖，能与新制的$Cu(OH)_2$在加热条件下生成砖红色沉淀

【讲述】不仅蔗糖能水解，麦芽糖、淀粉在稀酸或酶催化下也能水解，而且淀粉在动物体内可在酶催化下水解；纤维素也能水解，但是纤维素比淀粉难水解，只有在稀酸催化下才发生水解。双糖、多糖在稀酸的催化下，最终水解为葡萄糖或果糖，若要检验产物中含有葡萄糖，必须先加碱中和酸至碱性，才能用银氨溶液或新制的氢氧化铜检验醛基的存在。

【板书】三、糖类、油脂、蛋白质的水解反应

1. 糖类的水解反应

$$\underset{\text{（蔗糖）}}{C_{12}H_{22}O_{11}} + H_2O \xrightarrow{\text{催化剂}} \underset{\text{（葡萄糖）}}{C_6H_{12}O_6} + \underset{\text{（果糖）}}{C_6H_{12}O_6}$$

$$\underset{\text{淀粉(或纤维素)}}{(C_6H_{10}O_5)_n} + nH_2O \xrightarrow{\text{催化剂}} \underset{\text{葡萄糖}}{nC_6H_{12}O_6}$$

【讲述】油脂在酸或碱的催化条件下，加热时均可发生水解反应，在动物体内水解是在酶催化下完成的。在酸性条件下，油脂水解为甘油（丙三醇）和高级脂肪酸；在碱性条件下，油脂水解为甘油和高级脂肪酸盐，此水解反应称为皂化反应，我们生活中常用的肥皂就是工业上通过此方法制得的。

【板书】2. 油脂的水解反应

$$\text{油脂} + \text{水} \underset{\triangle}{\overset{\text{酸}}{\rightleftharpoons}} \text{高级脂肪酸} + \text{甘油}$$

$$\text{油脂} + \text{氢氧化钠} \xrightarrow{\triangle} \text{高级脂肪酸钠} + \text{甘油}$$

【讲述】蛋白质在酶等催化剂作用下会水解，水解产物是氨基酸。天然蛋白质水解的最终产物都是α-氨基酸。

【讲述】在这里要注意的是“最终”两个字，蛋白质不完全水解生成的是多肽，它是蛋白质水解的中间产物，完全水解产生氨基酸。

【板书】3. 蛋白质的水解反应

$$\text{水解反应：蛋白质} \xrightarrow{\text{酶}} \text{氨基酸}$$

4. 氨基酸

【讲述】甘氨酸、丙氨酸、谷氨酸是我们常见的 3 种氨基酸，我们来观察一下它们的结构式。

【投影】甘氨酸、丙氨酸和谷氨酸的结构式

$$\text{甘氨酸：}\begin{array}{l} CH_2 — COOH \\ | \\ NH_2 \end{array}$$

$$\text{丙氨酸：}\begin{array}{ccccc} CH_3 & — & CH & — & COOH \\ & & | & & \\ & & NH_2 & & \end{array}$$

$$\text{谷氨酸：}\begin{array}{ccccccc} HOOC & — & (CH_2)_2 & — & CH & — & COOH \\ & & & & | & & \\ & & & & NH_2 & & \end{array}$$

【提问】观察列举的这 3 种氨基酸，它们在结构上有什么共同点？

【板书】四、氨基酸

（1）氨基酸的构成：都含有官能团—COOH、—NH_2

【讲述】氨基酸都含有官能团羧基和氨基，要注意“羧基”的“羧”字和“氨基”的“氨”字的正确书写。我们已经知道—COOH 是显酸性，那么—NH_2是显什么性呢？我们可以对比已经学过的 NH_3，溶于水显碱性，所以这里的—NH_2 显碱性，由此我们可以知道氨基酸属于两性化合物。

【板书】（2）氨基酸的性质：两性化合物

【过渡】氨基酸的种类有很多，在命名的时候，我们习惯上把离羧基最近的 C 标为 α，其次是 β、γ、…，如果氨基连在离羧基最近的 C 上，也就是 α 碳原子上，我们称这种氨基酸为 α-氨基酸，谷氨酸是最简单的氨基酸，也是最简单的 α-氨基酸。天然蛋白质水解得到的就是α-氨基酸。

环节三：归纳总结

【总结】 本节课我们从糖类、油脂、蛋白质的组成、结构、性质展开学习，认识了葡萄糖、淀粉、蛋白质的鉴别方法及糖类、油脂、蛋白质的水解反应。糖类、油脂、蛋白质是我们的基本营养物质，那么它们在生活生产中有着怎样的应用呢？同学们课后结合课本第 80 页的内容，查阅相关资料，认真预习这三种物质在生产生活中的应用。完成课后第 82~83 页习题 1、2、5、7 题，下节课我们继续学习有关基本营养物质的知识。

七、板书设计

3.4.1　基本营养物质

一、糖类、油脂、蛋白质的组成特点

二、糖类、淀粉、蛋白质的特征反应

1. 糖类的特征反应

（1）葡萄糖的特征反应：在碱性、加热的条件下

1）葡萄糖 $\xrightarrow[\triangle]{\text{银氨溶液}}$ 光亮的银镜

2）葡萄糖 $\xrightarrow[\triangle]{\text{新制 } Cu(OH)_2}$ 砖红色沉淀

（2）淀粉的特征反应：在常温下，淀粉遇碘变蓝色

2. 蛋白质的特征反应

（1）颜色（显色）反应：加入浓硝酸，蛋白质变黄

（2）灼烧反应：灼烧蛋白质，产生烧焦羽毛的气味

三、糖类、油脂、蛋白质的水解反应

1. 糖类的水解反应

$$\underset{\text{（蔗糖）}}{C_{12}H_{22}O_{11}} + H_2O \xrightarrow{\text{催化剂}} \underset{\text{（葡萄糖）}}{C_6H_{12}O_6} + \underset{\text{（果糖）}}{C_6H_{12}O_6}$$

$$\underset{\text{淀粉（或纤维素）}}{(C_6H_{10}O_5)_n} + nH_2O \xrightarrow{\text{催化剂}} \underset{\text{葡萄糖}}{nC_6H_{12}O_6}$$

2. 油脂的水解反应

油脂 + 水 $\underset{\triangle}{\overset{\text{酸}}{\rightleftharpoons}}$ 高级脂肪酸 + 甘油

油脂 + 氢氧化钠 $\xrightarrow{\triangle}$ 高级脂肪酸钠 + 甘油

3. 蛋白质的水解反应

水解反应：蛋白质 $\xrightarrow{\text{酶}}$ 氨基酸

四、氨基酸

（1）氨基酸的构成：都含有官能团—COOH、—NH_2

（2）氨基酸的性质：两性化合物

第2课时　糖类、油脂、蛋白质在生产、生活中的作用

一、教材分析

本节内容选自人教版高中化学必修2第三章“有机化合物”第四节“基本营养物质”。依据课程标准“知道乙醇、乙酸、糖类、油脂、蛋白质的组成和主要性质，认识其在日常生活中的应用”的要求，本节课安排了“糖类、油脂、蛋白质的存在、来源及在生产生活中的作用”等教学内容。

糖类、油脂、蛋白质在生产生活中具有广泛的用途。为引导学生深入认识这三种物质，教科书首先从糖类出发，介绍糖类是绿色植物光合作用的产物，其不仅仅存在于植物中，还存在于动物中，除此之外还介绍了蔗糖、淀粉、纤维素等在生活生产中的主要作用。其次，教科书通过介绍油脂的用途及危害，将油脂的相关知识全面地呈现在学生眼前，便于学生归纳总结。蛋白质是细胞结构中复杂多变的高分子化合物，教科书对蛋白质水解产物氨基酸和特殊的蛋白质酶进行了有关介绍。

本节内容是上一节内容的延续，上节课学习了糖类、油脂、蛋白质的组成及主要性质，本节课从其存在及用途出发，更加全面的了解这三种基本营养物质的有关知识，这也为进一步学习选修5第四章“生命中的基础有机化学物质”奠定了知识铺垫，起到了承上启下的作用。

二、学情分析

上节课学生已经掌握了糖类、油脂、蛋白质的结构及主要性质，初步了解三类基本营养物质的组成与性质，但是学生还需进一步掌握其在生产、生活中的应用，建立更加完善的知识系统。通过上节课的学习，学生在已有的分析、判断、归纳总结等能力的基础上，继续分析这三类物质的主要用途，由于这三类物质的用途广泛，本节课的学习还有利于帮助学生不断提高综合运用知识的能力。

三、教学目标

知识与技能	（1）了解三类基本营养物质的存在及来源。 （2）掌握糖类、油脂、蛋白质在生产生活中的应用
过程与方法	（1）通过学习糖类、油脂、蛋白质的主要用途，了解化学与生产生活的联系。 （2）根据分析油脂中碳链的不同而导致的用途不同，了解结构决定性质的规律。 （3）通过对三种基本营养物质用途的学习，培养综合归纳能力
情感态度与价值观	（1）通过了解三类基本营养物质的存在及用途，构建正确的知识体系。 （2）通过理解复杂的蛋白质用途的知识，激发好奇心与求知欲

四、教学重难点

（1）教学重点：糖类、油脂、蛋白质的应用。

（2）教学难点：糖类、油脂、蛋白质的应用。

五、知识结构促进

- 基本营养物质
  - 葡萄糖和果糖
    - 存在：水果、蔬菜和血液中等
    - 主要用途：食品加工、医疗输液、合成补钙药物及维生素 C 等
  - 蔗糖
    - 存在：甘蔗和甜菜中
    - 主要用途：食用，如白糖、冰糖等
  - 淀粉和纤维素
    - 淀粉的存在：植物的种子和块茎中
    - 淀粉的主要用途：食用、生产葡萄糖和酒精
    - 纤维素的存在：植物的茎、叶、皮中，棉花的主要成分
    - 纤维素的主要用途：促进胃肠蠕动，造纸、制造纤维素硝酸酯、纤维素乙酸酯等
  - 油脂
    - 存在：植物的种子、动物的组织和器官中
    - 作用
      - 是热值最高的食物（过量摄入会引起疾病）
      - 有保持体温和保护内脏器官的功能
      - 能增强食物的滋味，增进食欲
      - 保证机体的正常生理功能
      - 增强人体对脂溶性维生素的吸收
  - 蛋白质
    - 存在：组成细胞的基础物质、植物的种子中、动物的肌肉、皮肤、毛发、蹄和角等
    - 作用：食用、纺织业、皮革业、医药业和化工业等

六、教学过程

环节一：导入新课

【导入】上节课我们学习了基本营养物质糖类、油脂、蛋白质的组成与性质，这节课我们继续学习糖类、油脂、蛋白质的存在和应用。

【板书】3.4.2　糖类、油脂、蛋白质在生产、生活中的作用

环节二：展开新课

1. 糖类物质的主要作用

【过渡】糖类物质是绿色植物光合作用的产物，是动、植物所需能量的重要来源。请同学们阅读课本第 80 页的“糖类物质的主要作用”思考以下问题，并进行总结。

【思考】（1）葡萄糖和果糖存在于哪些物质中？有哪些用途？

（2）蔗糖存在于哪些物质中？有哪些用途？

（3）淀粉和纤维素存在于哪些物质中？有哪些用途？

【讲述】葡萄糖和果糖都是单糖，主要存在于水果与蔬菜中，葡萄糖还存在于动物的血液中，人体正常血糖的含量为 100mL 血液中约含有葡萄糖 80～100mg。葡萄糖不但是维持人体能量的主要物质，还是重要的化工原料，主要用于食品加工、医疗输

液、合成补钙药物及维生素 C 等。

【板书】一、糖类物质的主要作用

1. 葡萄糖和果糖的存在和主要用途

（1）存在：水果、蔬菜和血液中等

（2）主要用途：食品加工、医疗输液、合成补钙药物及维生素 C 等

【讲述】单糖的存在和用途问题已经解决，现在来看看双糖和多糖。蔗糖是双糖，主要存在于甘蔗和甜菜中，我们食用的白糖、冰糖等就是蔗糖。淀粉存在于植物的种子和块茎中，大米、小麦、马铃薯中都含有大量的淀粉，淀粉除了做食物外，主要用于生产葡萄酒和酒精。淀粉和纤维素是食物的重要组成部分，纤维素还是植物的主要成分，植物的茎、叶、皮中都含有纤维素。由于人体中没有水解纤维素的酶，因此其在人体中主要是促进胃肠蠕动的作用。像木材、稻草、麦秸、甘蔗渣等物质中也含有大量的纤维素，它们可被用于造纸、制造纤维素硝酸酯、纤维素乙酸酯和黏胶纤维等。

【板书】2. 蔗糖的存在和主要用途

（1）存在：甘蔗和甜菜中

（2）主要用途：食用，如白糖、冰糖等

3. 淀粉和纤维素的存在和主要用途

（1）淀粉的存在：植物的种子和块茎中

（2）淀粉的主要用途：食用、生产葡萄糖和酒精

（3）纤维素的存在：植物的茎、叶、皮中，棉花的主要成分

（4）纤维素的主要用途：促进胃肠蠕动，造纸、制造纤维素硝酸酯、纤维素乙酸酯和黏胶纤维等

2. 油脂的主要作用

【过渡】油脂的分布很广泛，请同学们阅读课本第 81 页“油脂的主要作用”，思考油脂主要存在于哪些物质中？有哪些用途？

【讲述】各种植物的种子、动物的组织和器官中都存在一定数量的油脂，特别是油料作物的种子和动物皮下的脂肪油脂含量十分丰富。若植物中油脂碳链含碳碳双键时，主要是低沸点的植物油；油脂的碳链为碳碳单键时，主要是高沸点的动物脂肪。而油脂在人体内的变化主要是在脂肪酶的催化下进行水解，生成甘油（丙三醇）和高级脂肪酸，然后再分别进行氧化分解，释放能量。

【板书】二、油脂的主要作用

1. 油脂的存在：植物的种子、动物的组织和器官中

【讲述】油脂不但能为人体提供能量，还能保持体温和保护内脏器官、增强食物的滋味，增进食欲、保证机体的正常生理功能和增强人体对脂溶性维生素的吸收。但摄入过多脂肪，会引起肥胖、高血脂、高血压等病症，还可能诱发恶性肿瘤，因此在饮食中要注意控制油脂的摄入量。

【板书】

2. 油脂的作用
- 是热值最高的食物（过量摄入会引起疾病）
- 有保持体温和保护内脏器官的功能
- 能增强食物的滋味，增进食欲
- 保证机体的正常生理功能
- 增强人体对脂溶性维生素的吸收

3. 蛋白质的主要作用

【过渡】对于蛋白质，同学们又知道多少呢？虽然我们食用的牛奶、鸡蛋中就含有大量的蛋白质，但是其实蛋白质还有很多我们不知道的存在及用途，请同学们阅读课本第 81 页的“蛋白质的主要作用”，思考蛋白质主要存在于哪些物质中？有哪些用途？

【讲述】蛋白质是细胞结构里复杂多变的高分子化合物，存在于一切细胞中。我们人体内的蛋白质由氨基酸组成，而氨基酸又分为必需氨基酸和非必需氨基酸，必需氨基酸是人体不能自己合成的，只能从食物中补给，共有 8 种，非必需氨基酸可由人体自己合成，共有 12 种，因此蛋白质是人体必需的营养物质。

【板书】三、蛋白质的主要作用

1. 组成人体蛋白质的氨基酸

氨基酸
- 必需氨基酸（共 8 种）人体不能合成，只能从食物中补给
- 非必需氨基酸（共 12 种）：可以在人体中利用氮元素合成
- 不需要由食物供给

【讲述】蛋白质不但存在于人体细胞中，还存在于动物、植物细胞中。动物的肌肉、皮肤、毛发等都含有蛋白质，而植物的种子中也含有丰富的蛋白质。蛋白质在人体内需要在胃蛋白酶和胰蛋白酶的作用下经过水解反应生成氨基酸，氨基酸被人体吸收后，重新相互组合又形成人体所需的各种蛋白质，人体中上百种激素和酶都是由蛋白质组成。人体内的各种组织蛋白质也在不断的分解，最后主要生成尿素排出体外。

【板书】2. 蛋白质的存在：组成细胞的基础物质、植物的、种子中动物的肌肉、皮肤、毛发、蹄和角等

【讲述】蛋白质在工业上也有很多的应用。动物的毛、皮、蚕丝等可以制作服装，动物胶可以制造照相用片基，驴皮制的阿胶还是一种药材。所以蛋白质不但是人体必需的营养物质还是工业生产中的好材料。

【板书】3. 蛋白质的作用：食用、纺织业、皮革业、医药业和化工业等

【讲述】酶是一类特殊的蛋白质，在人体中承担着催化剂的作用，部分酶在工业生产中也被广泛的应用。但是酶催化作用有着独特的要求，酶的选择性很强，一种酶只能催化一种物质，并且在条件温和的情况下反应，若在高温或过酸、过碱等刺激性条件下，酶就会失去活性。但酶的催化速率很快、效率极高，因此在人体、工业生产中都需要酶发挥作用。

【板书】4. 酶：酶是一类特殊的蛋白质

环节三：归纳总结

【课堂小结】 本节课，我们学习了糖类、油脂、蛋白质的存在及用途，认识了身体所需营养物质。糖类、油脂、蛋白质不但在我们人体中发挥着重要作用，在工业生产中也有重要作用，为了能够更好的掌握本节课的知识，请同学们课后完成课本第82~83页3、6、8、9题。

七、板书设计

3.4.2　糖类、油脂、蛋白质在生产、生活中的作用

一、糖类物质的主要作用

1. 葡萄糖和果糖的存在和主要用途

（1）存在：水果、蔬菜和血液中等

（2）主要用途：食品加工、医疗输液、合成补钙药物及维生素C等

2. 蔗糖的存在和主要用途

（1）存在：甘蔗和甜菜中

（2）主要用途：食用，如白糖、冰糖等

3. 淀粉和纤维素的存在和主要用途

（1）淀粉的存在：植物的种子和块茎中

（2）淀粉的主要用途：食用、生产葡萄糖和酒精

（3）纤维素的存在：植物的茎、叶、皮中，棉花的主要成分

（4）纤维素的主要用途：促进胃肠蠕动，造纸、制造纤维素硝酸酯、纤维素乙酸酯和黏胶纤维等

二、油脂的主要作用

1. 油脂的存在：植物的种子、动物的组织和器官中

2. 油脂的作用：
- 是热值最高的食物（过量摄入会引起疾病）
- 有保持体温和保护内脏器官的功能
- 能增强食物的滋味，增进食欲
- 保证机体的正常生理功能
- 增强人体对脂溶性维生素的吸收

三、蛋白质的主要作用

1. 组成人体蛋白质的氨基酸

氨基酸：
- 必需氨基酸（共8种）人体不能合成，只能从食物中补给
- 非必需氨基酸（共12种）：可以在人体中利用氮元素合成
- 不需要由食物供给

2. 蛋白质的存在：组成细胞的基础物质、植物的、种子中动物的肌肉、皮肤、毛发、蹄和角等

3. 蛋白质的作用：食用、纺织业、皮革业、医药业和化工业等

4. 酶：酶是一类特殊的蛋白质

第四章 化学与自然资源的开发利用

本章知识梳理

- 化学与自然资源的开发利用
  - 金属矿物的开发和利用
    - 金属元素
      - 游离态：极少数不活泼金属，如金、铂等
      - 化合态：绝大多数金属元素在自然界中以化合物形式存在，金属元素在化合物中都显正价
    - 金属的冶炼
      - 实质：将金属从化合态还原为游离态
      - 步骤：富集、冶炼、精炼
      - 方法
        - 热分解法：金属氧化物受热分解得到单质的方法
        - 电解法：电解熔融金属化合物而冶炼活泼金属的方法
        - 热还原法
          - 常见还原剂：焦炭、CO、H_2、活泼金属等
          - 铝热反应：$Fe_2O_3 + 2Al \xlongequal{高温} 2Fe + Al_2O_3$
          - 应用：焊接钢轨、冶炼高熔点金属
      - 方法的选择：K Ca Na Mg Al（电解法）| Zn Fe Sn Pb (H) Cu（热还原法）| Hg Ag（热分解法）→
    - 金属资源的利用
      - 措施
        - 提高金属矿物的利用率
        - 减少金属的使用量
        - 加强金属资源的回收和再利用
        - 使用其他材料代替金属材料
      - 回收金属
        - 节约矿物资源、节约能源、减少环境污染
        - 废旧钢铁用于炼钢、废铁屑用于制铁盐、定影液用于回收银
  - 海水水资源
    - 特点：表面积大、储水量多、成分复杂
    - 利用方法
      - 海水淡化
      - 冷却循环
  - 海水化学资源
    - 特点
      - 多样性（80多种元素）
      - 分散性
        - 种类多
        - 总储量大
        - 富集程度低
    - 海水制盐
      - 方法：盐田法、电渗析法和冷冻法
      - 工业生产
        - 制备烧碱：$2NaCl + 2H_2O \xlongequal{通电} 2NaOH + Cl_2\uparrow + H_2\uparrow$
        - 制备漂白剂：$2NaOH + Cl_2 \xlongequal{} NaCl + NaClO + H_2O$
    - 海水提碘：$2I^- + 2H^+ + H_2O_2 \xlongequal{} I_2 + 2H_2O$
    - 海水提溴
      - 氧化：$2NaBr + Cl_2 \xlongequal{} 2NaCl + Br_2$
      - 富集：$Br_2 + SO_2 + 2H_2O \xlongequal{} 2HBr + H_2SO_4$
      - 提取：$2HBr + Cl_2 \xlongequal{} 2HCl + Br_2$
  - 其他应用：提取铀和重水、开发海洋药物、利用潮汐能、波浪能等
  - 资源综合利用
    - 煤成分：复杂的混合物，含有碳、氢、氮、硫、氧等元素
    - 煤的综合利用
      - 煤的干馏：将煤隔绝空气加强热使之分解的过程
      - 煤的气化：有机物转化为可燃气体
        $C(s) + H_2O(g) \xrightarrow{高温} CO(g) + H_2(g)$
      - 煤的液化
        - 直接液化：煤与氢气生成液体燃料
        - 间接液化：煤→ $CO + H_2$→甲醇
    - 天然气的组成和利用
      - 组成：甲烷
      - 利用
        - 化石燃料
        - 化工原料：合成氨、生产甲醇、合成多个碳原子的有机化合物
    - 石油的综合利用
      - 分馏：利用原油中各成分沸点不同，进行分离的过程
      - 裂化：在一定条件下，把分子量大、沸点高的烃，断裂为分子量小、沸点低的烃的过程
      - 裂解：深度裂化
      - 催化重整：石油在加热和催化剂的作用下，通过结构的重新调整，使链状烃转化为环状烃
    - 三大合成材料：以石油、煤和天然气为原料生产的
  - 环境保护
    - 环境保护：化学工作者的首要任务
    - 环境保护的应用
      - 环境检测
      - 工业三废
        - 大气污染物
        - 工业生产中的废水
        - 废渣等固体废弃物
      - 酸雨的控制
        - 方式：生石灰脱硫
        - 过程
          - $CaO(s) + SO_2(g) \xlongequal{800℃} CaSO_3(s)$
          - $2CaSO_3(s) + O_2(g) \xlongequal{800℃} 2CaSO_4(s)$
          - $SO_2 + 2NH_3 + H_2O \xlongequal{} (NH_4)_2SO_3$
      - 水体富营养化污染物：氮、磷化合物
    - 绿色化学

第一节　开发利用金属矿物和海水资源

第1课时　金属矿物的开发利用

一、教材分析

本节内容选自人教版高中化学必修2第四章“化学与自然资源的开发”第二节“开发利用金属矿物和海水资源”。依据课程标准“以海水、金属矿物等自然资源的综合利用为例，了解化学方法在实现物质间转化中的作用。认识化学在自然资源综合利用方面的重要价值”的要求，本节课安排了“金属的冶炼、金属资源的合理开发利用”等教学内容。

化学研究和应用的一个重要目标是开发和利用自然界中一切可利用的物质资源，但是在开发自然资源时还需要注意必须走可持续发展道路。为了引导学生从根本上认识自然资源与可持续发展的关系，教科书以金属矿物的合理开发利用为着眼点，从金属元素在自然界中的存在形式出发，呈现了金属冶炼的概念、原理及实质，引导学生根据金属的活动性选择不同的冶炼方法，并通过典型的铝热反应实验进行金属冶炼的展示。为帮助学生了解不同金属的冶炼原理，教科书提供了常见金属的冶炼原理表。另外，金属矿物资源是有限的，金属冶炼又常会消耗许多能量，也易造成环境污染。因此为了保护环境，减少能耗，必须学会合理开发和利用这些金属矿物资源，减少金属的使用量与消耗量。教科书通过“思考与交流”栏目，提倡开发海底金属资源，将自然资源与可持续化发展相结合，达到教学目的。

本节课以金属矿物的开发利用为例，引导学生了解利用化学变化实现物质之间的相互转化的内容，以及这些过程和产物在生产生活中的重要作用。从知识的角度看，本节课内容有利于学生将前面所学习的金属及其化合物等知识进行总结、归纳和拓展。因此，本节课作为高中化学必修模块的结尾部分，不仅对学生复习总结前面所学知识很重要，而且也是学生进一步学习选修模块《化学与技术》的知识基础。

二、学情分析

学生在以往的学习中，已经掌握了氧化还原反应原理及其应用、金属活动性顺序、典型金属单质及其化合物之间的相互转化等基础知识，这些知识为学生学习金属的冶炼提供了理论依据。

高一学生好奇爱问、求知欲较强，并具有理解直观事物的能力，其抽象思维在逐步形成。因此在学生学习的过程中，应该充分激发学生学习化学的兴趣，发挥学生的自主学习能力，培养学生发现问题—分析问题—解决问题的能力。

三、教学目标

知识与技能	（1）了解金属矿物的开发与利用前景。 （2）认识化学方法在实现物质间转化中的作用。 （3）掌握常见金属的冶炼原理及方法
过程与方法	（1）通过了解金属冶炼的原理，尝试选择冶炼金属的方法。 （2）讨论金属资源的合理利用，概括生活中常见的合理利用手段
情感态度与价值观	（1）通过学习金属冶炼的探究过程，提高创新思维能力。 （2）通过对化学在环境保护中的作用的认识，树立绿色化学的观念

四、教学重难点

（1）教学重点：金属冶炼原理。

（2）教学难点：不同金属冶炼方法的选择。

五、知识结构

金属矿物的开发利用
- 金属元素
  - 游离态：极少数不活泼金属，如金、铂等
  - 化合态：绝大多数金属元素在自然界中以化合物形式存在，金属元素在化合物中都显正价
- 金属的冶炼
  - 实质：将金属从化合态还原为游离态
  - 步骤：富集、冶炼、精炼
  - 方法
    - 热分解法：金属氧化物受热分解得到单质的方法
    - 电解法：电解熔融金属化合物而冶炼活泼金属的方法
    - 热还原法
      - 常见还原剂：焦炭、CO、H_2、活泼金属等
      - 铝热反应：$Fe_2O_3 + 2Al \xlongequal{高温} 2Fe + Al_2O_3$
      - 应用：焊接钢轨、冶炼高熔点金属
  - 方法的选择：K Ca Na Mg Al（电解法）｜ Zn Fe Sn Pb (H) Cu（热还原法）｜ Hg Ag（热分解法）→
- 金属资源的利用
  - 措施
    - 提高金属矿物的利用率
    - 减少金属的使用量
    - 加强金属资源的回收和再利用
    - 使用其他材料代替金属材料
  - 回收金属
    - 节约矿物资源、节约能源、减少环境污染
    - 废旧钢铁用于炼钢、废铁屑用于制铁盐、定影液用于回收银

六、教学过程

环节一：导入新课

【导入】说到金属大家并不陌生，在化学必修 1 第三章“金属及其化合物”的学习过程中，我们对金属的有关知识已经有了一定的认识。金属材料对我们的生产生活具

有巨大的推动作用，小到锅碗瓢盆，大到飞机导弹，那么这些金属材料又是从何而来呢？今天就让我们一起通过学习“金属矿物的开发利用”来解决这一问题。

【板书】4. 1. 1　金属矿物的开发利用

环节二：展开新课

1. 金属元素在自然界中的存在形式

【讲述】在自然界中，金属元素种类约占全部元素种类的 80%，矿物中、动植物中、水中都含有金属元素。

【提问】金属元素在自然界中是如何存在的呢？这与金属的什么性质有关呢？

【讲述】在前面的学习中，我们知道只有少数的金属化学性质不活泼，在自然界中能以游离态形式存在，如金、铂等。而大多数金属的化学性质比较活泼，在自然界中是以化合态存在的，如铝以铝土矿形式存在，铁以铁矿石形式存在。因此，金属元素在自然界中以游离态还是化合态的形式存在，主要取决于金属的活动性。另外，较活泼金属元素容易失去电子，因而在化合物中显正价。

【板书】一、金属元素在自然界中的存在形式

（1）游离态：少数不活泼金属，如金、铂等

（2）化合态：绝大多数较活泼金属元素

2. 金属的冶炼

【讲述】我们日常使用的金属材料大多是金属单质或合金，因此，必须把化合态的金属转化为金属单质，即将金属矿石中的金属从其化合物中还原出来用于生产和制造各种金属材料，这一过程在工业上称为金属的冶炼。金属冶炼的实质就是将金属从化合态还原为游离态。

【板书】二、金属的冶炼

1. 金属冶炼的实质：金属从化合态还原为游离态

【提问】请同学们运用学过的知识思考如何将金属矿石转化为金属单质？

【讲述】其实，从金属矿石中提炼金属一般经过三个步骤，即为矿石富集、冶炼和精炼。第一步为矿石富集。我们知道金属矿物是混合物，里面含有很多杂质，需要通过采矿、选矿、粉碎、筛矿、洗矿等过程先进行富集除杂，以提高金属成分的含量。第二步进行冶炼。在九年级我们学过铁的冶炼原理，请同学们写一下冶炼铁的化学方程式。

【副板书】$C + O_2 \xlongequal{\text{点燃}} CO_2$

$$C + CO_2 \xlongequal{\text{高温}} 2CO$$

$$3CO + Fe_2O_3 \xlongequal{\text{高温}} 2Fe + 3CO_2$$

【讲述】铁的冶炼就是在高温条件下，利用焦炭与氧气反应生成的一氧化碳把铁从铁矿石里还原出来，其利用的是氧化还原反应原理。因此，“冶炼”是利用氧化还原反应原理，在一定条件下，借助还原剂将金属从金属矿物中转化为金属单质。但这样提炼出的金属单质纯度不高，得到的是粗金属单质，还需要进行精炼。第三步

进行精炼。主要是加入一些除杂试剂或者电解精炼的方法将金属单质中的杂质除去，达到提高纯度的目的。

【板书】2. 金属冶炼的一般步骤

（1）矿石富集：通过采矿、选矿、粉碎、筛矿、洗矿等方法，除杂、提高矿石中有用成分的含量

（2）冶炼：利用氧化还原反应原理，在一定条件下，借助还原剂将金属从金属矿物中转化为金属单质，得到粗金属单质

（3）精炼：通过加入除杂试剂或者电解精炼等方法，提高金属纯度

【提问】大家思考一下是不是所有的金属都是加入还原剂，利用氧化还原反应原理得到的呢？

【投影】金属活动性顺序

K　Ca　Na　Mg　Al　Zn　Fe　Sn　Pb　（H）　Cu　Hg　Ag　Pt　Au

金属活动性逐渐减弱，金属离子的电子能力逐渐增强

【讲述】在九年级化学中，我们已学习了金属活动性顺序，我们知道不同的金属元素其金属活动性不同，使得金属由化合态还原为游离态的难易程度是不同的，因此金属冶炼方法也不同。由于金属的性质越稳定，越容易将其从化合物中还原出来，所以根据金属活动性顺序，我们将金属冶炼归纳为三种方法，分别是热分解法、热还原法和电解法。

【讲述】对于不活泼金属，即金属活动性位于 H 之后的金属如 Hg、Ag 等金属，由于这些金属的阳离子得电子能力很强，其还原的条件比较容易达到，因此其氧化物受热就可以分解得到单质，这种方法被称为热分解法。请大家写出 HgO、Ag_2O 受热分解的化学方程式。

【板书】3. 金属冶炼的方法

（1）热分解法：金属氧化物受热分解得到单质的方法

1）适用范围：适用于金属活动性位于 H 之后的金属如 Hg、Ag 等金属的冶炼

2）举例：$2HgO \xlongequal{\triangle} 2Hg + O_2\uparrow$；$2Ag_2O \xlongequal{\triangle} 4Ag + O_2\uparrow$

【讲述】对于非常活泼的金属，即位于金属活动性顺序前段的金属如 K、Ca、Na 和 Mg 等金属，其还原性很强，用一般的还原剂很难将它们还原出来，因此通常采用电解熔融金属化合物的方法冶炼活泼金属，这种方法被称为电解法。请大家写出电解熔融 NaCl 和 $MgCl_2$ 的化学方程式。

【板书】（2）电解法：电解熔融金属化合物而冶炼活泼金属的方法

1）使用范围：适用于位于金属活动性顺序前段的金属如 K、Ca、Na 和 Mg 等金属

2）举例：$2NaCl$（熔融）$\xlongequal{电解} 2Na + Cl_2\uparrow$；$MgCl_2$（熔融）$\xlongequal{电解} Mg + Cl_2\uparrow$

【讲述】对于大多数金属，即在金属活动性顺序表中处于中间位置的金属从 Zn 到 Cu，其相应的阳离子得电子的能力较强，但是其化合物不能通过受热分解得到金属单质，通常是用还原剂如 C、CO、H_2、活泼金属等将金属从其化合物中还原出来。九年

级我们学习过以碳为还原剂，还原氧化铜以及铁的冶炼知识，而其原理和上面我们学习的这个方法一样，其被称为热还原法。

【板书】（3）热还原法：用还原剂如 C、CO、H_2、活泼金属等将金属从其化合物中还原出来的方法

1）适用范围：位于金属活动性顺序表中间位置的金属

2）举例：$Fe_2O_3 + 3CO \xlongequal{高温} 2Fe + 3CO_2$；$2CuO + C \xlongequal{高温} 2Cu + CO_2\uparrow$

【讲述】我们已经知道了冶炼金属的原理、实质及方法，让我们通过“铝热反应”实验来感受金属冶炼的过程。

【实验】（1）把两张圆形滤纸分别折叠成漏斗状并套在一起，取出内层滤纸，在其底部剪一小孔后用水润湿，再套回原处，并架在铁圈上（如图所示），下面放置一盛有沙子的蒸发皿。

（2）将 5g 干燥的氧化铁粉末和 2g 铝粉均匀混合后放入纸漏斗中，在混合物上面加少量氯酸钾固体，中间插一根用砂纸打磨过的镁带，再用燃着的小木条点燃镁带。

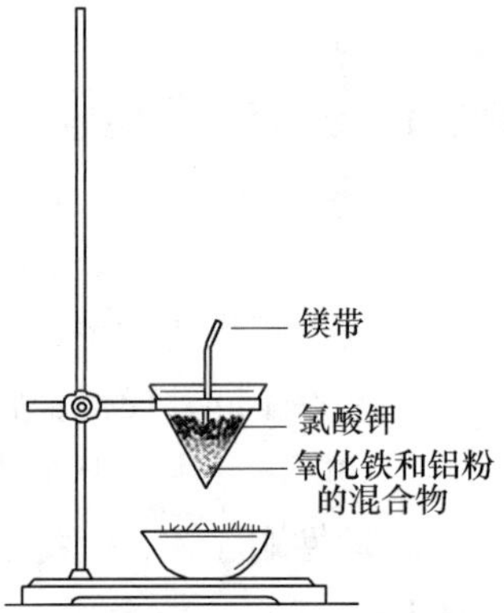

【注意事项】为确保实验顺利、安全的进行，我们需要注意以下几点：（1）镁带要打磨掉表面的氧化膜，便于点燃；氧化铁粉末与铝粉要选择干燥的，并且铝粉要用未被氧化的，否则反应会难以进行；（2）Fe_2O_3 和 Al 的质量比要控制为 3∶1，且两者要混合均匀；（3）承接反应物的蒸发皿内垫适量细沙，这主要为了防止蒸发皿炸裂以及熔融物溅出伤人。

【提问】通过实验演示，同学们观察到什么实验现象呢？

【讲述】我们观察到当外露部分镁带刚刚燃烧完毕时，纸漏斗内的混合物立即剧烈反应，发出耀眼的光芒，产生大量的白烟。并且纸漏斗被烧破，有红热状态的液珠落入蒸发皿内的细沙上，液珠冷却后变为黑色固体。这里的液珠就是铁珠。

【提问】为什么要用镁条呢？氯酸钾的作用是什么？

【讲述】我们知道镁条燃烧会放出大量的热，因此，镁条在本实验中的作用是提供引发反应所需的热量，$KClO_3$作为引燃剂，在受热状况下发生分解，使氧化铁粉末和铝粉在较高温度下发生反应。根据实验现象，请同学们尝试写出 Al 与 Fe_2O_3反应的化学方程式。

【板书】3）铝热反应：$Fe_2O_3 + 2Al \xlongequal{高温} 2Fe + Al_2O_3$

【讲述】在冶金工业上常用这一原理制取熔点较高的金属，如钒、铬、锰等。另外还可应用在生产上，如焊接钢轨。

【板书】应用：焊接钢轨、冶炼高熔点金属

【讲述】通过上述讲解，我们对金属的冶炼已经有了一定的认识，知道了金属的冶炼原理与金属活动性顺序有关，那么我们来总结不同金属冶炼方法的选择。

【板书】4. 方法的选择

K Ca Na Mg Al	Zn Fe Sn Pb (H) Cu	Hg Ag
电解法	热还原法	热分解法

3. 金属资源的合理开发利用

【过渡】我们知道金属是从金属矿物中提炼而来，随着社会的发展，人类对金属的需求量不断增多，但是地球上的金属矿物资源是有限的，而且金属在被提炼的过程中需要大量的能量，也易造成环境污染，同时人类在使用金属时，金属的腐蚀也会污染环境。

【提问】我们该如何解决这一问题呢？请同学们阅读课本第 89 页的内容，了解合理开发和利用金属的措施。

【讲述】通过阅读我们知道合理开发和利用金属的有效途径为提高金属矿物的利用率、减少金属的使用量、加强金属资源的回收和再利用、使用其他材料代替金属材料等。

【板书】三、金属资源的合理开发利用

措施：提高金属矿物的利用率、减少金属的使用量、加强金属资源的回收和再利用、使用其他材料代替金属材料

【提问】回收金属是合理利用金属的一种途径，不但能够节约矿物资源、节约能源还能减少环境污染，请同学们结合生活常识，想一想回收金属的实例都有哪些？

【讲述】回收废旧的钢铁可用于炼钢，回收废铁屑能够用于制铁盐，回收定影液可用于回收银。这样的实例还有很多，请感兴趣的同学课下查阅资料进行更深入的了解。

环节三：归纳总结

【总结】本节课我们主要从可持续发展的角度出发，以金属矿物为例学习金属冶炼的原理、实质和方法，了解金属资源的合理开发与利用的措施及有关回收金属的实例等知识，为了能够更好地理解本节课的学习内容，请同学们完成课后第 93 页的 2、3、6、7、8 题。

七、板书设计

4.1.1　金属矿物的开发利用

一、金属元素在自然界中的存在形式

（1）游离态：少数不活泼金属，如金、铂等

（2）化合态：绝大多数较活泼金属元素

二、金属的冶炼

1. 金属冶炼的实质：金属从化合态还原为游离态

2. 金属冶炼的一般步骤

（1）矿石富集：通过采矿、选矿、粉碎、筛矿、洗矿等方法，除杂、提高矿石中有用成分的含量

（2）冶炼：利用氧化还原反应原理，在一定条件下，借助还原剂将金属从金属矿物中转化为金属单质，得到粗金属单质

（3）精炼：通过加入除杂试剂或者电解精炼等方法，提高金属纯度

3. 金属冶炼的方法

（1）热分解法：金属氧化物受热分解得到单质的方法

1）适用范围：适用于金属活动性位于 H 之后的金属如 Hg、Ag 等金属的冶炼

2）举例：$2HgO \xlongequal{\triangle} 2Hg + O_2\uparrow$；$2Ag_2O \xlongequal{\triangle} 4Ag + O_2\uparrow$

（2）电解法：电解熔融金属化合物而冶炼活泼金属的方法

1）使用范围：适用于位于金属活动性顺序前段的金属如 K、Ca、Na 和 Mg 等金属

2）举例：$2NaCl$（熔融）$\xlongequal{电解} 2Na + Cl_2\uparrow$；$MgCl_2$（熔融）$\xlongequal{电解} Mg + Cl_2\uparrow$

（3）热还原法：用还原剂如 C、CO、H_2、活泼金属等将金属从其化合物中还原出来的方法

1）适用范围：位于金属活动性顺序表中间位置的金属

2）举例：$Fe_2O_3 + 3CO \xlongequal{高温} 2Fe + 3CO_2$；$2CuO + C \xlongequal{高温} 2Cu + CO_2\uparrow$

3）铝热反应：$Fe_2O_3 + 2Al \xlongequal{高温} 2Fe + Al_2O_3$

应用：焊接钢轨、冶炼高熔点金属

4. 方法的选择

K Ca Na Mg Al	Zn Fe Sn Pb (H) Cu	Hg Ag →
电解法	**热还原法**	**热分解法**

三、金属资源的合理开发利用

措施：提高金属矿物的利用率、减少金属的使用量、加强金属资源的回收和再利用、使用其他材料代替金属材料

第2课时　海水资源的开发利用

一、教材分析

本节内容选自人教版高中化学必修2第四章“化学与自然资源的开发”第二节“开发利用金属矿物和海水资源”。依据课程标准“以海水、金属矿物等自然资源的综合利用为例，了解化学方法在实现物质间转化中的作用。认识化学在自然资源综合利用方面的重要价值”的要求，本节课安排了“海水水资源的开发利用、海水化学资源的开发利用和海水的其他应用”等教学内容。

海水是具有巨大开发潜力的自然资源，为引导学生进一步认识海水资源，教科书从海水水资源的利用、海水化学资源的开发利用及海水的其他应用等方面入手，展开了一系列有关海水资源的知识介绍。海水水资源的利用主要包括海水的淡化和海水的循环冷却。通过介绍海水资源的开发利用的情况，将蒸馏、蒸发、过滤、萃取等实验方法应用于海水资源的开发中，感受实验方法的实际用途。为帮助学生深入认识海水中的化学资源，教科书借助检验海带中碘元素实验证明了海水中含有碘元素。通过学习从海水中获取资源的过程，回顾了粗盐提纯、离子反应、氧化还原反应、卤素的性质等知识点，有利于学生学以致用，对所学知识再加工。海水中不但拥有水资源及化学资源，还含有大量的新型能源，因此教科书列举了一些新型能源的开发前景，引导学生认识到海水资源的开发利用对于人类进步的重要意义。

本节内容位于必修模块的结尾章节，学生在学习的过程中，不仅认识和感受到化学知识在开发利用自然资源的重要作用，以及化学研究和应用在科技进步中的价值，而且对复习总结已学习过的知识有着十分重要的意义。

二、学情分析

学生在以往的学习中，已经基本掌握了一些元素化合物的知识，并且学习了离子反应、氧化还原反应及元素周期律等方面的知识，知道了物质分离的实验方法。但是对于碘、溴等元素的知识还很陌生，也还不能掌握验证及提取卤素的具体实验方法，因此还需要进一步学习。

高一年级的学生处于青春期，思维活跃，好奇心重、接受新信息的能力强，具有一定的网络搜索能力，获取信息的能力。本节课主要引导学生认识海水资源的开发利用，借助学生的已有能力，能够更好地培养他们分析信息及归纳整理的能力。

三、教学目标

知识与技能	（1）了解海水资源的开发与利用前景。 （2）掌握简单的海水资源开发利用的方法。 （3）认识海水资源的开发利用与人类发展的关系
过程与方法	（1）通过碘元素的验证实验，培养解决问题的能力。 （2）通过阅读资料卡片，提高分析材料获取信息的能力

续表

情感态度与价值观	（1）感受化学知识在海水资源开发利用中的重要性，激发学习化学的热情。 （2）提升爱护自然资源意识和合理开发意识

四、教学重难点

（1）教学重点：海水淡化的途径。

（2）教学难点：海水资源的开发与利用。

五、知识结构

- 金属矿物的开发利用
  - 海水水资源
    - 特点：表面积大、储水量多、成分复杂
    - 利用方法
      - 海水淡化
      - 冷却循环
  - 海水化学资源
    - 特点
      - 多样性（80 多种元素）
      - 分散性
        - 种类多
        - 总储量大
        - 富集程度低
    - 海水制盐
      - 方法：盐田法、电渗析法和冷冻法
      - 工业生产
        - 制备烧碱：$2NaCl + 2H_2O \xlongequal{电解} 2NaOH + Cl_2\uparrow + H_2\uparrow$
        - 制备漂白剂：$2NaOH + Cl_2 \xlongequal{} NaCl + NaClO + H_2O$
    - 海水提碘：$2I^- + 2H^+ + H_2O_2 \xlongequal{} I_2 + 2H_2O$
    - 海水提溴
      - 氧化：$2NaBr + Cl_2 \xlongequal{} 2NaCl + Br_2$
      - 富集：$Br_2 + SO_2 + 2H_2O \xlongequal{} 2HBr + H_2SO_4$
      - 提取：$2HBr + Cl_2 \xlongequal{} 2HCl + Br_2$
    - 其他应用：提取铀和重水、开发海洋药物、利用潮汐能、波浪能等

六、教学过程

环节一：导入新课

【导入】人类的发展与进步依靠着丰富的自然资源，海洋被誉为生命的摇篮。我们该如何将海洋资源进行可持续的开发和利用呢？下面进入今天的学习内容——海水资源的开发利用。

【板书】4.1.2　开发利用金属矿物和海水资源

一、海水水资源的开发利用

环节二：展开新课

1. 海水水资源的开发利用

【讲述】首先让我们先来了解一下海洋的相关信息。海洋占地球表面的 71%，总面积约 3.6 亿平方千米，可以看出其表面积很大。海水中水的储量约为 1.3×10^9 亿吨，约

占全球总水量的97%。海水中除了大量的水资源，还含有很多元素，如常量元素和微量元素等，化学资源很丰富，具有十分巨大的开发潜力。

【板书】 1. 海水水资源的特点：表面积大、储水量多、成分复杂

【提问】 既然海水量约占全球总水量的97%，为什么现在还要提倡节约用水呢？

【讲述】 其实，生产生活中我们用到的水为淡水，而海水中含有较多的盐，因而若要使用海洋中的水资源，就要将水资源进行海水淡化处理。大家思考一下什么是海水淡化？如何将海水淡化？

【讲述】 海水淡化是指从海水中获取淡水或者从海水中将盐分离出去的技术和过程。海水淡化的方法主要有蒸馏法、电渗析法、离子交换法等。其中蒸馏法是最先使用的也是历史最久的，技术和工艺也比较成熟，但成本高。电渗析法的成本低，但未能大量生产。离子交换法是目前正迅速发展的技术，但需要不断更新离子交换树脂。

【板书】 2. 海水资源的利用方法

（1）海水淡化的方法：蒸馏法、电渗析法、离子交换法

【讲述】 在必修1中已经学习了蒸馏方法，它是利用互溶的液体混合物中各组分的沸点不同，给液体混合物加热，使其中的某一组分变成蒸气再冷凝成液体，从而达到分离提纯的目的的方法。

【投影】

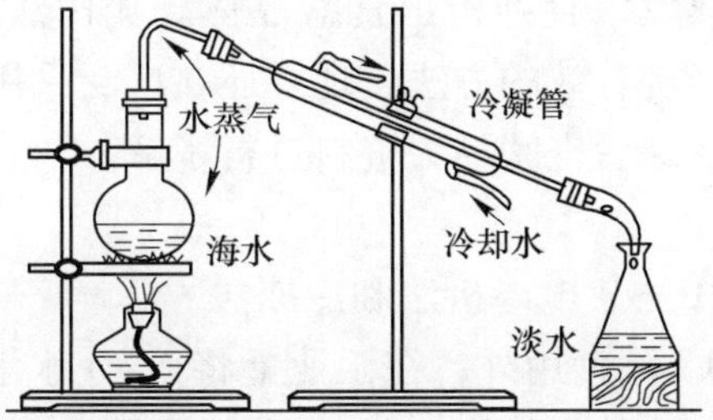

【提问】 在进行蒸馏的过程中，需要注意哪些问题呢？

【讲述】 我们知道蒸馏烧瓶是不能直接加热，应该给垫上石棉网，并且烧瓶内海水容积不能超过2/3。另外，在蒸馏前，应该往蒸馏烧瓶中加入2~3粒沸石或者碎瓷片，目的是为了防止暴沸，这一点是绝对不能忽略的。为了控制蒸馏温度，还要插入一根温度计，让温度保持在两种物质的沸点之间，温度计放的位置也是有要求的，即温度计水银球末端要与蒸馏烧瓶支管下沿处于同一水平线。

【讲述】 左侧部分的装置得到纯净的蒸气，使蒸气液化需要冷凝装置，冷凝水要下进上出，并且实验开始时，要先开冷凝水，后加热，并弃去开始蒸馏出的部分液体。实验结束时，先停止加热，后关冷凝水。

【讲述】 海水水资源的利用方法除了海水淡化外，还有直接利用海水进行循环冷却等方法。

【板书】（2）直接利用海水进行循环冷却

【过渡】 海洋是一个需进一步开发的巨大化学资源宝库，海洋资源中利用潜力最大的是海水中的化学资源，又该如何开发利用海水化学资源呢？

2. 海水化学资源的开发利用

【讲述】由于与岩石、大气、生物的相互作用，海水中溶解和悬浮有大量的无机物和有机物。目前，在陆地上发现的100多种化学元素，在海水中已找到80多种（包括超过总量99%的H、O、Cl、Br、Na、K、Mg、Ca、S、C等11种元素和其他微量元素）被称为“元素的故乡”，因此海水化学资源有着多样性的特点。虽然海水中含有的元素种类多，总储量大，但是富集程度低，其还具有分散性，所以从海水中提取物质需要解决物质的富集问题。

【板书】二、海水化学资源的开发利用

1. 海水化学资源的特点

（1）多样性：80多种元素

（2）分散性：种类多、总储量大、富集程度低

【提问】我国是世界上最大的产盐国，年产盐量近2000万吨，占世界食盐产量的80%，这些盐是怎么制取的呢？

【讲述】从海水中制取盐的方法主要有盐田法、电渗析法和冷冻法。其中盐田法大家应该非常熟悉，它又叫滩晒法，就是将盐田建在海滩边，借用海滩逐渐升高的坡度，开出像扶梯一样的池子，利用涨潮或用风车和泵抽取海水到池内，海水流过几个池子，随着风吹日晒，水分不断蒸发，海水中的盐浓度愈来愈高，最后让浓盐水进入结晶池，继续蒸发，直到析出食盐晶体。盐田法在我国制盐历史上最悠久，而且也是最简便和经济有效的方法，现在还在广泛采用。对于电渗析法和冷冻法，感兴趣的同学可以在课后查阅相关资料进行了解。

【板书】2. 海水制盐

（1）主要方法：盐田法、电渗析法和冷冻法

【讲述】从海水中制得的NaCl除食用外，在工业上将NaCl水溶液电解可用于生产NaOH，将NaOH与Cl_2反应又可制得漂白剂，充分体现了海水制盐与化工生产的结合。我们一起来写出工业生产烧碱和漂白剂的化学反应方程式。

【板书】（2）工业生产烧碱和漂白剂

制备烧碱：$2NaCl + 2H_2O \xlongequal{电解} 2NaOH + Cl_2\uparrow + H_2\uparrow$

制备漂白剂：$2NaOH + Cl_2 \xlongequal{} NaCl + NaClO + H_2O$

【讲述】从传统制盐工业的发展来看，海水还可制取镁、钾、溴及其他化工产品，我们都知道海带是海水中生长的植物，海带中含有碘元素，下面我们通过实验来体验从海带中提取碘的过程。

【实验】取3g左右的干海带，把干海带表面的附着物用刷子刷净（不要用水冲洗），用剪刀剪碎后，用酒精润湿，放入坩埚中。点燃酒精灯，灼烧海带至完全变成灰烬，停止加热，冷却。将海带灰转移到小烧杯中，向其中加入10mL蒸馏水，搅拌、煮沸2~3min，过滤。在滤液中滴加几滴稀硫酸（3mol/L），再加入1mL H_2O_2（质量分数为3%），观察实验现象。加入几滴淀粉溶液，观察实验现象。

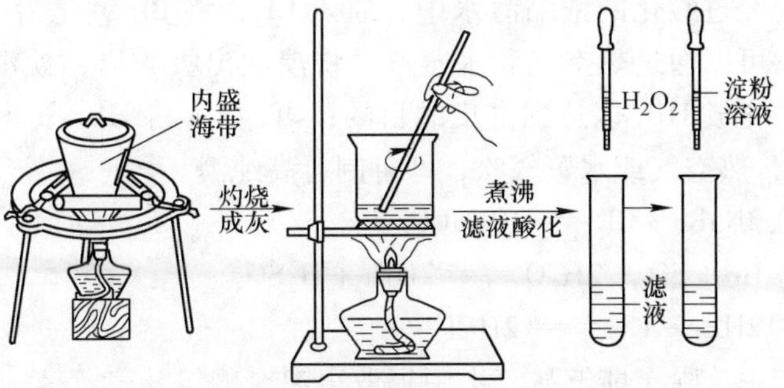

【提问】在实验过程中要注意不要用水清洗海带，以免洗去海带中的碘，并且湿的海带不易燃烧。通过实验，我们发现经过一系列的准备工作，向海带灰烬的水中加入稀硫酸和过氧化氢溶液后，溶液变为棕黄色，再向其中加入少量淀粉溶液，溶液变为蓝色。大家讨论一下为什么会出现一系列颜色的变化？

【讲述】海带中的碘元素主要以I^-的形式存在，提取时用适当的氧化剂例如H_2O_2溶液将其氧化成I_2，I_2溶于水，溶液呈棕黄色，再用有机溶剂将I_2萃取出来，I_2遇淀粉溶液会变蓝。

【板书】3. 海水提碘

$$2I^- + 2H^+ + H_2O_2 \xlongequal{\quad} I_2 + 2H_2O$$

【提问】从海带中能够提取到碘，那么如何提取海水中存在的溴元素呢？

【板书】4. 海水提溴

【思考】在学习海水提溴的具体工艺前，同学们先来思考几个问题：

（1）海水中溴的浓度比较低，怎么办？

（2）海水中的溴是以什么形态存在的？

（3）如何从海水中获得单质溴？

【讲述】海水中溴的浓度很低，必须先进行浓缩，我国目前采用从制取食盐的母液中提取溴。海水中的溴是以溴离子形态存在，常用氧化剂氯气将溴离子氧化成溴单质。此时得到的溴是粗溴，需要将其精制，得到高纯度的溴单质。我们来看具体的海水提溴的工艺流程方案。

【投影】海水提溴的工艺流程方案

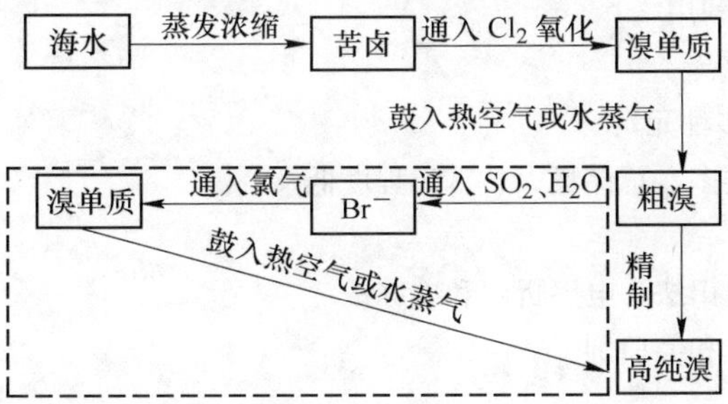

【讲述】在整个过程中，海水提溴共经历四个阶段：浓缩—氧化—富集—提取。晒盐和海水淡化的过程中副产物Br^-会得到浓缩，制取海盐所得苦卤中溴离子浓度可达6g/L。

然后在预先经过酸化的浓缩海水中，通入 Cl_2，将 Br^- 氧化为 Br_2；由于溴单质具有挥发性，可以通过热空气和水蒸气，将溴吹出吸收塔，使溴蒸气和吸收剂 SO_2 发生作用转化成 HBr 以达到富集的目的；再用 Cl_2 将 HBr 氧化得到产品溴。再次用 Cl_2 氧化，热空气或水蒸气吹，即可制得高纯溴。

【板书】（1）氧化：$2NaBr + Cl_2 = 2NaCl + Br_2$

（2）富集：$Br_2 + SO_2 + 2H_2O = 2HBr + H_2SO_4$

（3）提取：$2HBr + Cl_2 = 2HCl + Br_2$

【讲述】在工业生产中，除了能够从海水中提取出溴、碘等化学元素，从海水中获得其他物质和能量也具有广阔的前景。例如，铀和重水目前是核能开发中的重要原料，从海水中提取铀和重水对一个国家来说具有战略意义；化学在开发海洋药物方面也将发挥越来越大的作用；潮汐能、波浪能等也是来越受到重视和开发的新型能源。

【板书】三、海水的其他应用

提取铀和重水、开发海洋药物、利用潮汐能、波浪能等

环节三：归纳总结

【总结】本节课主要从海水水资源及海水化学资源的开发利用角度进行学习，我们知道了从海水中提取淡水的三种方法：蒸馏法、电渗析法、离子交换法；也学习了海水制盐、海水提碘、海水提溴等获取化工产品的方法及步骤。请同学们完成课后第 93 页的 4、5 题。

七、板书设计

4.1.2　开发利用金属矿物和海水资源

一、海水水资源的开发利用

1. 海水水资源的特点：表面积大、储水量多、成分复杂
2. 海水资源的利用方法

（1）海水淡化的方法：蒸馏法、电渗析法、离子交换法

（2）直接利用海水进行循环冷却

二、海水化学资源的开发利用

1. 海水化学资源的特点

（1）多样性：80 多种元素

（2）分散性：种类多、总储量大、富集程度低

2. 海水制盐

（1）主要方法：盐田法、电渗析法和冷冻法

（2）工业生产烧碱和漂白剂

制备烧碱：$2NaCl + 2H_2O \overset{电解}{=} 2NaOH + Cl_2\uparrow + H_2\uparrow$

制备漂白剂：$2NaOH + Cl_2 = NaCl + NaClO + H_2O$

3. 海水提碘

$2I^- + 2H^+ + H_2O_2 = I_2 + 2H_2O$

4. 海水提溴

（1）氧化：$2NaBr + Cl_2 = 2NaCl + Br_2$

（2）富集：$Br_2 + SO_2 + 2H_2O = 2HBr + H_2SO_4$

（3）提取：$2HBr + Cl_2 = 2HCl + Br_2$

三、海水的其他应用

提取铀和重水、开发海洋药物、利用潮汐能、波浪能等

第二节　资源综合利用　环境保护

第1课时　煤、石油和天然气的综合利用

一、教材分析

本节内容选自人教版高中化学必修2第四章“化学与自然资源的开发利用”第二节“资源综合利用　环境保护”。依据课程标准“能说明合成新物质对人类生活的影响，讨论在化工生产中遵循‘绿色化学’思想的重要性”的要求，本节课安排了“煤、天然气和石油的综合利用；以煤、石油和天然气为原料生产合成材料”等教学内容。

能源是工业生产以及社会发展中必不可少的资源，教科书以“从煤、石油和天然气中获得基本化工原料”入手，介绍了通过煤的干馏、气化、液化获取燃料及多种化工原料的方法，为了能够更加清晰地将教学内容展现给学生，还提供了煤干馏主要产品和用途的表格。教科书将甲烷水合物的有关内容作为资料卡片信息拓宽学生的知识面，引导学生关注清洁能源的研究及发展前景。教科书在呈现石油的有关内容时，介绍了分馏和石油的裂化和裂解。

本节课是在“开发利用金属矿物和海水资源”的内容基础上，继续学习有关资源利用的知识，帮助学生从可持续发展的角度深入了解化学与生活生产的联系。而且本节课所涉及的有关合成高分子材料的知识也为学习选修5的第五章“进入合成有机高分子化合物的时代”做知识储备。

二、学情分析

煤、石油、天然气作为燃料在生活中很常见，学生对此并不陌生，学生通过第三章有机化合物的学习已经初步认识了有机化合物的性质，学习了金属矿物及海水资源开发利用的知识，对可持续发展也有了一定的认识。因此本节课的学习建立在生活经验的基础上，以有机化合物知识为基础，通过提供大量的信息帮助学生建立知识框架，加深学生对煤、石油、天然气的认识。

三、教学目标

知识与技能	（1）了解煤干馏的主要产品和用途，掌握煤直接气化的过程及产物。 （2）了解石油的分馏、裂化的产品及用途。 （3）通过高分子材料的合成，掌握聚合反应的原理
过程与方法	（1）通过学习石油的分馏，掌握混合物分离的方法。 （2）通过学习聚乙烯的合成过程，类比推理其他高分子聚合的反应式
情感态度与价值观	（1）感受煤、石油、天然气在生产生活中的重要作用。 （2）通过学习清洁能源的有关知识，关注清洁能源的开发利用前景。 （3）树立保护环境，人人有责的意识，减少一次性塑料制品的使用

四、教学重难点

（1）教学重点：煤、石油、天然气的综合利用。

（2）教学难点：石油裂化的原理。

五、知识结构

- 煤、石油和天然气的综合利用
  - 煤成分：复杂的混合物，含有碳、氢、氮、硫、氧等元素
  - 煤的综合利用
    - 煤的干馏：将煤隔绝空气加强热使之分解的过程
    - 煤的气化：有机物转化为可燃气体
      $$C(s) + H_2O(g) \xrightarrow{\text{高温}} CO(g) + H_2(g)$$
    - 煤的液化
      - 直接液化：煤与氢气生成液体燃料
      - 间接液化：煤 → $CO + H_2$ → 甲醇
  - 天然气的组成和利用
    - 组成：甲烷
    - 利用
      - 化石燃料
      - 化工原料：合成氨、生产甲醇、合成多个碳原子的有机化合物
  - 石油的综合利用
    - 分馏：利用原油中各成分沸点不同，进行分离的过程
    - 裂化：在一定条件下，把分子量大、沸点高的烃，断裂为分子量小、沸点低的烃的过程
    - 裂解：深度裂化
    - 催化重整：石油在加热和催化剂的作用下，通过结构的重新调整，使链状烃转化为环状烃
  - 三大合成材料（塑料、合成橡胶和合成纤维）：以煤、石油和天然气为原料生产

六、教学过程

环节一：导入新课

【导入】煤、石油、天然气是当今人类使用的主要能源，同时也是重要的化工原料，如乙烯和苯就是从石油和煤中提取出来的。煤、石油、天然气是不可再生的化石燃料，因此其综合利用越来越受人们的重视。今天我们就来学习这三种重要的能源。

【板书】4.2.1　煤、石油和天然气的综合利用

环节二：展开新课

1. 煤的综合利用

【讲述】我国是最早发现煤和使用煤的国家，早在战国时的《山海经》中已有煤的记载，西汉时期已经使用煤来炼铁，而英国人到了16世纪才用煤炼铁。我国煤资源和煤产量都名列世界前茅，当前我国工业燃料动力的80%依靠煤，化工原料的65%是煤。现在我们首先学习有关煤的综合利用的相关知识。

【板书】一、煤的综合利用

【讲述】煤是由有机物和无机物所组成的复杂的混合物，主要含有碳元素，此外还含有少

量的氢、氮、硫、氧等元素以及无机矿物质。

【板书】1. 煤成分：复杂的混合物，含有碳、氢、氮、硫、氧等元素

【提问】煤中含有碳、氢、氮、硫、氧等元素，请同学们思考一下，煤燃烧时可能会产生哪些我们学习过的化学物质呢？

【讲述】煤中主要含碳元素，因此煤燃烧会产生 CO、CO_2气体；煤中还含有硫、氢、氮、氧元素，因此烧煤时会产生 SO_2气体、水蒸气、氮氧化物等。生成的 CO、SO_2、氮氧化物等化学物质会对环境造成污染。

【提问】该如何减少燃煤过程产生的对环境有污染的气体呢？

【讲述】我们可以改进燃煤技术、改善燃煤质量和排烟设备。还可以设法把煤转化成清洁的燃料，煤的干馏、气化和液化就是使煤变成清洁能源的有效途径，同时煤的燃烧效率等也能够得到提高。

【讲述】煤的干馏是把煤隔绝空气加强热使它分解的过程。在煤干馏的过程中，可以生成焦炭、煤焦油、粗氨水和焦炉气等。其中焦炭是冶金工业的重要原料；煤焦油中含有各种烃的同系物和酚类，是重要的化工原料；粗氨水可以生产化肥；焦炉气中含有甲烷、乙烯、一氧化碳等气体燃料。这样，煤就可以得到综合利用，请同学们阅读课本第 86 页，了解煤干馏的主要产品及用途。

【投影】煤干馏的主要产品及用途

<table>
<tr><th colspan="2">产　品</th><th>主要成分</th><th>用　　途</th></tr>
<tr><td rowspan="3">焦炉煤气</td><td>焦炉气</td><td>氢气、甲烷、乙烯、一氧化碳</td><td>气体燃料、化工原料</td></tr>
<tr><td>粗氨水</td><td>氨、铵盐</td><td rowspan="3">炸药、染料、医药、农药、合成材料</td></tr>
<tr><td>粗苯</td><td>苯、甲苯、二甲苯</td></tr>
<tr><td colspan="2" rowspan="3">煤焦油</td><td>苯、甲苯、二甲苯</td></tr>
<tr><td>酚类、萘</td><td>染料、医药、农药、合成材料</td></tr>
<tr><td>沥青</td><td>筑路材料、制碳素电极</td></tr>
<tr><td colspan="2">焦炭</td><td>碳</td><td>冶金、合成氨造气、电石、染料</td></tr>
</table>

【板书】2. 煤的综合利用

（1）煤的干馏：将煤隔绝空气加强热使之分解的过程

产品：焦炭、煤焦油、粗氨水和焦炉气

【讲述】在生活中有这样的现象，当少量水洒在烧得通红的煤上时火不但没有熄灭，反而烧得更旺，这就是煤的气化。煤的气化是将其转化为可燃性气体的过程，主要是碳与水蒸气反应生成水煤气等，也就是将固体可燃物转化为可燃气体。而煤的液化分为直接液化与间接液化，直接液化是使煤与氢气作用下生成液体燃料；间接液化是先将煤转化为一氧化碳和氢气，再在催化剂作用下合成甲醇等。

【板书】（2）煤的气化：有机物转化为可燃气体

$$C(s) + H_2O(g) \xrightarrow{\text{高温}} CO(g) + H_2(g)$$

（3）煤的液化$\begin{cases}\text{直接液化：煤与氢气生成液体燃料} \\ \text{间接液化：煤} \rightarrow CO + H_2 \rightarrow \text{甲醇}\end{cases}$

2. 天然气的组成和利用

【过渡】学习了煤的综合利用，我们再来看看生活中常见的天然气。

【讲述】天然气是一种高效、清洁的燃料。随着我国“西气东输”管线的全面贯通，越来越多的地区使用天然气。此外，天然气更是一种重要的化工原料，主要用于合成氨和生产甲醇以及合成分子内含两个或多个碳原子的其他有机化合物。由于天然气的主要成分是甲烷，属于气体燃料，能在空气中充分燃烧，有较高的利用率，并且便于运输，易点燃、易熄灭、清洁卫生。因此开发利用天然气对改善我国能源结构、保护生态环境具有十分重要的意义。

【板书】二、天然气的组成和利用

1. 组成：甲烷

2. 利用

（1）化石燃料

（2）化工原料：合成氨、生产甲醇、合成多个碳原子的有机化合物

3. 石油的综合利用

【讲述】我们在九年级化学中就学习过石油知识，石油被称为“工业的血液”，主要是由各种烷烃和环烷烃所组成的混合物，石油大部分是液态烃，同时在液态烃里溶有少量的气态烃和固态烃。石油主要含有碳和氢两种元素，同时还含有少量的硫、氧、氮等元素，并且其化学成分随产地不同而不同。炼制石油可以得到许多有机化合物，因此石油的综合利用也是我们学习的重点内容。

【板书】三、石油的综合利用

1. 组成：由多种碳氢化合物组成的混合物

【提问】未经加工的石油叫原油，是一种棕黑色黏稠液体，生活中常见的汽油、煤油和柴油等都是通过石油分馏而得的。请同学们阅读教材第 96 页图 4-6 并回答什么是石油的分馏？分馏后的产物有哪些应用？

【讲述】由于原油的成分复杂，还含有水和氯化钙、氯化镁等盐类，所以原油必须先经过脱水、脱盐等处理过程，才能进行炼制。经过脱水、脱盐的石油主要是烃类的混合物，因此没有固定的沸点，给石油加热时低沸点的烃先气化，经过冷凝先分离出来。随着温度升高较高沸点的烃再气化，经过冷凝也分离出来，这样继续加热和冷凝，就可以把石油分成不同沸点范围的蒸馏产物，这种方法叫做石油的分馏。

【板书】2. 石油的炼制

（1）分馏：利用原油中各成分沸点不同，进行分离的过程

目的：获得汽油、煤油、柴油等轻质油

【讲述】工业上分馏石油是在分馏塔中进行，石油通过分馏的方法获得汽油、煤油和柴油等轻质液体燃料，但产量不高，仅占石油总质量的 25%左右。为了提高轻质液体燃料的产量，特别是提高汽油的产量，在石油工业上采用在一定条件下，把分子量大、沸点高的烃断裂为分子量小、沸点低的烃，这个过程就是裂化。

【板书】（2）裂化：在一定条件下，把分子量大、沸点高的烃，断裂为分子量小、沸点低的烃的过程

目的：提高轻质液体燃料的产量，特别是汽油的产量

【讲述】石油裂化的产品再经过进一步裂解，可以获得很多重要的化工原料。例如：

$$C_{16}H_{34} \xrightarrow[\text{加热、加压}]{\text{催化剂}} C_8H_{18} + C_8H_{16}$$

$$C_8H_{18} \xrightarrow[\text{加热、加压}]{\text{催化剂}} C_4H_{10} + C_4H_8$$

$$C_4H_{10} \xrightarrow[\text{加热、加压}]{\text{催化剂}} C_2H_6 + C_2H_4$$

$$C_4H_{10} \xrightarrow[\text{加热、加压}]{\text{催化剂}} CH_4 + C_3H_8$$

【讲述】通过以上的方程式，我们发现石油裂解能够得到等量的烷烃与烯烃。其中，乙烯、丙烯、甲烷等都是通过石油裂化和裂解得到的重要化工原料。

【板书】（3）裂解：深度裂化

规律：生成等量的烷烃与烯烃

【讲解】另外，石油在加热和催化剂的作用下，可以通过结构的重新调整，能够使链状烃转化为环状烃，如苯或甲苯等。

【板书】（4）催化重整：石油在加热和催化剂的作用下，通过结构的重新调整，使链状烃转化为环状烃

目的：获得苯、甲苯等多种产品

【讲述】目前，仅有低于10%产量的石油转化为化工、医药等行业的基本原料加以利用，绝大多数的石油作为燃料使用，也有部分用作润滑剂、沥青、石蜡等。

【讲述】总之，煤、天然气和石油的综合利用意义非常大，我们熟悉的塑料、合成橡胶、合成纤维这三大合成材料，都是以煤、天然气和石油为原料生产的。

4. 以煤、石油和天然气为原料生产合成材料

【讲述】由三大合成材料制得的产品，在生产和生活中得到广泛的应用，聚乙烯塑料及其产品就是典型的代表。

【讲述】聚乙烯的生成原理是在适当温度、压强和有催化剂存在的情况下，乙烯分子里有一个碳碳键不稳定会断裂，使 $CH_2═CH_2$分子变为$—CH_2—CH_2—$结构。

【提问】那么成千上万的该结构又是如何相互加合的呢？

【讲述】$CH_2═CH_2$分子中的碳碳键断裂变为$—CH_2—CH_2—$，成千上万的该结构结聚形成相对分子质量巨大的化合物聚乙烯如：

$CH_2═CH_2 + CH_2═CH_2 + CH_2═CH_2 + \cdots \rightarrow —CH_2—CH_2—CH_2—CH_2—CH_2—CH_2—\cdots$

因此乙烯合成聚乙烯的化学方程式可写为：

$$nCH_2═CH_2 \xrightarrow{\text{催化剂}} \underset{\text{聚乙烯}}{\left[\!-CH_2—CH_2-\!\right]_n}$$

【讲述】像乙烯这样由相对分子质量小的化合物分子（乙烯）互相结合成相对分子质量大的高分子（聚乙烯）的反应，称为加成聚合反应，简称加聚反应。

【讲述】在加聚反应中，合成高分子的小分子被称作单体，重复结构单元称为链节，n 为聚合度，—表示高分子化合物中所含链节的数目。在聚乙烯这种高分子化合物中，

乙烯被称为单体，重复结构单元—CH_2—CH_2—称为链节。聚乙烯、聚氯乙烯、聚苯乙烯、聚丙烯、有机玻璃、合成橡胶等合成高分子化合物都是由加聚反应制得的。

【提问】前面学过的基本营养物质中，有哪些是高分子化合物呢？

【讲述】淀粉、纤维素和蛋白质都是高分子化合物，一定要注意，油脂不属于高分子化合物。

【板书】四、以煤、石油和天然气为原料生产合成材料

【讲述】虽然合成材料有着优异的性能，但是在生活中常用的塑料却被称为白色污染，这是因为塑料在自然环境中降解速率太慢，因此在我们使用聚乙烯及聚氯乙烯的塑料制品后，一定不要随意丢弃，要注意回收。

环节三：归纳总结

【总结】本节课通过煤的干馏、煤的气化和液化等知识点学习煤的综合利用；通过天然气的利用，石油的分馏、裂化、裂解、催化重整等学习石油、天然气的综合利用，并学习了以煤、天然气、石油为原料生产合成材料的相关知识。请同学们完成课后第102页的1、2、3、5、6、9题，巩固今天所学内容。

七、板书设计

4.2.1　煤、石油和天然气的综合利用

一、煤的综合利用

1. 煤成分：复杂的混合物，含有碳、氢、氮、硫、氧等元素
2. 煤的综合利用

（1）煤的干馏：将煤隔绝空气加强热使之分解的过程

产品：焦炭、煤焦油、粗氨水和焦炉气

（2）煤的气化：有机物转化为可燃气体

$$C(s) + H_2O(g) \xrightarrow{\text{高温}} CO(g) + H_2(g)$$

（3）煤的液化 $\begin{cases}\text{直接液化：煤与氢气生成液体燃料} \\ \text{间接液化：煤} \rightarrow CO + H_2 \rightarrow \text{甲醇}\end{cases}$

二、天然气的组成和利用

1. 组成：甲烷
2. 利用

（1）化石燃料

（2）化工原料：合成氨、生产甲醇、合成多个碳原子的有机化合物

三、石油的综合利用

1. 组成：由多种碳氢化合物组成的混合物
2. 石油的炼制

（1）分馏：利用原油中各成分沸点不同，进行分离的过程

目的：获得汽油、煤油、柴油等轻质油

（2）裂化：在一定条件下，把分子量大、沸点高的烃，断裂为分子量小、沸点低的烃的过程
目的：提高轻质液体燃料的产量，特别是汽油的产量
（3）裂解：深度裂化
规律：生成等量的烷烃与烯烃
（4）催化重整：石油在加热和催化剂的作用下，通过结构的重新调整，使链状烃转化为环状烃
目的：获得苯、甲苯等多种产品
四、以煤、石油和天然气为原料生产合成材料

第2课时　环境保护与绿色化学

一、教材分析

本节内容选自人教版高中化学必修2第四章“化学与自然资源的开发利用”第二节“资源综合利用　环境保护”。依据课程标准“以酸雨的防治和无磷洗涤剂的使用为例，体会化学对环境保护的意义”的要求，本节课安排了“环境问题、环境保护的任务、绿色化学”等教学内容。

环境问题是当前人类面临的巨大问题之一，作为化学工作者，对环境的监测、三废治理及寻找源头治理环境污染的生产工艺等是首要任务。教科书在环境保护问题上，从化学工作者的首要任务出发，引起学生对环境问题的重视，并帮助学生认识环境保护中化学的重要性，激发学生的学习兴趣。教科书为更加直接地引导学生感受保护环境与化学之间的关系，从酸雨的形成、危害及防治方面，多角度的将化学知识运用于环境保护，并且为激发学生对化学中环境保护的学习兴趣，教科书提出查阅有关“农村和城市造成水华、赤潮等水体污染问题的特点及治理情况”的资料，帮助学生自主学习。同时教科书提出了“绿色化学”的概念，即利用化学原理从源头上减少和消除工业生产对环境的污染，这也是对化学工作者、研究者提出的新要求。

本节课主要强调保护环境，作为化学工作者，要学会从源头去防治环境问题的出现，因此本节课的知识，能够很好地帮助学生正确认识化学在保护环境方面的意义及作用。

二、学情分析

环境污染是人类面临的大问题，雾霾、污水、冰川融化等现象越来越多，保护环境是人类当下最紧急事件。根据生活实例学生已经掌握了基本的保护环境的方法，而通过本节课的学习，学生从化学的角度认识环境保护，这能够更加直观的引导、呼吁学生爱护环境，减少污染。经过一年的高中化学学习，学生的综合能力有所提高，能够快速地从所提供的资料中提取有用信息，并且能够从信息的表象看到本质，这些知识和能力对于学生接下来的化学学习有着一定的帮助。

三、教学目标

知识与技能	（1）理解酸雨的形成过程及防治手段。 （2）了解“绿色化学”概念
过程与方法	（1）通过阅读资料，培养获取信息的能力。 （2）通过了解环境污染的原因，讨论借助化学保护环境的方法
情感态度与价值观	（1）通过了解环境保护知识，增强环保意识，树立主人翁的社会责任感。 （2）体会化学与社会发展的关系，培养热爱化学的情感

四、教学重难点

（1）教学重点：工业三废的处理。

（2）教学难点：酸雨的产生与防治。

五、知识结构

- 环境保护与绿色化学
  - 环境问题
  - 环境保护的任务
    - 环境检测
    - 工业三废
      - 大气污染物
      - 工业生产中的废水
      - 废渣等固体废弃物
    - 酸雨的控制
      - 方式：生石灰脱硫
      - 过程
        - $CaO(s) + SO_2(g) \xlongequal{800℃} CaSO_3(s)$
        - $2CaSO_3(s) + O_2(g) \xlongequal{800℃} 2CaSO_4(s)$
        - $SO_2 + 2NH_3 + H_2O \xlongequal{} (NH_4)_2SO_3$
    - 水体富营养化污染物：氮、磷化合物
  - 绿色化学的原则："原子经济"

六、教学过程

环节一：导入新课

【讲述】工业生产需要大量的原料，消耗大量的能源。在开发和利用自然资源过程中会对生态环境破坏、工农业和人类生活造成一定的环境污染。气候变暖、臭氧层破坏、酸雨和赤潮等全球性和区域性环境问题，正在威胁着人类的生存和发展，保护自然环境已成为实现人类社会可持续发展的重要课题。作为地球人，我们的使命就是保护我们的家园、保护环境，今天我们就来学习环境保护与绿色化学。

【板书】4.2.2　环境保护与绿色化学

一、环境保护

环节二：展开新课

1. 环境问题

【提问】请同学们阅读课本第 100 页相关内容，思考通常所说的环境问题主要是指的是什么？

【讲述】环境问题是指由于人类不合理开发和利用自然资源而造成对生态环境破坏，以及工农业和人类生活造成的环境污染。

【提问】对环境情况的监测、三废的治理、寻找源头治理环境污染的生产工艺等，都是当今化学工作者面临的重要任务。这里的"三废"指的是什么呢？

【讲述】废气；废水；废渣。

【提问】在我们身边有很多的环境污染，如何对环境污染进行分类呢？

【讲述】环境污染有很多种类，若按照环境要素分类，可分为大气污染、水体污染、土壤污染；若按人类活动分类，可分为工业环境污染、城市环境污染、农业环境污染；若按造成污染的性质来源分类，可分为化学污染、生物污染、物理污染（噪声、放射性、热、电磁波等）、固体废物污染、能源污染等。

2. 环境保护任务

【提问】废气是造成大气污染的重要原因，那么大气污染是什么？产生的主要来源有哪些呢？

【讲述】所谓“大气污染”是指有害物质进入大气，对人类和生物造成危害的现象。造成大气污染的原因，除森林火灾、火山爆发等自然因素造成外，主要还来自化石燃料燃烧和工业生产过程产生的废气及其携带的颗粒物。对大气造成污染的污染物有：SO_2、NO、NO_2、H_2S、C_xH_y、粒子状污染物、氟化物、铅及其化合物、挥发性有机物和放射性元素等。SO_2、NO、NO_2等物质主要来源于用煤、硝酸工业、硫酸工业、汽车尾气等。

【提问】大气污染对我们有何危害呢？

【讲述】它们可以形成酸雨（酸雨是指 pH 值≤5.6 的酸性降水，其主要成分是硫酸和硝酸，属于严重的大气污染现象），使湖泊水质酸化，毒害水生物、植物以及土壤酸化，破坏农作物、森林等；氟化物、氮氧化物可以破坏臭氧层。CO、NO 能与人体血红蛋白结合，使动物因缺氧而死亡。NO、NO_2、CO、C_xH_y等还参与光化学烟雾的形成。大气污染对人体健康的危害大致可分为急性中毒、慢性中毒和致畸致癌作用等三种。震惊世界的伦敦烟雾事件就是典型的急性中毒事件。

【提问】废水是产生水污染的重要原因，请同学们阅读课本第 101 页相关内容，思考水污染的来源与对我们生活的影响有哪些？

【讲述】水体污染主要来自工业废水、农业用水、生活污水。水体污染影响工业生产，增大设备腐蚀、影响产品质量，甚至使生产不能进行下去。水的污染影响人民生活，破坏生态，直接危害人的健康。水体被污染必将影响整个地球的环境，对人类产生严重的危害。水污染后，通过饮水或食物链，污染物进入人体，使人急性或慢性中毒。其次对工农业生产也有一定的危害，更有甚者引起水的富营养化通过食物链影响人类的健康。

【提问】请同学们阅读课本第 101 页“思考与交流栏目”相关内容，思考水体富营养化的原因？

【讲述】在正常情况下，氧在水中有一定溶解度。溶解氧不仅是水生生物得以生存的条件，而且氧参加水中的各种氧化还原反应，促进污染物转化降解，是天然水体具有自净能力的重要原因。含有大量氮、磷、钾的生活污水的排放，大量有机物在水中降解放出营养元素，促进水中藻类丛生，植物疯长，使水体通气不良，溶解氧下降，甚至出现无氧层。以致水生植物大量死亡，水面发黑，水体发臭形成“死湖”、“死河”、“死海”，进而变成沼泽，这种现象称为水的富营养化。富营养化的水臭味大、颜色深、细菌多，这种水的水质差，不能直接利用，水中淡鱼大量死亡。

【提问】通过上述学习我们知道，水体富营养化会引起“水华”与“赤潮”现象，那么它们对我们的生活有什么影响呢？

【讲述】“水华”是淡水中的一种自然生态现象，是由于水的富营养化引起藻类（如蓝藻、绿藻、硅藻等）的迅猛生长，水一般呈蓝色或绿色。它会使饮用水源受到威胁，藻毒素通过食物链影响人类的健康，能损害肝脏，具有促癌效应。

【讲述】赤潮是由于海水中浮游藻类、原生动物或细菌异常增殖或聚集而引起海水变色的现象。实际上，赤潮并不一定都是红色的，它可因引发赤潮的生物种类和数量不同而呈现出不同颜色。赤潮不仅给海洋环境、海洋渔业和海水养殖业造成严重危害，而且对人类健康甚至生命都有影响。一方面，引起海洋异变，局部中断海洋食物链，使海域一度成为死海；另一方面，有些赤潮生物分泌毒素，这些毒素被食物链中的某些生物摄入，如果人类再食用这些生物，则会导致中毒甚至死亡。

【提问】废渣是指固体废弃物，哪些构成了固体废弃物呢？

【讲述】固体废弃物是指人类在生产和生活中丢弃的固体和泥状物，如采矿业的废石、尾矿、煤矸石；工业生产中的高炉渣、钢渣；农业生产中的秸秆、人畜粪便；核工业及某些医疗单位的放射性废料；城市垃圾等等。若不及时清除，必然会对大气、土壤、水体造成严重污染，导致蚊蝇孳生、细菌繁殖，使疾病迅速传播，危害人体健康。目前世界上生活垃圾处理主要是卫生填埋、堆肥和回收利用三种方式。

【讲述】对于这么多种类的污染，化学工作者肩负着环境监测、三废治理、寻找源头治理环境污染的生产工艺等的重任。化学工作者需要对环境情况进行检测，要实时关注环境的污染情况，研究污染物的存在、分布及转化规律，对污染物的存在形态、含量等进行分析和鉴定，并提供可靠的分析数据。

【板书】二、环境保护的任务

（1）环境检测

（2）工业三废：大气污染物、工业生产中的废水、废渣等固体废弃物

【提问】那么对于生活中实际的污染问题，我们又要怎么用化学方法来处理呢？

【讲述】硫氧化物（SO_x）和氮氧化物（NO_x）是酸雨形成的主要元凶，工业上常利用一些廉价易得的化学物质反应加以控制、消除或回收利用。请举例说明这些方法的原理和类型。

【讲述】利用化学方法可以控制硫和氮氧化物，进而控制酸雨等危害。工业上常利用一些廉价易得的化学物质反应加以控制、消除或回收利用。由于我国以煤炭为主要燃料所造成的硫酸型酸雨，主要采取燃料预脱硫、炉内脱硫和烟囱排气除硫等措施，用 $CaCO_3$、CaO、$Ca(OH)_2$、氨水等吸收脱硫。

【板书】（3）酸雨的控制：生石灰脱硫

$$CaO(s) + SO_2(g) \xlongequal{800℃} CaSO_3(s)$$

$$2CaSO_3(s) + O_2(g) \xlongequal{800℃} 2CaSO_4(s)$$

$$SO_2 + 2NH_3 + H_2O \xlongequal{\quad} (NH_4)_2SO_3$$

【讲述】对于水资源的保护和利用要从我们日常生活做起，相关措施在九年级我们已经学

过，在这里就不再多说。对于处理固体废弃物，目前世界上生活垃圾处理主要是卫生填埋、堆肥和回收利用三种方式。回收利用废旧合成材料主要有三种途径：一是通过熔融再生重新做成多种有用的材料；二是采用热裂解或化学处理的方法使其分解，用于制备多种化工原料；三是将废旧合成材料作为燃料使用。

【板书】

- 化学与环境
  - 空气污染
    - 污染物：二氧化硫、一氧化碳、二氧化氮、可吸入颗粒
    - 导致：酸雨、温室效应、臭氧空洞等
    - 减少和防治大气污染：化学燃料脱硫、汽车尾气催化
  - 保护和利用水资源
  - 回收利用固体废弃物

3. 绿色化学

【过渡】污染源与污染种类的繁多，加大了化学工作者防治污染的难度，那么什么是更加有效的处理污染的方法呢？

【讲述】为尽最大限度避免污染，我们应首先实行清洁生产及采用绿色化学原理。清洁生产可以概括为：采用清洁的能源和原材料，通过清洁的生产过程，制造出清洁的产品。清洁生产把综合预防的环境策略持续应用于生产过程和产品中，从而减少对人类和环境的风险，是推进经济增长方式转变和实现污染物总量控制目标的重要手段。

【提问】请同学们阅读课本第 101 页图，思考绿色化学指的是什么？

【投影】绿色化学示意图

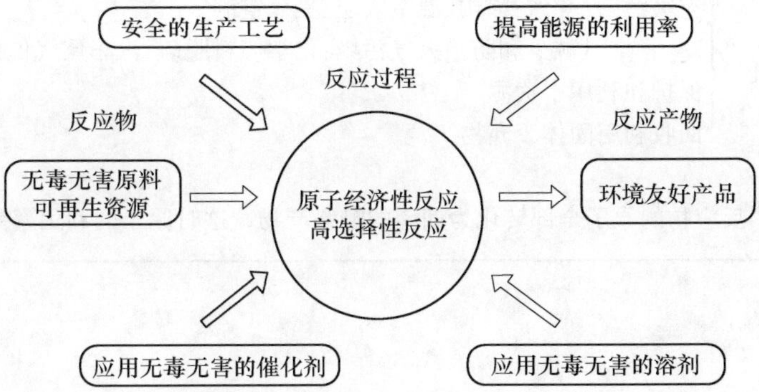

【板书】三、绿色化学

【讲述】通过阅读我们可知，绿色化学是指化学反应和过程以“原子经济性”为基本原则，即在获取新物质的化学反应中充分利用参与反应的每个原料原子，实现“零排放”。不仅充分利用资源，而且不产生污染，并采用无毒无害的溶剂，助剂和催化剂，生产有利于环境保护，社区安全和人身健康的环境友好产品。

【板书】“原子经济”：反应物的原子全部转化为期望的最终产物，这时原子的利用率为 100%

【讲述】绿色化学化工的目标是寻找并充分利用原材料和能源，且在各个环节都洁净和无污染的反应途径和工艺。对生产过程来说，绿色化学包括节约原材料和能源，淘汰有毒原材料，在生产过程排放废物之前减降废物的数量和毒性；对产品来说，

绿色化学的核心就是利用化学原理从源头减少和消除工业生产对环境的污染物。

环节三：归纳总结

【总结】 本节课通过讲解化学在治理污染、防止污染等方面的应用，以及酸雨和水体污染等问题的治理，将化学知识与环境保护紧密结合，并提出绿色化学的概念，提倡在化学研究中减少污染，加深对环境保护的认识。为进一步巩固这部分知识，请同学们完成课后第 102 页的 4、7 题。

七、板书设计

4.2.2　环境保护与绿色化学

一、环境保护

二、环境保护的任务

（1）环境检测

（2）工业三废：大气污染物、工业生产中的废水、废渣等固体废弃物

（3）酸雨的控制：生石灰脱硫

$$CaO(s) + SO_2(g) \xlongequal{800^{\circ}C} CaSO_3(s)$$

$$2CaSO_3(s) + O_2(g) \xlongequal{800^{\circ}C} 2CaSO_4(s)$$

$$SO_2 + 2NH_3 + H_2O \xlongequal{\quad} (NH_4)_2SO_3$$

- 化学与环境
  - 空气污染
    - 污染物：二氧化硫、一氧化碳、二氧化氮、可吸入颗粒
    - 导致：酸雨、温室效应、臭氧空洞等
    - 减少和防治大气污染：化学燃料脱硫、汽车尾气催化
  - 保护和利用水资源
  - 回收利用固体废弃物

三、绿色化学

“原子经济”：反应物的原子全部转化为期望的最终产物，这时原子的利用率为 100%

参考文献

[1] 叶少曼，衷明华．谈谈关于元素周期表和元素周期律题的解题方法［J］．江西化工，2015（3）：176~177.
[2] 周海燕．微课程应用于高一化学教学的实践研究［D］．南京师范大学，2015.
[3] 楚雅洁．中学生元素周期表认知顺序的实证研究［D］．华东师范大学，2015.
[4] 王永波．对高中化学新课程元素化合物教学内容的认识［J］．延边教育学院学报，2010（2）：109~110，113.
[5] 倪效斌．“化学键”概念转变教学研究［D］．山东师范大学，2014.
[6] 李政芳．基于三重表征的元素周期律的教学设计研究［D］．山东师范大学，2014.
[7] 修明磊．IHV 教学模式在《元素周期表》教学中的应用研究［D］．山东师范大学，2012.
[8] 任伟．知识系统性与高中化学键教学［J］．中国科技信息，2012（8）：235.
[9] 张兴丽．元素周期律教学设计［J］．昭通师范高等专科学校学报，2010，（S1）：167~169.
[10] 张世伟．《元素周期表》的创新教学设计［J］．学周刊，2011（31）：129.
[11] 秦蓓．发现学习法在元素周期律教学中的运用［J］．科技创新导报，2011（11）：174.
[12] 黄铧．化学键（第一课时）教学设计［J］．昭通师范高等专科学校学报，2010（S1）：170~172.
[13] 李宁．元素周期律教学设计［J］．科技信息，2010（26）：698.
[14] 秦雪儿．关于“元素周期表”中学化学史教学的几点思考［J］．亚太教育，2016（10）：63.
[15] 王振芳，张贤金，吴新建．基于科学本质观培养的元素周期律教学及反思［J］．教学与管理，2016（4）：67~69.
[16] 谢晓鹏．原子结构与元素周期表的实体教学探讨［J］．中国西部科技，2014（10）：120~122.
[17] 吕慧，周仕东．基于问题化教学的“金属与金属材料”复习课教学设计与实践［J］．现代中小学教育，2014（9）：32~35.
[18] 杨野．元素周期律在初高中化学教学衔接中的思考［J］．电子制作，2013（13）：168.
[19] 李佳，陈强．浅谈探究式化学教学设计——以“化学键与化学反应的物质变化”为例［J］．教育教学论坛，2016（26）：213~214.
[20] 袁振东，谷其恩．“研究 6 步法”及其教学启示——以门捷列夫发现元素周期律为例［J］．当代化工研究，2016（10）：53~54.
[21] 赵华绒，秦敏锐，蔡黄菊，邵东贝，余利明．引入“探究教学模式”培养学生的综合能力［J］．实验室研究与探索，2016（9）：165~168.
[22] 黄薇．以《化学键和分子结构》为例，谈基于微课的翻转课堂在《无机与分析化学》教学中的应用［J］．广东化工，2016（17）：218~219.
[23] 赖光艳．高中化学必修和选修模块教学衔接研究［D］．华中师范大学，2016.
[24] 高鹏勇．人教版高中化学必修与选修模块教学内容深广度整合的实践研究［D］．西北师范大学，2016.
[25] 陈榕．高中化学选修和必修的教学衔接研究［D］．福建师范大学，2016.
[26] 赵丽娜，葛宏爽，王秀艳．建构主义视角下“化学反应速率”教学设计构想与实践［J］．山东化工，2016（3）：118~119.
[27] 叶宝忠．例谈“先学后教、以学定教”在化学复习课中的应用——以《化学能转化为电能——电池》复习教学为例［J］．教育教学论坛，2015（46）：236~237.
[28] 谭骥，蔡文联．应用贾斯珀情境系列的导学案教学设计——以“化学能转化为电能”教学为例［J］．闽南师范大学学报（自然科学版），2014（1）：127~132.
[29] 吴建林．“化学反应速率和限度”教学反思［J］．学周刊，2013（32）：29.

[30] 韩辉丽，蔡雪刁．以《化学能与热能》为例探讨化学教学心得［J］．科教导刊（上旬刊），2013（5）：124~125.

[31] 田芳．基于建构主义学习理论的化学教学设计——以“化学反应中的能量变化”为例［J］．教育教学论坛，2013（13）：182~184.

[32] 张超逸，刘汉文，刘正茂，王国成．紧跟新课改探索的步伐——《化学能与电能》课堂反思［J］．当代教育理论与实践，2011（12）：4~6.

[33] 霍本斌，周渝清．创设问题情境 提高课堂效率——以人教版“化学能与电能”教学片断为例［J］．科学咨询（教育科研），2011（12）：85~86.

[34] 李国庆．实验探究式教学的反思——《化学能与电能》教学反思［J］．科学大众（科学教育），2011（2）：12.

[35] 濮江．“化学平衡”概念的相异构想成因分析及概念转变教学策略研究［D］．四川师范大学，2007.

[36] 郭德翊．高中新教材《化学能与电能的转化》教学设计［J］．福建教育学院学报，2006（12）：35~37.

[37] 孙宾宾，杨聪．科研成果向教学资源转化一例——乙烯、乙炔球棍模型的设计［J］．广东化工，2017（5）：217~218.

[38] 谢建玲，迟海洋．合理设置教学环节 高效达成教学目标——以《乙醇》教学设计为例［J］．广东化工，2016（14）：280~281，299.

[39] 钟惠姝．PBL 教学法在化学实验探究教学中的应用——以“金属钠的性质与应用”教学为例［J］．福建教育学院学报，2016（2）：108~110.

[40] 邵冰．有意义学习理论在《乙酸》一课教学中的应用［J］．读与写（教育教学刊），2016（2）：102.

[41] 王延芳．双互动四统一教学范式在高中化学教学中的运用——以《化学必修二·乙酸》一课教学为例［J］．延边教育学院学报，2015（1）：124~127.

[42] 戴荣泽．“乙醇”的教学设计和反思［J］．教育实践与研究（B），2014（10）：75~78.

[43] 支三军，周建峰，孙小军，韦长梅．烷烃在《有机化学》教学中的重要性探讨［J］．广州化工，2014（19）：233~234.

[44] 燕兴权．开展科学探究，构建高效课堂——《最简单的有机化合物——甲烷》教学设计［J］．中国校外教育，2014（1）：103~104.

[45] 段戴平．高中化学课程一致性研究［D］．南京师范大学，2015.

[46] 单旭峰．对高中课程标准中有机化学内容的分析和思考［J］．教育理论与实践，2014（2）：56~58.

[47] 任俞玲．基于高中化学“三大主题”的学案编制研究［D］．首都师范大学，2012.

[48] 张候铭，岳良举．构建模型在“生命活动的主要承担者——蛋白质”教学中的应用［J］．中国现代教育装备，2012（8）：70~71.

[49] 朱琳．现行高中化学（必修）教材环境教育内容的分析研究［J］．安徽师范大学学报（自然科学版），2011（6）：554~558.

[50] 马敏．PCK 论［D］．华东师范大学，2011.

[51] 刘有明．对高中化学必修模块与选修模块教学的探讨［J］．景德镇高专学报，2010（2）：47~48.

[52] 陈丹丹，金英学．中美高中化学教材“有机化学”比较［J］．科技资讯，2013（17）：201~203.

[53] 刘艳．《烷烃的命名》教学设计及反思［J］．黑龙江科技信息，2013（10）：181.

[54] 徐朝．《苯》教学设计与实践［J］．湖北广播电视大学学报，2012（11）：157~158.

[55] 张淑娟．创造高效课堂《来自石油和煤的两种基本化工原料》——乙烯的教学设计［J］．东方企

业文化，2012（18）：261，263.
[56] 王欲晓．基于绿色化学理念的生物燃料乙醇教学设计［J］．广东化工，2011（12）：158，146.
[57] 钟雪莲，张恩会．甲烷的制法和性质实验 CAI 课件的设计与制作［J］．黔南民族师范学院学报，2010（6）：27~30.
[58] 燕兴权．开展科学探究 构建高效课堂——《最简单的有机化合物——甲烷》教学设计［A］．甘肃省化学会．甘肃省化学会第二十八届年会暨第十届中学化学教学经验交流会论文集［C］．甘肃省化学会，2013：7.
[59] 李文霞．《甲烷》教学设计［A］．河北省教师教育学会．第三届中小学教师教学设计展论文集［C］．河北省教师教育学会，2013：6.
[60] 张瑜．基于条件探索和装置改进的甲烷氯代反应教学设计［D］．河北师范大学，2013.
[61] 刘美玉．谈“乙醇”一节的教学设计［J］．职业，2011（35）：156~157.
[62] 张兴丽．生活中两种常见的有机物（乙醇）教学设计［J］．昭通师范高等专科学校学报，2011（S1）：93~96.
[63] 李华．实验情境下的乙醇教学设计［J］．中国教育技术装备，2010（26）：138~140.
[64] 舒代宁．环境保护与绿色化学［J］．成都大学学报（自然科学版），2000（1）：20~26.
[65] 蒲生财．《开发利用金属矿物和海水资源》教学设计（第 2 课时）［A］．中国化学会．中国化学会第三届关注中国西部地区中学化学教学发展论坛论文集［C］．中国化学会，2011：3.
[66] 陈兰化．浅谈绿色化学实验与环境保护［J］．淮北煤师院学报（自然科学版），2003（3）：66~69，74.
[67] 刘琪琳．高中化学教学过程中相应法律知识的渗透研究［D］．内蒙古师范大学，2016.
[68] 尚立洁．基于技术素养要求的《化学与技术》模块内容分析与教学案例开发研究［D］．河北师范大学，2016.
[69] 杨鹏飞．“化学与可持续发展”内容标准在高中化学教材中的呈现形式［D］．内蒙古师范大学，2015.
[70] 王冉．三版本高中化学新教材（必修模块）中环境教育内容的分析研究［D］．内蒙古师范大学，2014.
[71] 关宏．高中化学教学中的资源教育研究［D］．沈阳师范大学，2014.
[72] 张育．《金属矿物的开发利用》教学设计［J］．科学大众（科学教育），2014（5）：27.
[73] 李春兰．新课程理念下高中化学教学中利用地方资源实施环境教育的研究［D］．内蒙古师范大学，2013.
[74] 葛璟璐，耿珺．关注生活 体验化学——人教版《化学与生活》教材浅析［J］．科学大众（科学教育），2012（9）：43~44，30.
[75] 袁东霞．“金属矿物的开发利用”教学设计及反思［J］．教育实践与研究（B），2011（12）：57~59.
[76] 中国人民共和国教育部．普通高中化学课程标准（实验）［S］．北京：人民教育出版社，2003.
[77] 宋心琦．普通高中课程标准实验教科书·化学 2（必修）［M］．北京：人民教育出版社，2007.